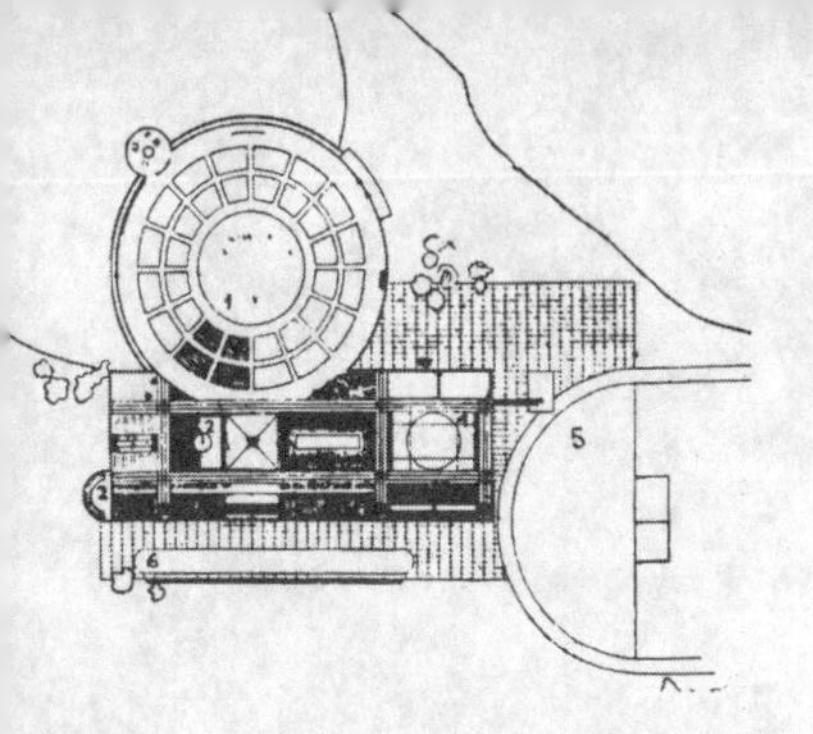

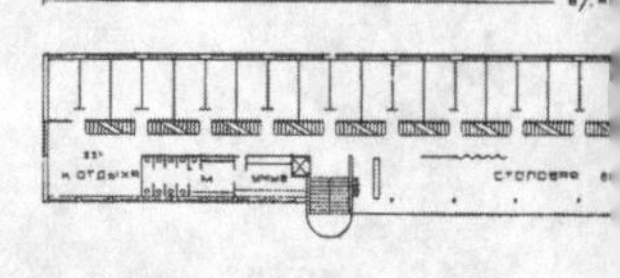

本田晃子
AKIKO HONDA

革命と住宅

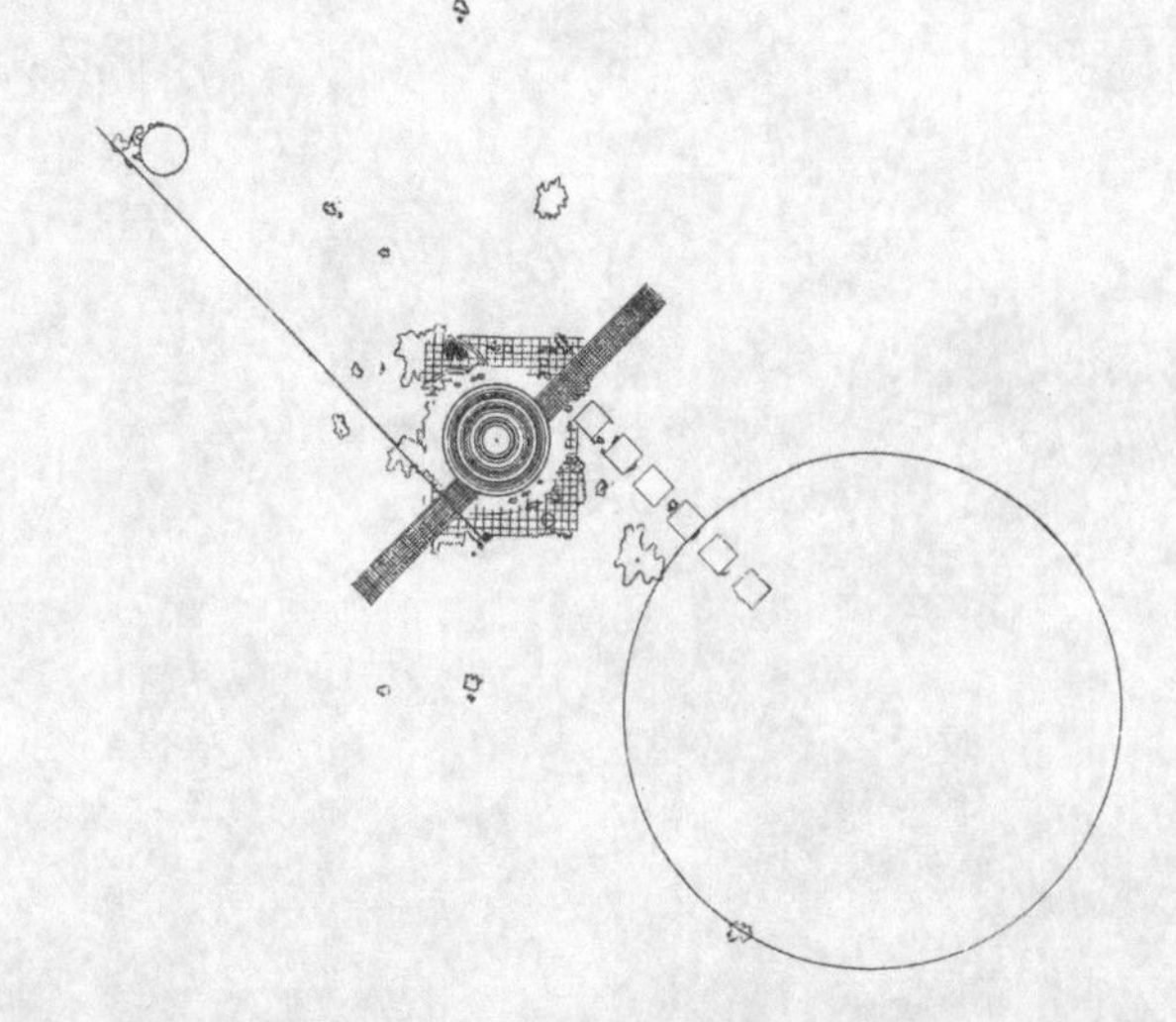

Революция и быт:
история жилища
в СССР

genron

革命と住宅―本田晃子

革命と住宅

亡霊建築論

はじめに――ソ連建築の二つの相

これは二一世紀の戦争のはずだ。確かに、現在ウクライナ・ロシア両国では、日夜上空をドローンが飛び交っている。SNSではフェイクも含めた戦況が即時に伝えられ、シェアされている。しかし同時に、めまいのするような時代錯誤(アナクロニスム)を感じないではいられない。まるで前世紀の戦争の、下手な再現映像を見せられているかのような……。

二〇〇〇年代以降、プーチン政権は第二次世界大戦、ソ連風にいうなら大祖国戦争を、大文字の、偉大なる勝利の物語へと書き換えていった。一九九〇年代にはさほど注意を払われていなかった五月九日の大祖国戦争の戦勝記念日が、二〇〇五年の終戦六〇周年を境に大々的に祝われるようになったのは、典型的な例といえよう。またその過程で、無数の個人的な悲劇や不条理、無意味な犠牲、敵だけでなく味方の残虐さといった先の大戦の負の側面は、歴史教育からも公的な言説からも排除されていった。

そして二〇二二年二月、ロシア政府はファシズムとの闘いを掲げ、ウクライナに侵攻した。まるで「偉大な戦争」を再演しようとするかのように。かつての敵ナチスの姿をウクライナの人びとに投影し、彼らの殲滅を唱えながら。しかも戦況が泥沼化すると、ソ連時代の旧式の兵器や軍装が引っ張り出され、大祖国戦争時と同様に、ロシア軍の兵士たちは背後の味方に銃を突き付けられながら眼前の敵と戦わされている。その光景は、見方を変えれば、葬ることのできなかった過去――端的には、戦後も埋葬されないまま放置された無数の戦死者たち――が、まさに生きている人びとにとり憑き、同じ行為を反復させているかのようにも映ろう。

さらに暗澹たる気持ちになるのが、もうひとつの戦争、すなわち、スターリン時代の大粛清を思い起こさせるような国家の自国民に対する攻撃もまた、再現されつつある点だ。ベラルーシのジャーナリスト、スヴェトラーナ・アレクシエーヴィチが二〇一三年に上梓した『セカンドハンドの時代』には、元ソ連高官がソ連時代について語った次のような言葉が収録されている。

> わたしたちの国家は、つねに非常事態体制で存在していたのです。最初の日々から。国家には平和な生活が予定されていなかった。［★1］

ソ連時代には、国家建設や宇宙開発、そして諸外国との戦争といった「国家的使命」が、人びとの日常生活よりも常に優先されてきた。のみならず、ソ連、さらに現代のロシアにおいても、非常事態体制はしばしば国家による法秩序の宙吊りや国民への攻撃を正当化してきた。自己の良心や知見によ

★1　Алексиевич С. А. Время секонд хэнд. М., 2013. С. 128. 邦訳は、スヴェトラーナ・アレクシエーヴィチ『セカンドハンドの時代――「赤い国」を生きた人びと』松本妙子訳、岩波書店、2016年、150頁。

って政府を批判する者を次々と逮捕・投獄し、あるいは才能のある若者たちの国外流出を招き、戦場では兵士を肉の盾としてほとんど無意味に消尽する行為は、今もなお続いている。

ミシェル・フーコーの生政治の概念に従えば、近代国民国家は自国民を教育し、良好な健康状態を保ち、「生かす」ことによってその国力を高める。しかしソ連、そしてロシアでは、絶対王政の時代のように指導者が国民を分断し、その安全や生命を脅かす状況が残存しているかのようだ。しかもそれによって、国民にとっての指導者の権威はますます高められている。指導者と国民のサド＝マゾ的関係は、二〇〇〇年代以降はポピュリズムと結びつきながら、一層強化されているようにすら見える。

ではそのような非常事態が常態となった環境下で、建築はどのような役割を担ってきたのだろうか。結論から先に述べるならば、ソ連建築は常に過少であると同時に過剰でもあるような状態に置かれてきた。

一九一七年の十月革命からロシア・アヴァンギャルド建築の全盛期にあたる一九二〇年代末まで、建築には過大なまでの期待がかけられていた。たとえば、住宅を一から設計し直すことで、従来の家父長的・資本主義的な「家族」を解体することができる。公共施設を工場のように機能的にデザインすることで、合理的＝社会主義的な心身をもった人びとを生み出すことができる。建築家のみならず多くの人びとが、そのような建築の可能性――新しい空間の建設こそが新しい共同体の創出につながるのだという――を、熱狂的に信じていた。

しかし、革命家たちや前衛建築家たちの過剰なまでの建築への期待と、当時のソ連における経済的逼迫や建設産業の混迷、深刻な住宅難といった現実との乖離は大きかった。結局のところ、アヴァンギャルドの実験のほとんどは、紙上の建築、つまりアンビルトに終始した。建築家たちの試みのほとんどは、実際に人びとの日常生活や彼らの心身を変革するには至らなかったのである。

一九三〇年代に入ると、社会のあらゆる分野において政治による統制が強まり、建築家たちも党と指導者に従属するようになっていった。そして一九三七年から三八年にかけてソ連社会を飲み込んだ大粛清の大波は、ヨシフ・スターリンのライバルになりうる古参のボリシェヴィキや革命前に教育を受けた専門家、高級軍人などを一網打尽にした。建築界の犠牲者は比較的少なかったものの、それでも建築家が専門家として政府や党の政策を批判することはもちろん、自発的に提言を行うことすら困難になった。

革命を建築によって実体化しようとする意志もまた、スターリン体制下で指導者に対する個人崇拝へ、指導者を神のようにあがめるための殿堂を築くことへと、すり替えられていった。その最たる例が、本書の後半で詳述する、巨大なレーニン像を頂上に載せたソヴィエト宮殿の建造プロジェクトである。結果から述べるなら、その重要性にもかかわらず、ソヴィエト宮殿が実現されることはなかった。しかしそれでも、ソヴィエト宮殿は強力なプロパガンダ装置として機能した。指導者の権威を文字通りの巨人として可視化しただけでなく、マスメディアを通じて自らのイメージをソ連全土に流通させ、国民の関心を惹きつけることに成功したのである。さらにそれは、ソ連建築の規範やモデルとしても機能した。自らは実体をもたないまま、ソ連の建築がどうあるべきかを指し示し、建築家たちを操って己の分身を生み出す、イデア（理念）としての建築。しかし見方を変えれば、それは建築の亡霊のようでもある。

　記念碑的な建設プロジェクトが国の総力を挙げて推し進められた反面、スターリンや党指導部は、一般市民の生活には興味をもたなかった。党の幹部や御用知識人・芸術家ら一部の新特権階級の豪華な住まいが次々に建設される一方で、一般労働者向けの住宅の建設は需要に対してあまりにも過少であり、革命以前から続く住宅難はさらに加速した。

　大多数のソ連の都市住民は、バラックやコムナルカと呼ばれる共同住宅に詰めこまれ、一部屋に複数家族が同居するような過密状態で暮らしていた。彼らにとっての住まいは、住宅の最も根本的かつ最低限の役割である、シェルターとしての機能すら果たしていなかった。会話も行動も常時隣人に筒抜けの状態で、辛うじてプライヴァシーが存在するのはトイレの個室のみ。ゆえに大粛清が開始されると、これらの共同住宅は容易に相互監視の地獄と化した。隣人や管理人に密告された場合は、自らの罪状もわからないまま逮捕され、拷問によって架空の罪を自白させられたり、「文通権なしの十年」の刑（＝銃殺刑）に処せられたりする。それはフランツ・カフカの不条理小説さながらの空間だった。

　しかし一九四一年六月、状況は一変した。独ソ不可侵条約を一方的に破棄したナチス・ドイツによる、ソ連侵攻が開始されたのである。これによって人為的に作り出された非常事態は、文字通りの戦時体制へと移行した。

　ソ連軍は近代化の遅れに加え、大粛清による混乱もあって、突然の外からの攻撃に、当初はなすすべなく敗退を重ねた。ウクライナやベラルーシは開戦後間もなく占領され、一九四一年の冬には、早くもモスクワの目と鼻の先にドイツ軍が迫っていた。レニングラード（現サンクトペテルブルク）は九〇〇日近くにわたって包囲され、巻き込まれた市民の多くが餓死した。独ソ戦の趨勢を決定したスターリングラード（現ヴォルゴグラード）の戦いは約八カ月にわたって続き、街は灰燼に帰した。一説には、大祖国戦争の期間中にソ連の住宅の約三分の一が破壊され、兵士・民間人を含め二〇〇〇万人以上が死亡したとされる。

戦中はドイツ軍という明確な「外なる敵」の存在のために、相対的にソ連国内に存在する「内なる敵」（潜在的にすべての国民が相当する）への攻撃は緩められていた。けれども戦後間もなく、スターリンは再び統制を強化する。新たなターゲットとなったのは、ドイツ軍の占領地で暮らしていた人びと、東欧やドイツまで進軍した兵士たちだった。ソ連の外の世界を垣間見てしまった彼らは、政治的に疑わしい存在とみなされ、次々に逮捕・投獄された。一九五三年には、ユダヤ人医師が党幹部を暗殺したという事件がでっち上げられ、ユダヤ人に対する弾圧も開始された。ナチス・ドイツのアウシュヴィッツを生き延びた人びとは、今度はソ連の強制収容所へと送られた。

大粛清が再来するかと思われたそのとき、だが指導者スターリンは急死する。その後巻き起こった熾烈な権力闘争を勝ち抜き、彼の後継者の座に就いたのは、党の実権を握る政治局員のニキータ・フルシチョフだった。彼は間もなくスターリン時代の個人崇拝や大粛清を批判し、ソ連体制の一大転換を図った。「雪解け」の時代が到来したのである。建築の領野においても、フルシチョフはソヴィエト宮殿のようなコストを度外視したプロジェクトを名指しで非難し、労働者向け住宅の大量供給へと舵を切った。その結果誕生したのが、家族単位のコンクリート造の集合住宅、通称フルシチョーフカだった。日本でいうところの団地である。

それまで建築の記念碑性や美的調和をめぐる議論にかまけていた建築家たちは、フルシチョフの鶴の一声によって、すぐさま方向転換した。一九五〇年代半ば以降のソ連建築界は、どうやって速く・安く・大量に住宅を建設するかという話題一色になる。こうしてフルシチョフ時代、そして続くブレジネフの時代には、ソ連全土の景観を一変させるほど大量の団地が築かれていった。ちなみにこの時期には、黒川紀章のような建築家や、日本における団地開発の中心だった日本住宅公団の一団も、団地を見学するために訪ソしている。

団地が変えたのは、ソ連の景観だけではなかった。それまでソ連の公的言説では、私的生活における日常的な欲求を満たすこと、物質的な豊かさを求めることは、社会主義の建設や戦争での勝利といった大いなる目的の前に、常に先送りにされてきた。個人の幸せや満足を追求するのは、利己的で女々しい（このような価値判断は常にジェンダー化されていた）行為とみなされていた。先述のアレクシエーヴィチの『セカンドハンドの時代』に収録されたソ連時代を生きた人びとの証言からは、このような価値観が、党員ではないごく普通の人びとの間ですら広く内面化されていたことが読み取れる。

だがフルシチョフ時代に、そのような個人や家族の幸福を追求することが、とうとう認められたのである。それまでバラックやコムナルカなどの共同住宅に押し込まれ、集団生活を余儀なくされてきた人びとは、決して広くはないものの、団地の家族単位の住まいへと大挙して移り住んだ。そして新しい家具や家電を買い揃え、「我が家」――もっともソ連では、個人が住宅を所有することは基本的にできなかったが――をより快適な場所にすることに熱中した。それはもちろん、生活水準の向上をもたらしただけではなかった。大量生産された団地、とりわけそのキッチンは、親しい人間だけが集まる私的な空間となった。ささやかながらも、監視や密告を恐れる必要のない、自由な言論空間が生み出されたのである。

一九六四年にフルシチョフが失脚し、レオニード・ブレジネフがソ連の指導者の地位に就くと、「雪解け」の時代はあっけなく終わりを告げた。対外的には、一九六八年のプラハの春（チェコスロヴァキアの民主化運動）に対する武力弾圧や、一九七九年のアフガニスタン侵攻などの強圧的な外交政策、いわゆるブレジネフ・ドクトリンが採用され、国内においても言論統制の再強化が進んだ。しかしいったん私的な領域を築いた人びとは、もはや公的な言説を額面通り信じ、熱狂することはなくなっていた。友人や家族の間では、党や指導者を茶化して笑いのネタにする、アネクドートと呼ばれる政治風刺の小話が飛び交った。一九八〇年代には「ミチキー МИТЬКИ」と呼ばれるグループのような、社会や政治と切り離された場所で、貧しくとも静かに楽しく暮らしたいと考える人びとも出現した。彼らは団地のボイラー係など、低賃金でも自由になる時間が豊富な職に就いて趣味に打ち込み、自宅のキッチンに友人たちを招いては、自由な会話を楽しんだ。

ブレジネフ時代の末期、ソ連社会は停滞していたものの、強固なイデオロギーと軍事力はいまだ揺るぎないように思われた。しかしその硬い外皮の内側では、団地のキッチンやボイラー室のような形をとった空洞が膨張しつつあった。そして長年続いた高齢指導者による支配ののち、一九八五年に若手のミハイル・ゴルバチョフが颯爽と登場したとき、盤石に見えた体制は音を立てて崩れ落ちた。

ゴルバチョフは書記長就任後間もなく、体制の抜本的改革「ペレストロイカ перестройка」（直訳すると「建て直し」）と情報公開「グラスノスチ гласность」に取り掛かった。とりわけ彼の推し進めたグラスノスチは、スターリン体制下におけるトラウマ的な過去も含め、それまでブラックボックスであったソ連体制の内実を白日の下にさらすことになった。結果は劇的だった。建築・住宅政策も含めたソ連体制に対する信頼は、完膚なきまでに打ち壊された。バルト三国らソ連を構成する国々は、ソ連からの離脱を次々に宣言しはじめた。連邦も社会主義体制も、もはや維持は不可能だった。こうして一九九一年の年末、ソ連は正式に解体された。そしてソ連の瓦礫のなかで、新生ロシアが産声を上げた。

ソ連の解体と資本主義体制への移行に前後して、それまで公有であった工場やオフィス、そして住宅は、個人の所有物となった。もっとも、文字通りの「我が家」の獲得は、人びとに安定した暮らしをもたらしはしなかった。一九六〇年代、七〇年代に粗製乱造されたソ連型団地は既に耐久年限を迎えていたが、住宅の私有化によって、それまで政府や自治体が負担してきた集合住宅の管理・修繕のための費用は、住人負担となった。しかし一夜で貯蓄が紙切れとなるような経済混乱の渦中で、住人たちにそれらを支払う余力があろうはずがなかった。結果、放置された団地、とりわけその共用部とインフラの荒廃は加速した。もちろん新築住宅の購入など、平均的な所得のロシア人にとっては叶うはずのない夢物語だった。

二〇〇〇年代に入ると、ロシア経済は徐々に安定を取り戻していく。筆者は二〇〇七年からコロナ禍前まで毎年のようにモスクワを訪れ、急ピッチで再開発が進み、刻一刻と様変わりする首都の姿を目のあたりにしてきた。戦時下の今もなお、モスクワでは地下鉄の路線はどんどん延び、日本でもあまり見ないようなおしゃれな公園や超高層のオフィス・ビル、さらにはタワーマンションのような超高層アパートメントまでが次々に建設されている。各種メディアや広告は、最新のゴージャスな住宅のイメージであふれている。しかしそのような首都中心部の景観や住宅のイメージとは裏腹に、郊外や地方都市に住む大多数の人びとは、今もまだソ連時代の住空間に囚われたままなのである。

そしてこれら老朽化した住宅は、安全なシェルターから危機の空間へと変貌しつつある。水圧や電圧は常に不安定、老朽化したガス管は火災やひどいときには爆発事故を起こす。そして一九九九年には、一般市民の住む団地が、他ならぬテロの対象となった。同年の八月から九月にかけて、モスクワや地方都市の複数の団地およびショッピングモールに仕掛けられた爆弾が炸裂し、三〇〇人近い人びとが死亡した。ロシア政府はチェチェンの独立派によるテロと断定し、報復としてチェチェン内の独立派の拠点グローズヌィへの空爆をただちに行った。だがさまざまな状況証拠により、現在ではこの一連のテロはＦＳＢ（ロシア連邦保安庁）による自作自演の可能性が高いといわれている。国家による国民への無差別攻撃は、ソ連からロシアに体制が移行しても継承されているのだ。そして現在ウクライナでは、軍事標的ではなくソ連時代に建設された団地が、ロシア軍の主要な攻撃対象とされている［★2］。

皮肉なことに、ソ連時代の老朽化した団地の建て替えは、チェチェンのグローズヌィやウクライナのマリウポリのような激しい攻撃によって街区ごと破壊された場所において、最も活発に行われている。団地の廃墟が更地にされ、そこに真新しい集合住宅が急ピッチで建設されるさまは、まるでそこで起きた暴力の炸裂をなかったことにしようとするかのようだ。もっともこのような土地の記憶の抹消は、現代になって突然開始されたわけではない。そもそもかつてのソ連型団地こそ、大祖国戦争の戦場だった場所に、その傷跡を覆い隠すかのように猛烈なスピードで建設されたものだったからだ。

しかしどれほど土地を更地にし、空間を更新しても、暴力は不可視のトラウマとして人びとの心身に残り続ける。だからこそ、精神分析におけるように、トラウマ的な過去は言葉やイメージ、あるいは記念碑のような媒体によって可視化され、意味を与えられ、特定の場に固定されねばならない。そのようにして過去と距離をとり、客観化し、喪の儀式を完遂せねば、過去は亡霊のように生きている人びとに憑依し、自らと同じ運命を繰り返させようとするからだ。ロシア文化研究者のアレクサンドル・エトキントは、それにもかかわらず、ロシアでは喪の儀式が正しく執り行われておらず、大粛清や大祖国戦争の抑圧されたトラウマは、死者の姿として回帰し続けていると述べる［★3］。

その一例として、『ゲンロン7』の共同討議「歴史をつくりなおす」でも紹介された、草の根の市民運動「不死の連隊 Бессмертный полк」が挙げられよう［★4］。同運動は、公式行事である戦勝記念日の軍事パレードに対抗するものとして誕生した。大多数の参加者は軍人ではなく一般市民で、戦勝記念日の五月九日に、大祖国戦争に参加した家族の写真を掲げ、当時の赤軍の軍服のレプリカを身につけ、広場で語り合ったり、大通りを行進したりする。この運動は間もなくロシア全土に広まり、現在では一〇〇〇万人近い市民が参加しているという。死者は死者ではなく、子孫という生者の姿を借りて、現在も生きているというのが運動のひとつの主旨のようだ。だが二〇二二年二月二四日以降は、死者と同じソ連時代の軍服姿で練り歩く人びとの姿は、現在ウクライナで架空の「ファシスト」を相手に戦っているロシア軍の兵士たちの姿にも重なって見えるだろう。本物の戦争がはじまっていた二〇二三年に同イベントの集会や行進が中止されたことも、このような文脈からすると示唆的である。

さて本書では、現在に対してこのように強烈な影を落としているソ連という過去を、「建築」という観点から読み解いていく。

★2 たとえば2023年1月にウクライナ東部の都市ドニプロの集合住宅を破壊した攻撃では、本来空母などの軍事標的を攻撃するための空対艦ミサイルKh22が使用された。「住宅ビル攻撃は巡航ミサイル、ウクライナに『撃墜能力ない兵器』と当局者」、CNN.co.jp、2023年1月19日。URL=https://www.cnn.co.jp/world/35198836.html(2023年3月23日閲覧)

★3 Alexander Etkind, *Warped Mourning: Stories of the Undead in the Land of the Unburied* (Stanford: Stanford University Press, 2013), pp. 12-19.

★4 乗松亨平、平松潤奈、松下隆志、八木君人、上田洋子「歴史をつくりなおす——文化的基盤としてのソ連」、『ゲンロン7』、2017年、61-65頁。

とはいえなぜ建築なのか。一部の軍事建造物を除いて、一般的に戦争と建築は水と油のような関係にある。戦争は建築物を破壊し、平和が訪れた後、その瓦礫の上に再び築かれるのが建築だからだ。しかし建築は、たとえ意識されていなくとも、社会を構成する非常に強力なメディアの一部である。建築空間はその物理的な強制力によって、人びとの行動や価値観、そして人と人、人と社会の関係にも作用する。たとえば先に述べたように、ソ連の住宅政策はスターリン期とフルシチョフ期の間で大きく変化したが、雑多な人びとの共同生活を前提とする住宅から家族単位の住宅への移行は、（もちろん他にも多くの要因があったとはいえ）人びとの社会へのかかわり方までも変えてしまった。あるいは、スターリン時代に築かれた権威主義的なモニュメントや建築物は、ソ連崩壊後も人びとのメンタリティに作用し続けている。ソ連が常に非常事態体制にあったとするならば、建築はそのような体制の結果として生まれただけでなく、そのような体制を作り出しもしたはずなのだ。

ただしソ連建築を読み解いていく際に、本書では議論を大きく二つのカテゴリーに分けてみたい。というのも、建築はわれわれに対して、直接的かつ身体的（とりわけ触覚的・聴覚的・嗅覚的）に作用する場合と、言葉やイメージからなる抽象的な概念として示される場合があるからだ。

住宅は、まさに前者の代表格といえよう。「労働者の国」であるソ連において、労働者のための住宅の建設はプロパガンダの中核であると同時に、プロパガンダと現実のギャップが如実に表れる地点でもあった。公的な言説が作り出す「ソ連の日常生活」や「われわれ労働者の住まい」といったリアリティと、人びとが肌で感じるリアル、つまり決してソ連メディアには現れることのない、泥酔した隣人の怒鳴り声や嗚咽、夕食の匂いから饐えた体臭、糞便の臭いといったものが、そこでは衝突し混ざり合うのだ。したがって本書の前半「革命と住宅」では、そのような建築のリアリティとリアルの葛藤の場として、ソ連住宅の歴史に注目したい。

本書の後半「亡霊建築論」では、打って変わって純度一〇〇パーセントのイデオロギー空間、すなわちアンビルト建築の歴史をひも解いていく。ソ連ではとりわけその建設期と衰退期に、実現されずに終わった、あるいは実現をそもそも念頭に置いていない建築プロジェクトが多数構想された。しかしそれらのすべてを無力な、単なる失敗した計画であったとみなすことはできない。それらの一部は実在の都市や建築空間に優越する純粋な理念として、あるいは批評として振舞ったからだ。のみならずソ連のアンビルト建築は、体制やイデオロギーの相違を超えて、黒川紀章や磯崎新、あるいはレム・コールハースやザハ・ハディドなど、日本や世界で活動する建築家にも影響を与えたのである。

膨大な数が建設された労働者住宅とアンビルト建築は、一見すると全く接点のない別の世界の現象のように感じられるかもしれない。けれどもまさにこれらの両極間の振幅として現出したのが、ソ連建築だった。そしてそれは、高邁な精神と、不条理な剥き出しの暴力が複雑に交錯して生み出されたソ連社会そのものの縮図として読むことができるのだ。したがって本書では、現在のロシアを、そしてその不可解な戦争へと至った背景を理解するためにも、建築というメディアを通じて、ソ連という過去を読み解いてみたい。

革命と住宅

01 ドム・コムーナ
社会主義的住まいの実験

革命は「家」を否定する。

経済的な重荷としての家、家族の容器としての家、あるいは所有や愛着の対象としての家――それらはすべて革命が破壊・解体しようとしたものだった。スーザン・バック＝モースは著書『夢の世界とカタストロフィ』のなかで、「資本主義の基盤が、家庭生活においては個人の家(ホーム)を意味する私有財産だとするなら、社会主義は『反・家(アンチホーム)』である必要があった」[★1]と述べている。

このような社会主義の「反・家」の思想は、直接的にはフリードリヒ・エンゲルスの著書『住宅問題』(一八七二―七三年)に由来している。同書内でエンゲルスは、都市労働者の住宅問題、すなわち深刻な住宅不足やスラムなどの劣悪な住環境の出現は、資本主義体制そのものに由来していると述べる。そして労働者の住宅の所有や賃借を援助することでは、問題は解決されないと主張した。彼によれば、これらの住宅問題は労働者が住宅をはじめとしたあらゆる所有の枠組みの外に出ること、あらゆる伝統から解放された、「鳥の如くに自由なプロレタリアート」［★2］に変容することによってのみ、究極的に解決される。プロレタリア化された社会では、労働者は経済的にも心理的にも「家」に束縛されることなく、必要に応じてある拠点から別の拠点へと自由に移動する、ノマド的存在となるのだ。

家の否定形としての家──エンゲルスのこのような住宅観は、現代からすれば意味不明に映るかもしれない。しかし、一九一七年にロシアで勃発した十月革命は、資本主義体制も、社会通念や慣習も、すべてを転覆し、破壊しようとした。所有対象としての、あるいは家族の拠りどころとしての「家」もまた、革命によって否定されたのだった。

それでは人びとは、いったいどこで、どのように暮らすことになったのだろうか。「家」の否定の上に築かれたソ連的住まいとは、いったいどのようなものだったのだろうか。

エンゲルスによれば、労働者の住宅問題の解決と社会主義体制の確立は不可分の関係にあったわけだが、ソ連における労働者住宅の現実は、エンゲルスの理想とも、ソ連政府が掲げた理想とも、常に著しく乖離・矛盾していた。さらには労働者住宅の理念自体も、革命の理想が息づいていた一九二〇

★1 Susan Buck-Morss, *Dreamworld and Catastrophe: The Passing of Mass Utopia in East and West* (Cambridge: MIT Press, 2002), p. 192. 邦訳はスーザン・バック-モース『夢の世界とカタストロフィ──東西における大衆ユートピアの消滅』堀江則雄訳、岩波書店、2008年、239頁。

★2 エンゲルス『住宅問題』大内兵衛訳、岩波文庫、1949年、31頁。

年代からスターリンの独裁体制が確立された一九三〇年代、そしてフルシチョフによる集合住宅の大量供給がはじまった一九五〇年代まで、激しい変動を繰り返してきた。

これからソ連住宅史に踏み込んでいくうえで、まずは一九世紀の社会主義住宅の理念が影響力を有していた、一九二〇年代の労働者住宅をめぐる議論から見てみたい。この時代に登場したのが、旧来の家の否定の上に作り出された新しい家、コミューン型集合住宅「ドム・コムーナ дом коммуна」だった。ドム・コムーナの背後には、住空間を物理的に共同化・集団化することによって、社会主義的な生活様式「ブィト быт」と、社会主義的な心身をもった「新しい人間」を作り出すという、壮大な実験があった。このようなドム・コムーナの理念はどのような経緯によって生まれ、建築家たちの手によってどのように具現化されたのだろうか。

『何をなすべきか』と理想のコミューン

一九世紀、ロシアを含むヨーロッパ諸国の主要都市では、工業化とともに都市人口の増加と過密化が急速に進み、とりわけ労働者とその家族は著しく劣悪な環境で生活することを強いられた。しかしその一方で、労働者の住環境や住宅難に対する社会的関心も高まっていった。たとえば工業化がいち早く進んだイギリスでは、大都市からある程度離れたよりよい環境に、工場経営者自身の手によって

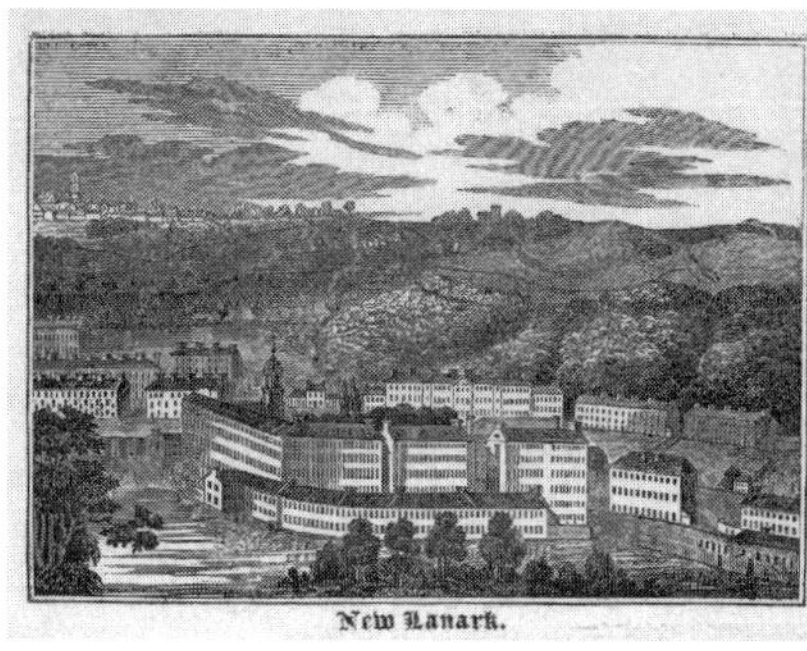

図1｜ロバート・オーウェンによって建設された《ニュー・ラナーク》の家並み
出典= https://www.bl.uk/collection-items/illustration-of-new-lanark-a-cotton-mill-village (Public Domain)

職住近接の工場村が築かれていった。代表的な例としては、ロバート・オーウェンによる《ニュー・ラナーク》(一八〇〇年)[図1]、タイタス・ソルトによる《ソルテア》(一八五三年)、ジョージ・キャドバリーによる《ボーンヴィル》(一八七九年)などが挙げられる。これらの「ヴィレッジ」では、労働者住宅のみならず学校、図書館、スポーツ施設なども併せて整備された。当時のイギリスの企業家たちは、人道的見地からのみならず生産効率の向上という観点からも、労働時間外の労働者の心身のケア=管理を重視したのである。

一方同時期のフランスでも、シャルル・フーリエが農業に重点を置いた自給自足の共同組合的コミュニティ「ファランステール」[図2]を構想していた。このファランステールの中心に位置するのが一八〇〇人程度の労働者とその家族を収容するための集合住宅である。フーリエ自身がファランステールを実現することはなかったが、彼の影響下でいくつかのファランステールが実際に建設された。なかでも比較的成功し現在まで良好な状態で保存されているのが、企業家ジャン=バティスト・アンドレ・ゴダンによって建設されたエーヌ県ギーズ村の「ファミリステール Familistère」(一八五九―八四年)である。このファミリステールには、学校、公園、図書館、劇場、プールなどの教育・レクリエーション施設のみならず、主婦の家事・育児の負担を軽減し、彼女

図2｜フーリエのファランステール構想
出典＝https://commons.wikimedia.org/wiki/File:Id%C3%A9e_d%27un_phalanst%C3%A8re.jpg#/media/File:Idée_d'un_phalanstère.jpg (Public Domain)

たちの社会参加を促すために、公共食堂や保育園などの施設も併設されていた。

ファランステールの影響は遠くロシアまで及んだ。農奴解放やナロードニキ運動において中心的役割を果たした社会主義者ニコライ・チェルヌィシェフスキーは、逮捕後に獄中で長編小説『何をなすべきか』（一八六三年）を著した。同作の主人公の女性ヴェーラ・パヴロヴナの夢のなかに、労働者の理想郷として巨大なガラスのファランステールが姿を現すのである。

だがあの建物、あれはなんだろう。あれはどういう建て方なのだろう。現代にはこんな建築はない。これを暗示する建物が一つあるだけだ。サイデンガム丘に立っている宮殿がそれだ。鉄とガラス、鉄とガラスだけで出来ている。いやそれだけではない。これは建物の外側にすぎない。これはその外壁で、内側にほんとうの家が、巨大な家がある。その家は鉄とガラスの建物によって、箱に入れられたように、包まれている。［……］この内側の家はなんという軽い建て方だろう。窓と窓との仕切りはほんのわずかで、窓は大きく広く、外壁いっぱいにひろがっている。

［★3］

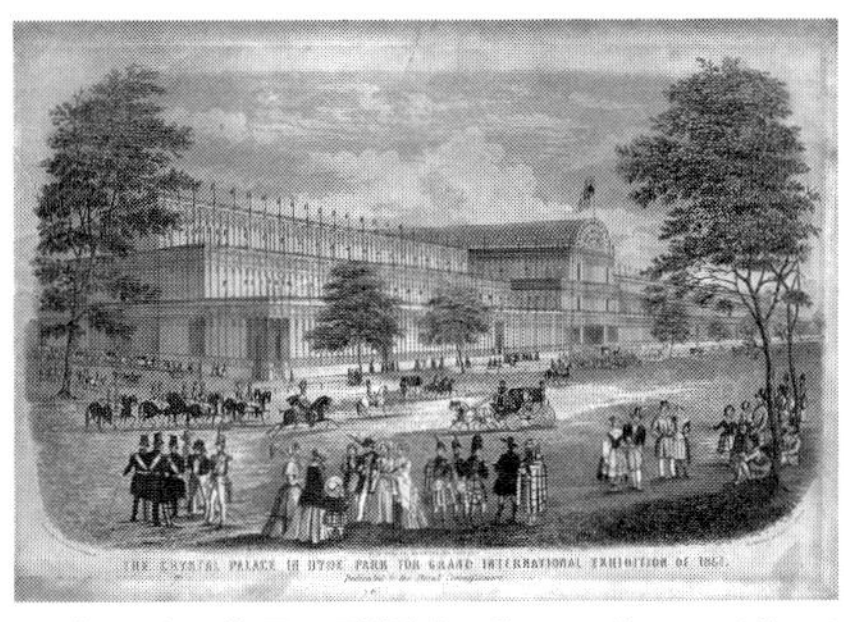

図3｜1851年の第1回万国博覧会の際、ロンドンのハイド・パークに建設されたジョセフ・パクストン設計の水晶宮
出典＝https://en.wikipedia.org/wiki/The_Crystal_Palace#/media/File:The_Crystal_Palace_in_Hyde_Park_for_Grand_International_Exhibition_of_1851.jpg (Public Domain)

文中のサイデンガム丘の宮殿とは、一八五一年のロンドン万博の際にジョセフ・パクストンによって設計されたいわゆる水晶宮［図3］のことだ。チェルヌィシェフスキーはロンドンを訪れた際に、時代の先端を行くこの建築物を目撃していた。ヴェーラの夢のなかでは、この水晶宮を思わせるガラスの巨大なオランジェリー（温室）の内部に、金属の骨格とガラス壁からなる労働者たちの集合住宅が立ち並んでいる。

注目すべきは、そこで営まれている人びとの生活だ。ギーズのファミリステールが家族単位のフラットから構成されていたのに対し、チェルヌィシェフスキーのファランステールでは、成人は一人ひとりに割り当てられた個室に住んでいる。そして彼ら彼女らは性別によらず農場ないし工場で働き、労働に適さない子どもや老人たちが全員分の食事を用意することになっていた。食事は居室ではなく、巨大な食堂で振舞われた。チェルヌィシェフスキーの理想のファランステールでは、すべての個人は家族という単位を経ることなく、直接共同体のな

★3 チェルヌィシェフスキイ『何をなすべきか（下）』金子幸彦訳、岩波文庫、1980年、236-237頁。

かで生活するのである。

チェルヌィシェフスキーは、ロシアにおける女性運動の先駆者としても知られている。『何をなすべきか』の主人公ヴェーラは、自ら裁縫工場を開き、そこに多くの女性を雇い入れる。これらの女工たちは自宅から工場へ通うのではなく、工場のそばに共同で大きな家を借り、そこで集団生活をおくることになる。衣食住を共同化することで彼女たちは生活費や住居費を節約でき、一方、住まいの獲得による生活の安定や、ヴェーラによるさまざまな教育活動によって、労働意欲や生産効率は向上していく。そして最終的には、彼女らは経営方針すら自ら決定できるようになる。チェルヌィシェフスキーは具体的な金額まで示しながら、このような居住環境がいかに重要かを、人道的な意義だけでなくコストパフォーマンスの観点からもこんこんと説くのである。

注目すべきは、女工らの効率的な労働が、家族という枠組みを超えた「共同生活」によって可能となっている点だ。このような描写からも明らかなように、チェルヌィシェフスキーの考える女性の社会参画にとっての最大の障壁とは、家庭に他ならなかった。女性を私的空間へと囲い込み、家事や育児といった無償労働に従事させる家族という枠組みの解体なくして、彼にとっての理想のコミューンの実現はありえなかったのである。実際、ソ連における住宅の社会主義化をめぐる議論のなかで主要な争点となったのが、家事や育児の公共化だった。家庭という性別分業からなる密室ではなく、性別によらず個人が直接社会に接続されるための住まい――チェルヌィシェフスキーの『何をなすべきか』は、そのような社会主義住宅のモデルをロシアにもたらしたのである。

革命と生活の共同化

『何をなすべきか』は出版後すぐに発禁処分を受けたが、その後もロシアの知識人たちの間で読み継がれ、ウラジーミル・レーニンらボリシェヴィキにも多大な影響を及ぼした。一九一七年の十月革命当時、彼らの脳裏に同作に描かれたようなファランステールの理念があったことは疑いない。では、『何をなすべきか』執筆から半世紀後、レーニンやボリシェヴィキの指導者たちは、どのような住まいに住んでいたのだろうか。

武装蜂起によって政府機関を占領し、ソヴィエトへの権力移行を宣言したのち、ボリシェヴィキの幹部たちはまずはペトログラードのスモーリヌィ学院に拠点を置いた。だが間もなく、《アストリヤ》などペトログラードの中心部にあるホテルを接収し、これらの超一流ホテルに移り住む。その後首都がモスクワに移ると、レーニンやその妻クルプスカヤらは、クレムリンからほど近い最高級のホテル《ナツィオナーリ》に引越している。これら革命家たちが住むホテル＝集合住宅は、「ソヴィエトの家 Дом Советов」と呼ばれた。ソヴィエトの家の住人には家族ごとに部屋が割り当てられていたが、食事は部屋ではなく共用の食堂、つまりかつてのホテルのレストランでとることになっていた［★4］。

★4 *Лебина Н.* Советская повседневность: нормы и аномалии. От военного коммунизма к большому стилю. М., 2015. С. 71.

なおこれらの住まいでは、家賃や光熱費はすべて無料だった［★5］。家事に煩わされる必要のないホテルでの集団生活は、皮肉ではあるが、ある意味では社会主義の理想の住宅にかなり接近していたといえるかもしれない。だがもちろん、快適なホテル暮らしが許されたのはあくまで一部の上級幹部のみだった。大多数の党員や労働者らは、勤務先の工場の寮やバラック、革命後に割り当てられた住宅の一部を利用して、「新しいブィト」に基づく共同生活を実践していた。

ただし、今でいうところのルームシェアやハウスシェアは、革命以前から都市の労働者たちにとっては比較的ポピュラーな生活様式だった。ロシアの都市人口は、一八一一年にはロシア帝国の人口の六・六パーセント程度に過ぎなかったが、一九一四年には一八パーセントにまで上昇していた。革命前のサンクトペテルブルクでは、一室あたりの平均居住者数は約六名（ヨーロッパの主要都市の二倍）［★6］に達していた。多くの労働者は家賃負担を少しでも軽減するために共同生活を余儀なくされていたのである。

革命後には、これらコミューン単位の住居に「新しいブィト」、すなわち社会主義的生活様式が導入された。だが社会主義的生活様式とは、いったいどのようなものだったのだろうか。これらの住まいでは、人びとはどのような暮らしをおくっていたのだろうか。

多くの場合、コミューン型住宅には個室のようなプライヴェートな空間は存在せず、一室に複数のベッドが設置されており、住人は男女に分かれてそこで寝起きした。ベッド数の不足から、交代でベッドを使用したり、直接床の上で寝起きしたりする場合もあった。私的所有はしばしば制限ないし禁止されており、ベッドだけでなくコートや靴、場合によっては下着までが住民の間で共有された［★7］。このような極端な共有化の背景には、反所有というイデオロギー上の理由だけでなく、貧困や生活用品の慢性的な欠乏という、より現実的な理由もあった。さらに、自分の給与も自由に使うことはできなかった。住人は自分の給与の一部ないし全額をコミューンに預けることになっており、他のメンバーとの協議によって使途が決定された［★8］。また、住民間で性的関係をもつことや婚姻は禁じられている場合が多かった［★9］。排他的で支配・従属関係に陥りがちな男女の恋愛よりも、共同体全体に向けられる平等な兄弟愛が優先されたのである。コミューン単位の共同住宅には、しばしばこのような厳格なルールが導入され、住空間のみならず、人やものも含めたあらゆる所有関係が否定された。

もちろんボリシェヴィキは宗教を否定していたが、このような潔癖すぎるほど潔癖なコミューンの様態は、皮肉にもキリスト教の修道院のそれによく似ていた。もっとも実際には、熱心なコムソモール（共産主義青年同盟）の一員であっても、規則でがんじがらめのプライヴェートのない生活に耐え切れ

★5 Там же. С. 73.
★6 Gregory D. Andrusz, *Housing and Urban Development in the USSR* (London: Macmillan, 1984), p. 7.
★7 *Лебина.* Советская повседневность. С. 75-77; Lynne Attwood, *Gender and Housing in Soviet Russia: Private Life in a Public Space* (Manchester and New York: Manchester University Press, 2010), p. 79.
★8 Attwood, *Gender and Housing in Soviet Russia*, p. 79.
★9 *Ibid.*, pp. 79-81.

ず、コミューンから脱落するケースは少なくなかったようだ。

このようなコミューンの究極的な姿、すなわち個人の私的空間や私的所有という概念が完全に廃絶された、文字通りすべてが「透明化」された世界を風刺的に描いたのが、エフゲニー・ザミャーチンの小説『われら』(一九二〇–二一年)だった[★10]。同作で描かれる共産化された未来都市では、すべての住宅は透明なガラス壁で覆われており、互いの生活は完全に可視化されている。しかし人びとはそのような生活に既に完全に順応しており、不都合を感じることはない。主人公でエンジニアのD–503もまた、ガラスの集合住宅になんの疑問も抱くことなく居住する模範的な市民だった。

そんな彼がコミューンを裏切るきっかけとなるのが、謎の女I–330との出会いである。D–503は、それまでの彼のパートナーだったO–90には感じたことのない激しい欲望を掻き立てられる。それは単なる性欲というよりは、未知のものを理解=所有したいという欲求とも結びついた衝動だった。I–330は実は旧世界の復興をもくろむテロリストであり、D–503が属する透明な共同体にとっての不透明な他者であるがゆえに、彼はI–330に惹きつけられたのだ。そしてこのI–330に対する執着により、D–503もまた共同体の異端者へ、「人民の敵」へと転落していく。『われら』の世界では、異性に対するこのような執着や独占欲は、当人のみならず共同体全体を危険にさらす旧時代の「欠陥」とみなされるのである。

ドム・コムーナへの道

このように、革命前後に出現した多数のコミューンでは、人びとは既存の集合住宅、しかも多くの場合、狭く貧弱な設備しかもたない空間で共同生活をおくらざるを得なかった。これに対して一九一九年の第八回共産党大会では、コミューンのための家、すなわち集合住宅「ドム・コムーナ」の建設の必要性が提唱された［★11］。

これを受けて、モスクワ市は一九二二年にモスクワ建築協会と共同でドム・コムーナの設計競技を開催する。大セルプホフスカヤ通りとレーニン地区の二か所に建設を想定された集合住宅には、保育園や幼稚園、図書館、共同浴場などを備えるという条件が設けられた。ただしその一方で、全体の住戸の七五パーセントが家族向けの２ＤＫまたは３ＤＫの間取りであり、各戸にキッチンが設けられ、主婦による家事労働が前提となっていた。この時点では、行政側もドム・コムーナと既存の集合住宅の違いを明確には理解していなかったことがうかがわれる。また、プログラムによって既存の街並みと調和する組石造であることが指定されていたために、大セルプホフスカヤ通りの優勝者セルゲイ・

★10 『われら』には三つの日本語訳が存在する。最も新しいのは、松下隆志による光文社古典新訳文庫版（2019年）で、他にも小笠原豊樹訳（集英社、1977年、のち2018年に文庫化）、川端香男里訳（講談社、1970年、岩波書店より1992年に文庫化）がある。いずれも名訳なので、ぜひ読み比べてみてほしい。

★11 Andrusz, *Housing and Urban Development in the USSR*, p. 114.

チェルヌィショフ＋ニコライ・コリの案も、レーニン地区の優勝者レオニード・ヴェスニン（のちにロシア構成主義建築運動のリーダーとなるアレクサンドル・ヴェスニンの兄）の案も、デザイン的な革新性を欠いていた。しかも建設中に想定よりもコストが膨れ上がり、共同浴室などの設備は設置されず、家賃も引き上げられた。そのうえ、当時のモスクワの深刻な住宅難もあって、本来一家族が住むはずの住戸には複数の家族が同居することになった［★12］。

しかしその三年後の一九二五年に、やはりモスクワ市とモスクワ建築協会によって企画されたドム・コムーナの設計競技からは、行政や建築家たちの意識の変化が感じられる。

このコンペでは、ドム・コムーナの人口は七〇〇〜八〇〇名程度と指定され、そのうちの一〇パーセントが独身者、三〇パーセントが夫婦ないし友人同士、残りの六〇パーセントが三〜五名の家族とされた。そのほか、三階ないし四階建てであること、二五〇人が同時に利用可能な共同食堂（住人の集会所を兼ねる）やレクリエーション・ルーム、洗濯室、共同のシャワールームおよび浴室の設置、保育園と幼稚園の併設、セントラル・ヒーティングの導入などが求められた。各階には共同キッチンが配置されるが、その用途はあくまで共同食堂を利用することのできない病人や幼児の食事を用意することに限られていた。また、一人あたりの平均居住面積は六平方メートル、一戸あたりの最低面積は法定基準の下限である九平方メートルにまで切り詰められていた［★13］。このような設計からは、睡眠以外の時間を共有スペースで他の住人とともに過ごさせようとする設計者の意図がうかがえる。

一九二五年のコンペのプログラムでは、プライヴェートな空間を最小限にとどめる代わりに共有空間を充実させ、家事や育児を公的サービスによって代替することが意識されていた。このような転換の一因として、女性に関わる問題を扱う党内機関、女性部（ジェノデール Женотдел）からの活発な提言があった。建築雑誌『モスクワ建設』に掲載された女性部のメンバーの意見によれば、ドム・コムーナは幼児のいるシングル・マザーであっても無理なく労働し休息できる空間でなければならなかった。彼女らが建築家たちに求めたのは、出勤時に母親が子どもを預け、帰宅後にレクリエーション・ルームで読書したりラジオを聴いたりして一休みし、共同食堂で夕食をとり、その後に子どもを引き取りに行けるような住宅だった［★14］。

また当時のロシア建築界では、アレクサンドル・ヴェスニンをリーダーとする構成主義をはじめ、ロシア・アヴァンギャルドと呼ばれる、建築の刷新を求める運動が急速に勢力を拡大しつつあった。彼らはドイツのバウハウスの建築家たちやフランスのル・コルビュジエらヨーロッパのモダニストと同様に、過去の建築様式の引用や建築への装飾を否定し、鉄やコンクリート、ガラスといったモダン

★12 *Васильева А.* Опыт проектирования домов с обобществленным бытом в Москве на рубеже 1920-1930-х годов // Массовое жилище как объект творчества. Роль социальной инженерии и художественных идей в проектировании жилой среды. Опыт XX и проблемы XXI века. М., 2015. С. 131; 八束はじめ『ロシア・アヴァンギャルド建築〔増補版〕』、LIXIL出版、2015年、120–122頁。

★13 *Вендеров Б.* Второй конкурс Московского Совета Р. К. и К. Д. на проект Дома-Коммуны // Строительство Москвы. 1926. № 6. С. 1-3.

★14 *Горева Е.* За коллективный быт // Строительство Москвы. 1929. № 12. С. 2.

な素材に基づく新しい建築の必要性を唱えていた。彼らが建築の理想とみなしていたのは、目的のために最大限合理化された構造をもつ工場や自動車、飛行機などだった。

ドム・コムーナの設計に際しても、構成主義建築家たちは過去の家族単位のアパートメントを踏襲することを否定し、新しいアプローチの必要性を主張した。実際、一九二五年から二六年にかけて行われたこのコンペでは、前衛的な傾向をもつ案が上位入賞している。

たとえばその一例である、第二等に入選したゲオルギー・ヴォリフェンゾーンとサムイル・アイジンコーヴィチの設計案［図4］は、その後共同組合第一ザモスクワレツコエ連合のドム・コムーナとして一九三〇年に実現された［★15］。このドム・コムーナは、各戸に浴室やトイレ、ミニキッチンを備えた家族向けのフラットからなるセクションと、一〜三部屋で水回りを共有する寮のような集団生活のためのセクションから構成されていた。コの字形の両翼の左右にこれら居住区が配置され、保育園や幼稚園、共同食堂などの公共施設は両翼をつなぐ中央部分に配置された［図5］。

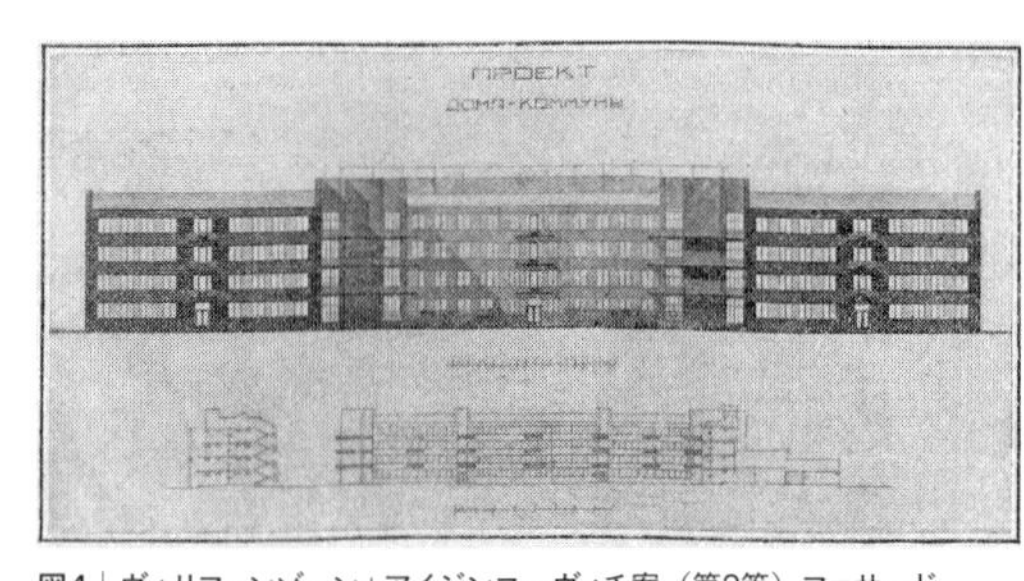

図4｜ヴォリフェンゾーン+アイジンコーヴィチ案（第2等）ファサード
出典＝Строительство Москвы. 1926. № 6.

筆者はこのドム・コムーナ（現在は普通の集合住宅になっている）を何度か訪れたことがあるが、住人の話によれば、かつてドム・コムーナとして機能していた時代には、共同食堂は食事のための場所というよりも、主婦が仕事からの帰り道に立ち寄って夕食を購入する場所として利用され、実際の食事はそれぞれの住居でとっていたそうだ。食事という行為を家庭から切り離そうとする試みは、必ずしも順調には進まなかったようである。また入居の際にはかなり厳しい持ち込みの制限があり、ほとんどの家具は廃棄を強いられたという。コミューン単位の住まいのように、新築のドム・コムーナにおいても反所有と住民間の平等の観点から、しばしばこのような所有の制限が設けられていた。

もっともそれ以前に、九〜一四平方メートルの面積に一〜三人がぎゅう詰めになって暮らす室内に、前時代のデザインの大ぶりな家具を置くことは、そもそも物理的に不可能だっただろう。代わりにこれらの新築ドム・コムーナには、しばしば部屋のサイズに合わせたシンプルでコンパクトな家具が作りつけられていた。批評家のダヴィド・アルキンは、このような合理化された家具によって実現される「室内空間の最大限の自由、ものから自由になった空間の最大限の『軽さ』」[★16]を、新しい住宅の美学として称賛している。

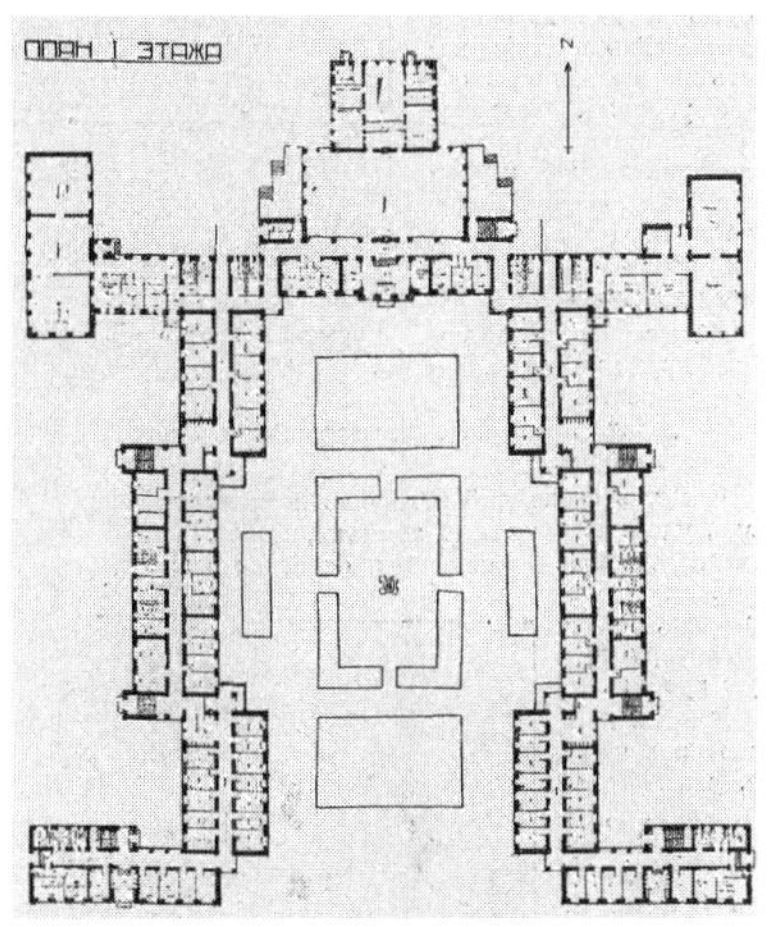

図5｜ヴォリフェンゾーン+アイジンコーヴィチ案平面図
出典= Строительство Москвы. 1926. № 6.

★15 *Васильева*. Опыт проектирования домов с обобществленным бытом в Москве на рубеже 1920-1930-х годов. С. 133-134.

★16 *Аркин Д*. Строительство и «мебельная проблема» // Строительство Москвы. 1929. № 10. С. 7.

空間のみならず家具までもが規格化された、ドム・コムーナの最小限の住まい――現代人の眼からすれば、それらは兵舎や監獄のようにも映るかもしれない。だが当時のソ連においては、まさにこのような私的空間の最小化とデザインの画一化によってこそ、ものに対するフェティッシュな愛着や「家」への感傷を克服できると考えられていたのである。

ドム・コムーナから社会主義都市へ

深刻な住宅難にあえぐ当時のソ連の大都市では、住まいを確保することは多くの人びとにとって文字通り死活問題だった。けれどもその一方で、「新しいブィト」の導入への関心は低かった。革命後の内戦の勃発や飢餓の蔓延など、この時代の人びとは生きるだけで精一杯だったのである。そのような現状を踏まえたうえで、人びとを共同生活へと導くための「移行型」ドム・コムーナの設計に取り組んだのが、もう一人の構成主義建築運動のリーダー、モイセイ・ギンズブルグだった。ギンズブルグはロシア共和国の建設委員会ストロイコム Стройком に所属し、同僚の構成主義建築家らとともに、旧来の家族単位のフラット型から、寮やホテルのような寝室のみからなるワンルーム型まで、さまざまなタイプの集合住宅のモデルを開発した。

たとえばギンズブルグ・チームによって生み出されたドム・コムーナのA型モデルは、既存の集合

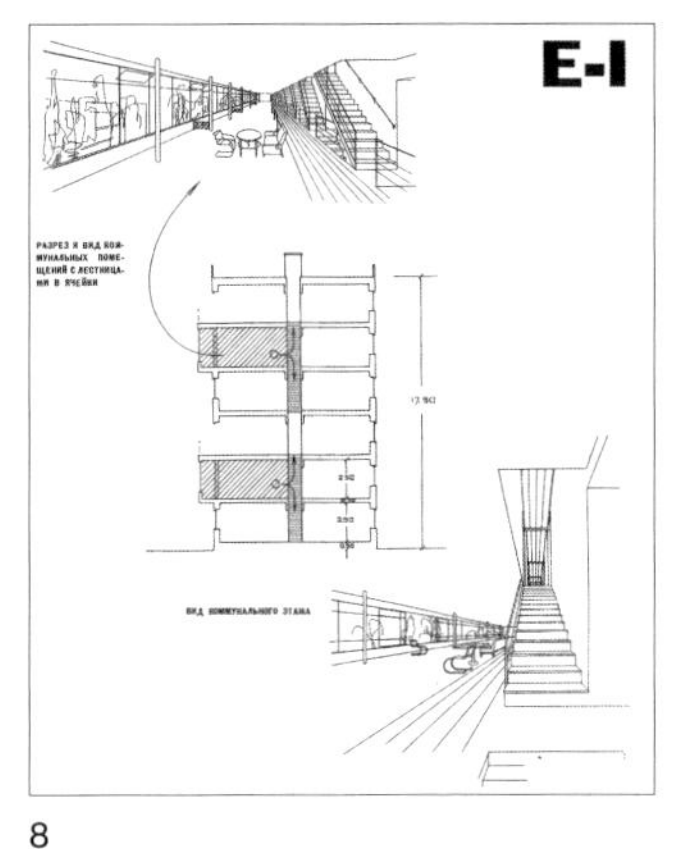

8

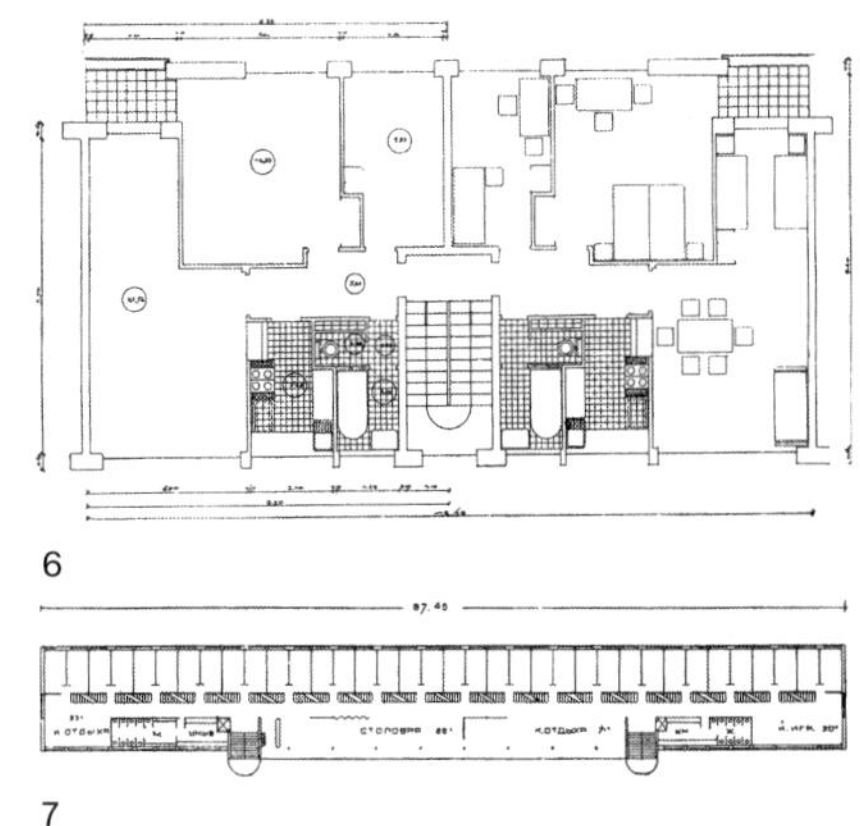

6

7

図6｜A-3型の平面図。階段を挟んで左右に同じタイプの3DKのフラットが配置されている
図7｜E-1型の平面図。ワンフロアに同型の個室が並び、共用廊下にはレクリエーション・ルーム、休憩室、男女別トイレ、食堂などが配置されている
図8｜E-1型の共用廊下のパースペクティヴ
出典（6–8）= Современная архитектура. 1929. № 1.

住宅の面積を縮小し合理化したもので、四人向け（五四平方メートル程度）のA–2型と、五〜七人向け（七〇平方メートル程度）のA–3型［図6］の二種類が制作された［★17］。いずれのタイプでも各戸に独立した台所と浴室が設けられており、家族単位の生活様式を前提としていた。対して、集団化が最もラディカルに進められたのはE型モデルだった。E型モデルには、机とベッドのみからなる二〜四人向けのメゾネット形式の六部屋（定員二二名）がひとつのユニットを構成するE–123型と、全室が九〜一〇平方メートルのワンルームのE–1型［図7］があった。両タイプとも共用廊下が通路としてだけでなく食堂や共同キッチン、レクリエーション・ルームとして機能することになっていた［図8］［★18］。

★17 Стройком РСФСР // Современная архитектура. 1929. № 1. С. 8-11.
★18 Там же. С. 19-23.

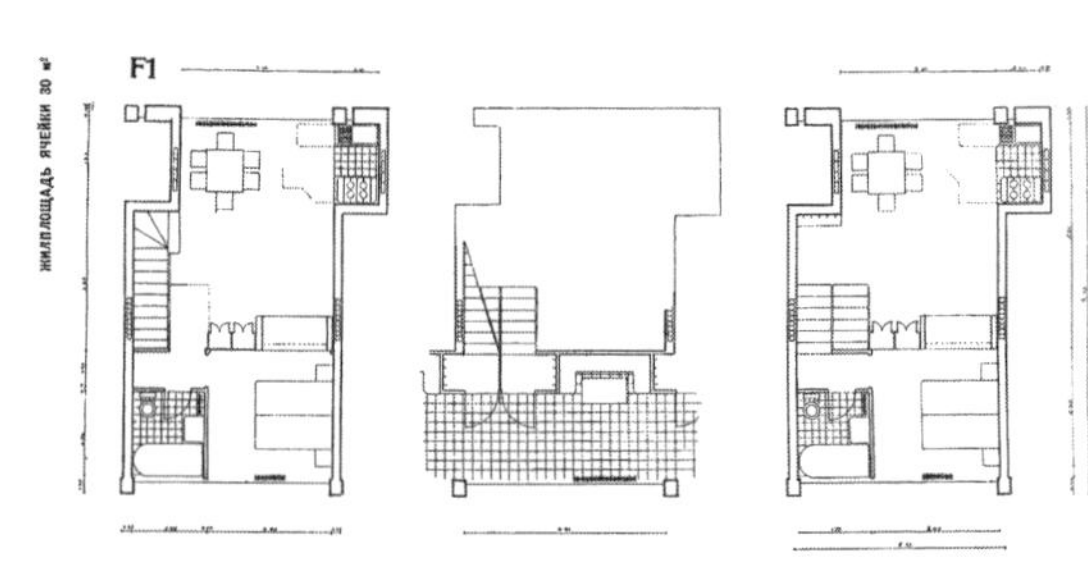

図9｜F-1型の住居のみのフロア（左・右）と共用廊下＋玄関からなるフロア（中央）
出典＝ Современная архитектура. 1929. № 1.

図10｜ドム・ナルコムフィン
出典＝ Современная архитектура. 1929. № 5.

デザイン上の斬新さとその後の集合住宅史の展開から興味深いのは、F型モデルである。F型は家族単位のメゾネット形式で、二七～三一平方メートルという限られた面積ながら、リビング兼ダイニング部分に広い水平連続窓を設けて天井高を最大三・五メートルまで上げ、閉塞感を感じさせない作りになっていた。一方浴室や寝室、共用廊下などのコンパクトでもよい部分の天井高は、二・一五～二・二五メートル程度に抑制された。住居のみからなる天井の高いフロアと、共用廊下＋住居（玄関）からなる天井の低いフロアを交互に積み上げることで［図9］、A型よりも廊下に割く面積を縮小し、しかも住居のみのフロアでは二面採光と効率的な通風が可能になるという利点があった［★19］。建築家・建築史家の八束はじめは、このF型のデザインにル・コルビュジエの集合住宅構想イムーブル・ヴィラ（一九二二年）からの影響を認めている。さらに八束は、このギンズブルグらのF型や後述するドム・ナルコムフィンが、戦後のル・コルビュジエによる集合住宅の傑作ユニテ・ダビタシオン（一九四五―五二年）のメゾネット形式に影響を与えたのではないかと推測する［★20］。

これらストロイコムのギンズブルグ・チームの集合住宅モデルは、モスクワのほかサラトフ、スヴェルドロフスクの六か所に実際に建設された。その中でも最も高い完成度を誇るのが、モスクワのノヴィンスキー環状通りに建設されたドム・ナルコムフィン（Дом Наркомфина, 一九二八―三〇年）である［図10］［★21］。

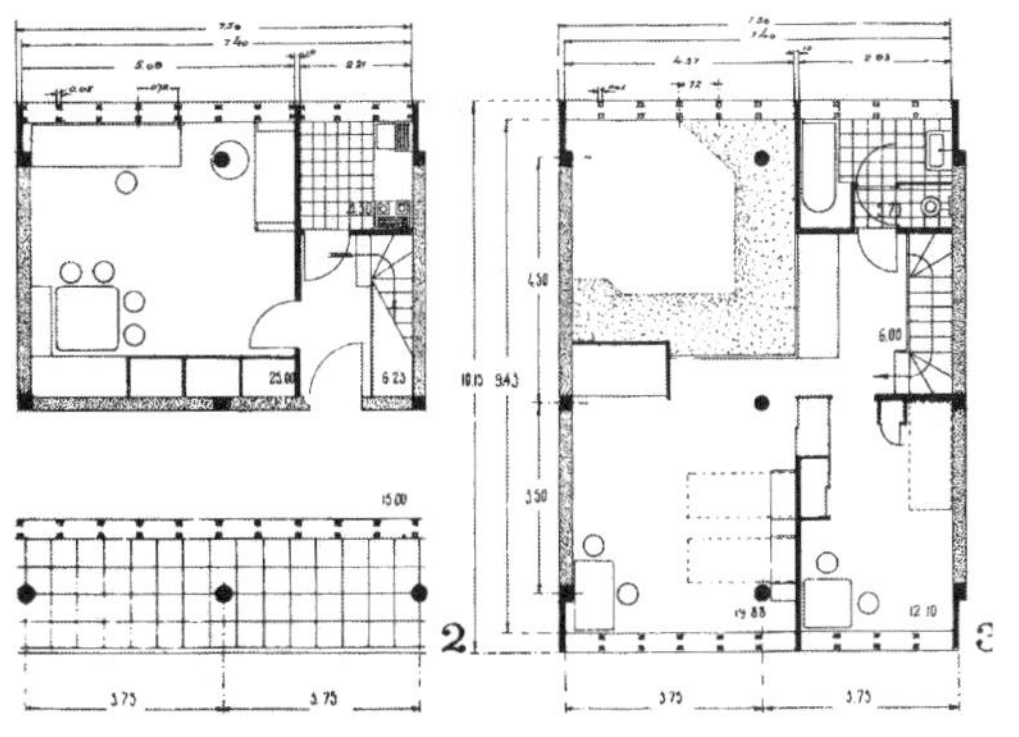

図11｜K型。2階部分と3階部分の2層からなり、2階に玄関とキッチン、リビング・ダイニング、3階に浴室と2つの寝室が配置されている
出典＝Современная архитектура. 1929. № 5.

この集合住宅は、住民の八割がブルーカラーだった第一ザモスクワレツコエ連合のドム・コムーナとは異なり、ロシア共和国の財務人民委員部（財務省）の高級官僚を対象としていた。そのためだろう、各戸の面積はより広く、設備はより充実している。ドム・ナルコムフィンは、五〇戸分の住居を含む主棟と、渡り廊下

★19 Там же. С. 14-17.
★20 八束はじめ『ロシア・アヴァンギャルド建築［増補版］』、235頁。
★21 ドム・ナルコムフィンは長らく廃墟のような状態で放置されていたが、ギンズブルグの孫で建築家のアレクセイ・ギンズブルグの総指揮の下に修復が行われ、2020年に完了した。修復後の姿や修復の過程については、下記サイトを参照。Natalia Koriakovskaia, Anton Mizonov (tr.), "Architectural Archaeology of the Narkomfin Building': the Recap." Archi.ru. 10 December 2020. URL=https:/archi.ru/en/87380/

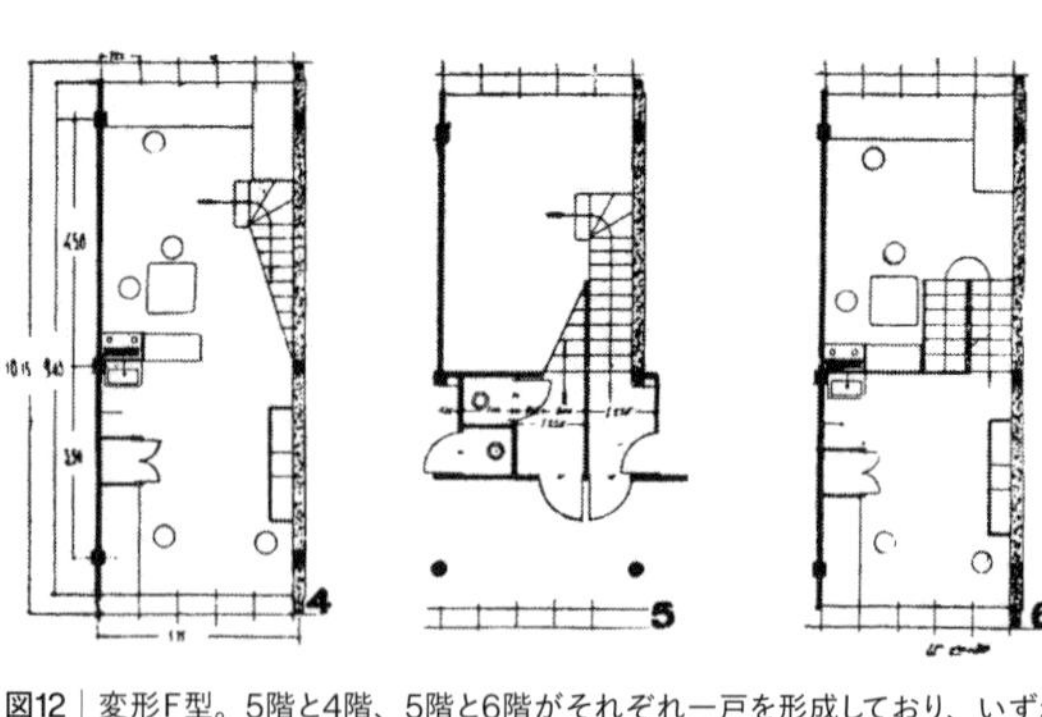

図12｜変形F型。5階と4階、5階と6階がそれぞれ一戸を形成しており、いずれの場合も共用廊下のある5階部分に玄関が配置され、4階・6階は緩く仕切られたワンルームとなっている　出典= Современная архитектура. 1929. № 5.

でつながったサービス棟からなり、ガラスのカーテンウォールをもつサービス棟には住民専用の食堂や図書館などが配置された。なお、保育園の設置も計画されていたが、実現はされなかった。主棟の一階部分はル・コルビュジエ風のピロティで、二階から六階部分にはストロイコムで開発された複数のメゾネット形式のモデル——独立した浴室や台所、吹き抜けのリビング・ダイニングをもつ大家族向けのK型[図11]や、浴室・台所を省略した変形F型[図12]——が採用された[★22]。

この変形F型の住戸は、玄関＋トイレのフロアとリビング・ダイニング・寝室を兼ねるワンルームのフロアの二層からなり、狭い空間をさらに圧迫しないためにも、ストロイコムで研究されていた台所ユニット[図13]が導入された。これは調理台を中心に、コンロと流し台、収納可能な作業台からなるシステム型キッチンで、調理中の作業動線が最小限になるようデザインされていた[図14]。台所を使用していないときには、クローゼットのようにドアを閉めてユニットを丸ごと隠すこともできた[★23]。

このようないわば「穏健な」移行型ドム・コムーナに対して、より急進的なドム・コムーナを提案する建築家もいた。たとえばニコライ・クジミンは、現行のドム・コムーナが家事・育児からの女性

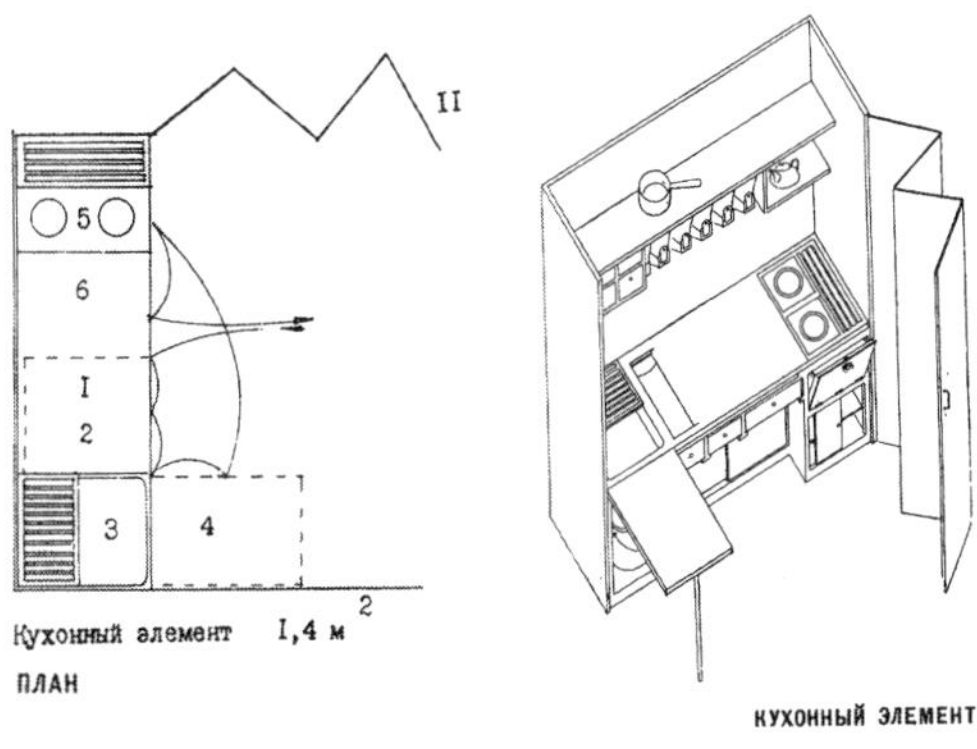

図14｜想定された家事動線　　図13｜台所ユニット
出典（13, 14）＝Современная архитектура. 1929. № 1.

の解放や家族の解体といった目標を不十分にしか達成していないとして批判した。彼のドム・コムーナ計画では、成人は男女別に六人程度の集団で生活し（性生活の際のみ、二人部屋を使用することができる）、親子の面会は自由だが、子どもは親の生活の負担とならないよう、成人とは別の空間で集団生活を行うことになっていた［★24］。夫婦、親子を物理的に引き離すことによって、妻が夫に、子が父に隷属する従来の家父長制に基づく家族関係を解体し、女性が夫や子どもの世話をする慣習を強制的にリセットすることが目指されたのである。

社会主義都市（ソツゴロド）と住宅

このようなドム・コムーナの実験は、間もなく都市全体の計画へと拡大されていった。

★22 *Гинзбург М. Я.* Дом сотрудников Наркомфина // Современная архитектура. 1929. № 5. С. 158-164.

★23 Рационализация кухни // Современная архитектура. 1929. № 1. С. 24-25.

★24 *Кузьмин Н.* Проблема научной организации быта // Современная архитектура. 1930. № 3. С. 14-17.

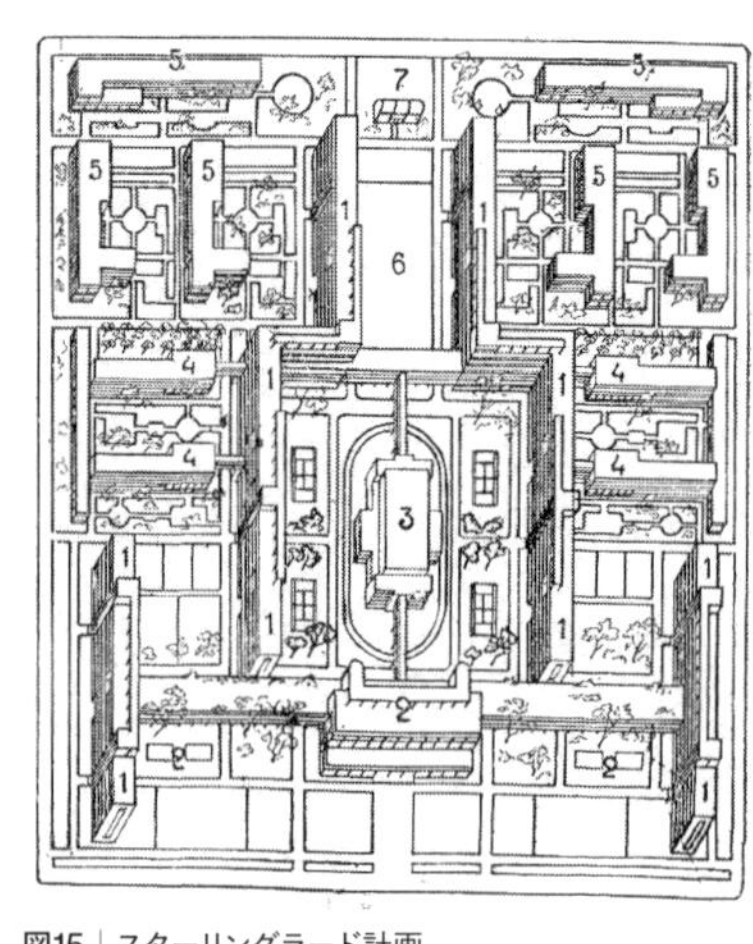

図15｜スターリングラード計画
1. 成人用ドム・コムーナ、2. 文化施設、3. スポーツ施設、4. 保育園、5. 幼稚園　出典＝*Сабсович Л. М.* Социалистические города. М., 1930.

一九二八年に第一次五カ年計画が開始されると、重工業の集中的育成という国策の下、天然資源の豊富なウラル山脈やシベリアの僻地といった、それまでほとんど無人の荒野であった場所に新たに工業都市を建設するプロジェクトが次々にスタートした。だが資本主義体制によって築かれた都市とは異なる（はずの）社会主義的都市のヴィジョンは、いまだ明確ではなかった。そこで多くの専門家や建築家を巻き込んで展開されたのが、社会主義都市（ソツゴロド соцгород）論争である。

この論争のなかで「都市派」と呼ばれる陣営を築いた経済学者のレオニード・サプソヴィチは、集団化が進行しつつある農村と、交通・通信技術の発達によって拡散しつつある都市とを融合させることを主張した。それによって、旧来の都市とも農村とも異なる共同体を生み出すことが、彼の狙いだった［★25］。このようなサプソヴィチの理論に即して、アレクサンドル・ヴェスニンとその兄のヴィクトルが作成したのが、スターリングラード計画である［図15］。同計画では、成人二〇〇〇人から三〇〇〇人を収容可能な四階ないし五階建てのドム・コムーナを中心とする、人口六万人規模の自給自足の農工業都市が想定されていた。都市に住むすべての成人にはドム・コムーナ内に一部屋が与えられ、夫婦であっても基本的にはそれぞれの個室（ベッドと机、収納からなるミニマムなワンルーム）で暮らすことが求められた。親子は自由に面会できるものの、クジミンのドム・コムーナ案同様、子どもは親とは離されて年齢に応じた集団生活をすることになっていた［★26］。

一方、同じ構成主義建築家でもギンズブルグは全く異なるアプローチを選んだ。そのきっかけとなったのが、社会主義都市論争で「非都市派」グループの代表を務めた、社会学者ミハイル・オヒトヴィチとの出会いだった。

オヒトヴィチによれば、工業化と交通技術の発達した社会では、原料の採取から加工、販売、消費までが一か所で行われることは極めてまれである。そのような社会では、原料や商品だけでなく生産者や消費者も、常に移動し続ける流動的な状態に置かれている。そして連邦中のどこにいても、電信やラジオなどによって、同じ情報を受信したり発信したりすることができる。それゆえ彼の都市計画は、単に住宅や工場、オフィスなどを設計・配置することに終始しない。そこで求められているのは、「最大限の自由、軽量性、情報・通信の高速化の原則」によって、生産から消費までのトータルな流通システムを「建築物という形式において、ある総体として『設計』すること」［★27］なのだ。したがってこのような都市では、住宅も常に循環し続ける流通システムに最適化されている必要があった。

★25 *Сабсович Л. М.* Города будущего и организация социалистического быта. М., 1929. С. 21; *Сабсович Л. М.* Новые пути в строительстве городов // Строительство Москвы, 1930. № 1. С. 3-4.
★26 *Сабсович Л. М.* Социалистические города. М., 1930. С. 46.
★27 *Охитович М.* К проблеме города // Современная архитектура. 1929. № 4. С. 132-134.

オヒトヴィチの理論に感銘を受けたギンズブルグは、初対面のオヒトヴィチとのわずか一時間半ほどの会談ののちに、それまでのドム・コムーナの理念を捨て、全く新しい住宅像を抱くに至った[★28]。それが具体化されたのが、ミハイル・バルシチとの共同設計による《緑の都市 Зеленый город》構想である。

彼らの考える新しい都市とは、ロシアの大地にコルホーズ(集団農場)や各種工場などを連結する幹線道路を張り巡らし、この幹線道路に沿って帯状のテラスハウス型住宅を建設するというものだった。幹線道路が住宅建設の基軸となるために、ここでは過密や過疎が生じる余地はない。幹線道路には自家用車やバスなどの公共交通機関のための駅が等間隔に設けられ、その駅から延びる歩道に沿って公共食堂や保育施設、文化施設、スポーツ施設等が配置された。住人は最寄りの駅から住まいまで一〇分程度歩くうちに、生活に必要なあらゆるサービスが受けられるよう計画されていた[図16][★29]。

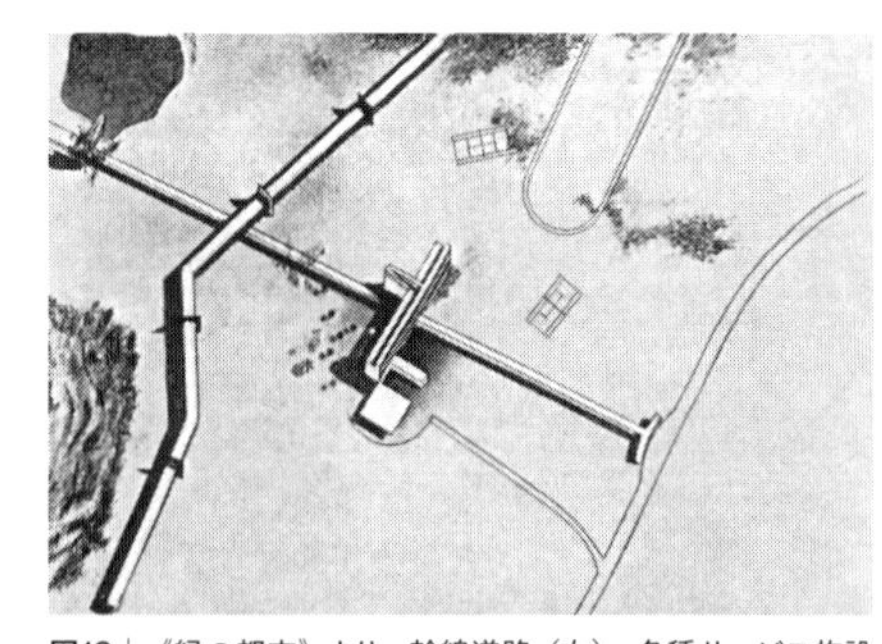

図16|《緑の都市》より、幹線道路(右)、各種サービス施設(中央)、帯状の住宅群(左)
出典= Современная архитектура. 1930. № 1-2.

また各コンパートメントは一二平方メートル程度のワンルームで、すべての成人に一戸が配分されることになっていた[図17]。帯状に連なる住宅はピロティによって二メートルほど地上から持ち上げられ、このピロティ部分が通路を兼ねた。居室の東西の壁面には巨大な開口部が設けられ、通風・採光を効率的に確保するだけでなく、周囲の自然を直に感じられる「屋根のあるテラス」[★30]である

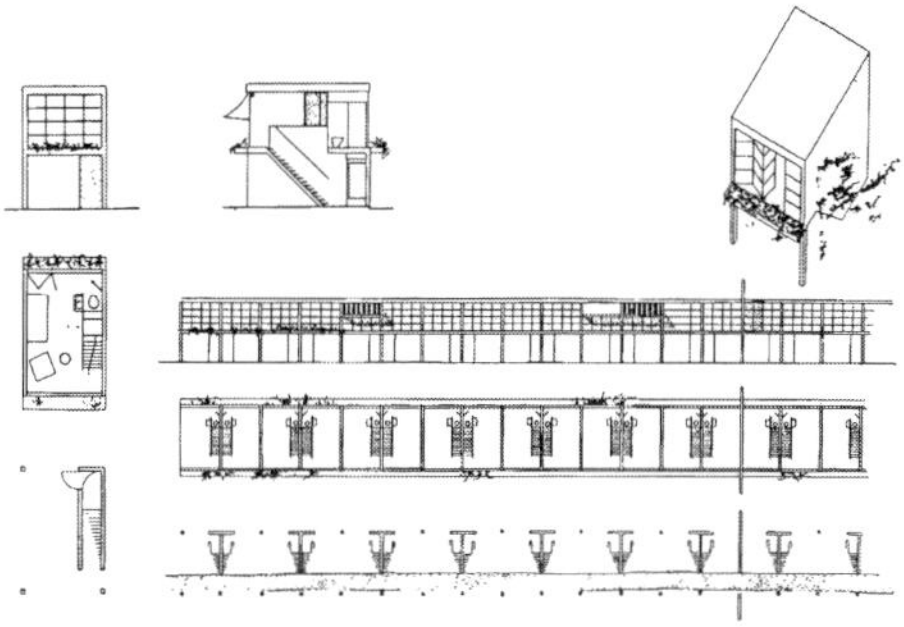

図17｜《緑の都市》より、労働者住宅のデザイン
出典＝Современная архитектура. 1930. № 1-2.

ことが目指されていた。

このようなオヒトヴィチ＝ギンズブルグの住宅モデルで重視されたのが、住み替えの容易さである。オヒトヴィチは年齢や性別によって機械的に住宅を配分する現行のシステム（特に次章で論じる「コムナルカ」）に反対し、労働環境や人間関係の変化（新しい友人や恋人との出会い、結婚や離婚など）に応じて、ある住居から別の住居へと自由に住み替え可能であるべきだと考えた［★31］。このようなオヒトヴィチの主張を受けて、ギンズブルグらは住宅のデザインを標準化し、すべての家具を作りつけにすることで、労働者がトランクひとつで部屋から部屋へと自由に移り住めるような居住システムを構想したのである。それはまさしくエンゲルスによって提示された理想の労働者住宅へのひとつの回答、「家」からの最終的な解放のための家——あるいは反・家——であったというべきだろう。

★28 *Паперный В.* Культура Два. М., 2006. С. 65.
★29 *Гинзбург М., Барщ М.* Зеленый город // Современная архитектура. 1930. № 1-2. С. 31.
★30 Там же. С. 32.
★31 *Охитович М.* Социализм города. Ответ т. Черня // Революция и культура. 1930. № 3. С. 56.

ドム・コムーナの終焉

ギンズブルグらの後ろ盾となったロシア共和国の財務人民委員（財務相）ニコライ・ミリューチンは、「新しいブィトとは、新しい労働と居住環境の自然な帰結、人びとの生活に必要なサービスを公共化するさまざまな施設の適切な組織化の結果として生まれるものでなければならない」［★32］と述べている。彼の言葉が示すように、一部のボリシェヴィキやアヴァンギャルド建築家たちは、共同食堂の導入から個室の廃棄にいたるまで、住空間そのものを作り替えることで、社会主義的な心身をもった「新しい人間」を作り出せると信じていた。そして最終的に、それは都市という規模における住空間の再編成へと向かったのである。

しかしこのような「新しいブィト」の実験は、スターリンによる独裁体制が強化されていくなかで、間もなく党指導部との間に政治的な軋轢を引き起こすことになる。一九三〇年五月一六日、共産党中央委員会で採択された「ブィトの再建に関わる作業について」では、性急な生活の共同化・集団化は「有害でユートピア的な提案」であるとして厳しく批判された。さらに翌年には、スターリンの右腕であったラーザリ・カガノヴィチによって、ドム・コムーナの実験や社会主義都市構想が、やはり非現実的なユートピア主義として否定された［★33］。

これによって、社会主義住宅に関する議論は急速に退潮していった。一九三二年から本格化するモスクワ再開発計画にも集合住宅の建設は含まれていたが、それらは基本的に家族単位のフラットであり、もはや家族の解体や生活の共同化・集団化が目標として掲げられることはなかった。ドム・コムーナの理想の原点にあった家庭からの女性の解放もまた、一九三〇年代前半には次々に否定されていった。第一次五カ年計画中の強引な農業集団化は大規模な飢饉を引き起こし、出生率は急速に低下した。これに危機感を抱いた政府は、出産を奨励する一方で中絶を非合法化し、離婚にかかる費用も引き上げた。また、内戦や飢餓によって生み出された膨大な数の孤児たちの問題を解決するために、家庭の意義が再び見直されることになった。さらに、重工業の集中的育成という指針の下、男性にはノルマ以上の労働が課され、女性には労働に加えて家事や育児の無償労働が課された。

もちろん、このような社会主義的ブィトや社会主義住宅をめぐる議論の明らかな後退に対して、全く批判が起こらなかったわけではない。実際、女性部の発行していた雑誌『女性労働者』では、家族単位の住まいのリバイバルに対して批判的な記事が掲載された[★34]。しかしそのような記事は間もなく誌面から追放され、さらには女性部そのものも、ソ連における女性の問題はすべて解決されたというスターリン発言を受けて、一九三四年には実質的な廃止に追い込まれた。

このように、社会主義の誕生の当初から主要な争点であった労働者住宅の問題は、深刻化の一途を

★32 *Милютин Н. А.* Проблема строительства социалистических городов: Основные вопросы рациональной планировки и строительства населенных мест СССР. М., 1930. С. 37.

★33 Attwood, *Gender and Housing in Soviet Russia*, pp. 108-110.

★34 *Ibid.*, pp. 111-112.

たどり続ける住宅難とは裏腹に、一九三〇年代前半にはソ連の公的言説やメディアから姿を消し、不可視化されていった。だがその一方で、生活の共同化と集団化は、スターリン時代の都市労働者にとってまぎれもない現実そのものだった。絶望的なまでの住宅不足のために、彼らの多くは社会主義住宅の理想とは程遠い空間で、強制的な共同生活を余儀なくされていたのである。

02 コムナルカ
社会主義住宅のリアル

社会主義は家族制度を否定し、家族を基本単位とした住宅も否定した。前章では、十月革命後に既存の家に対するアンチテーゼとして生まれた、社会主義の理想の住宅「ドム・コムーナ」を紹介した。これらの「社会主義的住宅」では、人びとは婚姻や血縁ではなく、同志愛によって構成されたコミューンを基盤として共同生活をおくった。

住人たちはキッチンや浴室、トイレなどの水回りを共同で利用するだけでなく、それぞれの給与を集めて共同基金を設け、生活に必用な費用はこの基金から支出された。私的財産の所有は否定され、家具から衣服に至るまであらゆるものが共有化された。また、それまで女性の無償労働とみなされてきた家事や育児などの家庭内の私的な労働は、ドム・コムーナに付属する食堂や保育園などの公共サービスによって代替されることになっていた。とはいえ、実際にはこれらの施設はしばしば割愛されるか、不完全な形でしか実現されなかったが。そして一九二〇年代末には、このようなドム・コムーナの理念は都市のレベルにまで拡張された。五カ年計画の開始とともにソ連各地に新しい都市を建設することが決定され、これを受けて社会主義都市のあるべき姿を問う論争が巻き起こったのである。

革命の理想に燃えるボリシェヴィキやコムソモール、一部の前衛建築家たちは、ドム・コムーナや社会主義都市を建設し、生活環境を物理的に共同化・集団化することで、社会主義的な心身をもった「新しい人間」を生み出せると信じていた。一方、そのようなエリートたちの論争の傍らで、この時代の大多数の都市労働者は、既に共同化・集団化された住宅に住んでいた。ただしそれはドム・コムーナの輝かしい理念の皮肉な反転像というべき、「コムナルカ」と呼ばれる空間だった。

幼少期から二〇年以上の年月をコムナルカで過ごした詩人のヨシフ・ブロツキーは、そこでの生活について次のように述べている。

それ［コムナルカ］は、人間の性質についてのあらゆる幻想を剝ぎとり、生活をその基礎まで剝き出しにする。君はおならの音量で誰がトイレに入っているのか判別できるようになるし、彼ないし彼女が朝食や夕食に何を食べたのかもわかるようになる。人びとがベッドで立てる音も、女たちにいつ生理が来るのかもわかるようになる。隣人はしばしば君に悲しみを打ち明けるし、急な痛みやあるいはもっと悪い何かが君に起きたときには、彼や彼女が救急車を呼んでくれる。君が一人暮らしの場合、いつか君が椅子の上で死んでいるのを見つけるのも彼や彼女だし、あるいは

その逆も起こりうるだろう。［★1］

人びとが極限まで密集し、剥き出しの生を生きることを強いられた、社会主義住宅コムナルカ。これらの住宅はどのような経緯で誕生し、どのような住人を生み出し、どのようなイメージを与えられ、そしてどのような終焉を迎えたのだろうか。ここからは、理想ではなく現実の社会主義住宅コムナルカの歴史を取り上げたい。

住宅の接収と再分配

気候の厳しいロシアにおいて、住宅の有無は人間の生死に直結する。労働者住宅の絶対的不足という問題の解決なしにプロレタリアートの支持の獲得が不可能であることは、ボリシェヴィキの指導者たちもよく理解していた。実際にレーニンは一九一七年一一月の時点で、住人の数より部屋数が多い住宅は、貧しい人びとのために余剰の部屋を拠出すべきだと主張していた。こうして一九一八年八月二〇日には法令「都市における不動産の私的所有権の廃止について」が制定され、ロシアの主要都市

★1 Joseph Brodsky, *Less Than One: Selected Essays* (New York: Penguin Classics, 2011), pp. 454-455.

の住宅は国有化の対象となった。そしてわずか二年足らずの間に、モスクワやペトログラード（現サンクトペテルブルク）では都市のおよそ四分の三の住宅が強制的に接収され、一九一九年三月に行われた第八回共産党大会の際に、徴用の完了が宣言された［★2］。なお前章で見たように、このときの党大会では同時にドム・コムーナの建設も提唱された。接収された住宅はそれぞれの自治体（市ソヴィエト）の管理下に置かれ、都市近郊に暮らす労働者に再分配された。このような経緯で誕生したのが、「共同住宅」（コムナリナヤ・クヴァルチーラ коммунальная квартира）通称「コムナルカ коммуналка」である。

多くのメディアは、ボリシェヴィキの強力な指導体制による住宅の接収と再分配を称賛した［★3］。実際コムナルカの設立は、労働者向け住宅の不足という極めて現実的かつ物理的な問題と、生活の社会主義化というイデオロギー的問題を、一挙に解決するかのように思われた。しかし実際のコムナルカでの生活やその管理・運営は、そのようなバラ色の予想とは程遠いものだった。

国有化の対象となったのは、モスクワなどの都市部に位置する貴族やブルジョワの邸宅ないし大規模な集合住宅だった。これらの住宅では、以前の主人一家は（逮捕されたり亡命したりしていない場合は）主寝室にまとめて押し込まれ、引越してきた新しい住人たちは、他の寝室やダイニング、客間、書斎、召使室などに、多くの場合一室一家族単位で居住した。大きな部屋は家具やベニヤ板などで仕切られ、複数の家族が入居した［★4］。キッチンやトイレなどの水回りは、コムナルカ内で共有された。このような環境なので、冒頭のブロツキーの引用にもあるように、コムナルカには住人間のプライヴァシーなど存在しなかった。

なお、これらの住宅の分配はかなり官僚的かつ機械的に行われていたようで、職場から遠い住宅を割り当てられたり、居住に適さない廊下やバスルームなどを割り当てられたりといったケースが後を絶たなかった。よって実際には、住まいを獲得したからといって、必ずしも労働者たちが諸手を挙げてボリシェヴィキの住宅政策を歓迎したわけではなかった[★5]。

当然ながら、住人の間の対立も熾烈を極めた。そもそもコミューンを基盤としたドム・コムーナの住人たちとは異なり、コムナルカの住人たちは必ずしも生活の共同化や集団化を支持していたわけではなかった。彼らの多くは、ただただ生き延びるためにコムナルカを選んだに過ぎない。よってコムナルカでは、当初より相互不信が蔓延していた。住宅の元の所有者は、新たな入居者たちを無教養で無作法な人びととみなして軽蔑していたし、これらの新入居者も、かつての特権階級をあからさまに敵視した。

コムナルカの家賃は出身階級によって異なっており、労働者階級の入居者たちは優遇された。基本的に家賃は部屋のサイズに連動していたが、労働者の場合は全生活費の一四パーセント程度にとどま

★2 Attwood, *Gender and Housing in Soviet Russia*, p. 34.
★3 Дома-коммуна в Москве. Огонек. 1923. № 7. С. 16.
★4 Svetlana Boym, *Common Places: Mythologies of Everyday Life in Russia* (Cambridge: Harvard University Press, 1994), p. 128.
★5 Attwood, *Gender and Housing in Soviet Russia*, pp. 34-35.

るよう設定された［★6］。家賃の徴収は、当初はコムナルカの管理人（当該住宅のかつての所有者であることが多かった）によって行われたが、間もなく住人によって構成される住宅管理委員会に移管されていった。モスクワでは一九二四年にコムナルカの全権代表（クヴァルトゥポルノモチェンヌイ квартуполномочный）を選出することが義務化され、このシステムはすぐに全国へと広められた。代表は家賃や光熱費の支払いの督促だけでなく、生活ルールの監督や住民委員会の招集なども行うことになっており、やがてそこには住民の密告という仕事も加わった。

「圧縮」

もちろん、ボリシェヴィキ側も決して暴力的な接収だけを行っていたわけではない。たとえば一九一八年当時推進されていたのが、住宅に余裕のある人びとが「自主的に」「善意によって」、余っている居室を提供する「圧縮」（ウプロトネニエ уплотнение）だった。なお「圧縮」の場合、賃貸人・賃借人の関係は生じず、新たな入居者は元の住人と同じ立場で、家賃は住宅管理人に支払うことになっていた。部屋を差し出しても利益はないわけだから、もちろん進んで「圧縮」を行おうとする者などいない。そこで「圧縮」の道義的重要性を訴える、さまざまなプロパガンダが行われた。ソ連で最初に製作された映画のうちの一本、その名もずばり『圧縮 Уплотнение』（一九一八年）も、この住宅政策の宣伝を

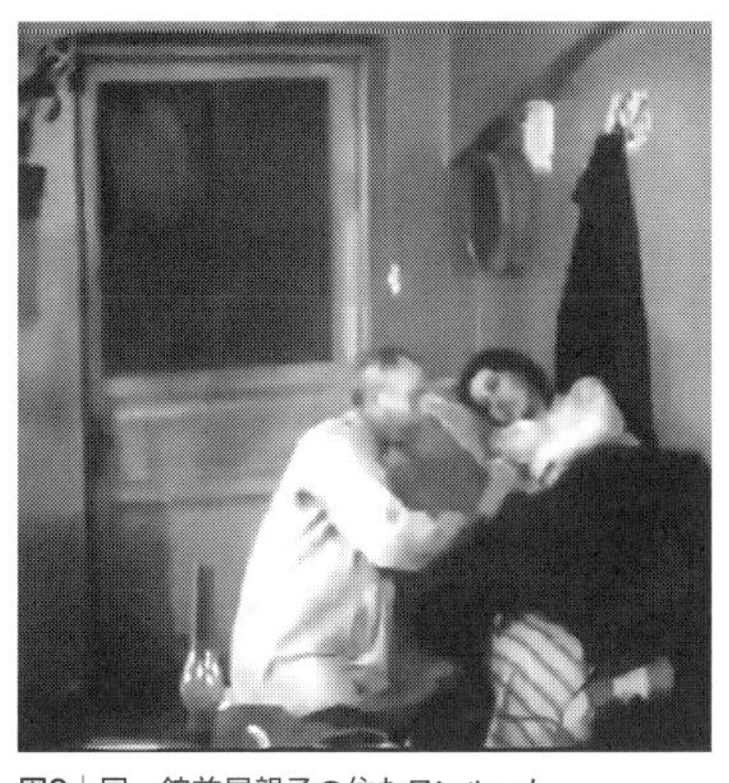

図2｜同、錠前屋親子の住むワンルーム

図1｜『圧縮』より、教授宅の食事風景

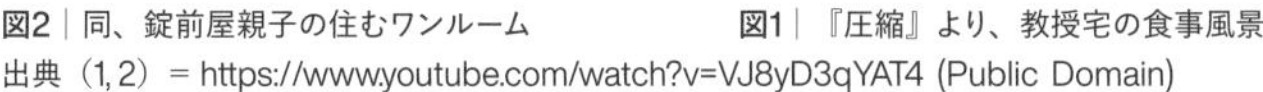

出典（1, 2）= https://www.youtube.com/watch?v=VJ8yD3qYAT4 (Public Domain)

目的としている。なお同作の脚本は、映画監督アレクサンドル・パンテレーエフと、当時の教育人民委員（文科相）のアナトーリー・ルナチャルスキーによって共同執筆された。

『圧縮』では、二人の初老の男たちと彼らが暮らす二つの住まいが対照的に描かれる。最初に登場する裕福な大学教授は、子どもたちや召使とともに豪華なアパートメントに暮らしている［図1］。それに対して、次に登場する貧しい錠前屋は、フョードル・ドストエフスキーの小説でもおなじみの半地下のワンルームに、娘と二人で暮らしている（ちなみにこの部屋にはベッドはひとつしかないので、親子のどちらかは床で寝ている設定なのかもしれない）［図2］。そんなあるとき、錠前屋の娘が脚を負傷する。これがきっかけとなって、錠前屋とその娘は教授の厚意により、彼の邸宅へと移り住むことになる。ここでやっと判明するのだが、教授たちの一家と錠前屋の親子は、実は同じ建物の上階と下階に住んでいたのだった。彼らは同じ場所に住みながら、それまでは互いの姿が「見えなかった」。ここにきて、両者は

★6 *Ibid.*, pp. 41-43.

ようやく互いの存在を認識するに至ったのである。

もちろん革命前からのエリートである教授一家と錠前屋親子の間には、階級に由来するさまざまな生活習慣の相違があり、それが摩擦を生むこともある。たとえば錠前屋の老人は、当時の無教養な人がよくやるように、紅茶をティーカップからではなくソーサーに注いで飲んで、教授一家の顰蹙を買う。にもかかわらず、教授と錠前屋は意気投合し、やがて教授宅には他の労働者たちも出入りするようになっていく。一方、教授の次男と錠前屋の娘は互いに好意を抱いており、結婚を考えはじめていた。それに対して、新しい同居人たちをよく思わない長男は、彼らの仲を引き裂こうとする。こうして教授の長男と次男は、父親の目の前で取っ組み合いの喧嘩を繰り広げる。だが錠前屋の娘の通報によって、間もなく駆けつけた警察の手で長男は逮捕される。旧特権階級の悪しき面を表す存在だった長男はこうして退場し、物語は第三インターナショナル結成を祝うペトログラードの人びとの姿とともに幕を閉じる。

このように『圧縮』では、当初は互いの存在を認識していなかった人びとがそれに気づき、ともに生活しながらさまざまな軋轢を乗り越え、さらには若い世代が階級を超えた愛を育み、より強固に団結していくさまが描かれる。教授と錠前屋が住む建物は、ソ連社会の過去、現在、そして来るべき未来を象徴的に表しているのである［★7］。

自身もコムナルカを転々とすることになった作家のミハイル・ブルガーコフは、「圧縮」の状況をより幻想的に、かつより風刺的に描いている。ブルガーコフはウクライナのキーウ（キエフ）大学で医学の学位を取得するが、一九二一年、作家になるために着の身着のままでモスクワにやってきた。そんな彼が医学知識を活かしつつ執筆したのが、小説『犬の心臓』(一九二五年)だった。

物語の主人公は、飢えや寒さに苦しみながらモスクワを徘徊する一匹の野良犬のシャリク。高名な医師であるプレオブラジェンスキーは、そんなシャリクを偶然見かけて、自宅に引き取ることにする。シャリクは命の恩人であるプレオブラジェンスキーを熱烈に慕うようになるが、実はこの医師の真の姿は動物好きの善人などではさらさらなく、恐るべきマッドサイエンティストなのだった。間もなく医師はシャリクの犬の身体に、死んだ人間の男の脳下垂体と精嚢の移植手術を行う。その結果生み出されたのが、犬人間シャリコフだった。このシャリコフこそ、前章で述べた「新しい人間」のパロディ、ないしブルガーコフ版「新しい人間」なのである[★8]。

最初彼は犬の姿のままでろくに言葉も喋れないが、やがて片言ながら言葉を発しはじめ、同時にその外見も人間に近づいていく。そして最終的には人間と変わらない言葉遣い、姿格好へと変化する。ただし可愛げのある犬のシャリクとは違って、犬人間のシャリコフは移植元の男(酒場の喧嘩で死亡したとされている)の野卑な性格と犬の本能が混ざり合った、粗野で嘘つきで好色、猫の虐殺が趣味という

★7 現実はといえば、『圧縮』の教授のような革命前に教育を受けた専門家や知識人は、セルゲイ・ロズニツァが『粛清裁判』(2018年)で描いたように、間もなく弾圧と粛清の対象となってソ連社会から抹消される運命にあった。

★8 沼野充義「解説『反カーニバル』のグロテスクと狂騒」、ミハイル・ブルガーコフ『犬の心臓』水野忠夫訳、河出書房新社、2012年、218頁。

図4｜同、プレオブラジェンスキー宅の豪華な診察室

図3｜映画版『犬の心臓』（1988年）より、プレオブラジェンスキーが暮らす集合住宅の外観

出典（3, 4）＝https://www.youtube.com/watch?v=FeGuBXYLbug（チャンネル5公式）

およそ最低な人物だった。さらに、『フランケンシュタイン』の怪物同様、シャリコフは彼を生み出しながらも人間とは認めようとしないプレオブラジェンスキーに対して、反旗を翻すのである。

『犬の心臓』はプレオブラジェンスキーに代表される旧体制や知識人階級だけでなく、ロシア正教（プレオブラジェンスキーという姓はキリスト教用語の聖体変容に由来している）からアヴァンギャルド芸術、ソ連体制まで、まんべんなく全方位に喧嘩を売る小説になっている。ただそれらについては既に山のように先行研究があるので、ここでは「住宅」という問題に絞って見てみたい。

プレオブラジェンスキーは革命前から名の知れた医学者で、モスクワの一等地に住んでいた。彼の住まいは門番が玄関扉を開けてくれるような、特権的な集合住宅だ［図3］。しかも間取りは、診察室［図4］、手術室、寝室、食堂、書斎、応接間、召使部屋の計七室。もちろんこのような住宅が当局から目をつけられないわけがない。プレオブラジェンスキーは、彼の専門である回春術によって政権上部にコネを作り、今までなんとか「圧縮」を免れてきた。しかし医師が危惧する通り、間もなく彼の住まいに四人の住宅管理委員が乗り込んでくる。そして彼らのリーダー格であるシヴォンデルという男は、医師に診察室と食堂を自主的に明け渡すよう強要する。

「その診察室と食堂のことで、われわれは話しに来たのです。お仕事にさしつかえないものとして、あなたの意志で食堂を明け渡していただくようお願いすることを総会で決めたのです。いまどき、モスクワで食堂を持っている人などだれもいません」

「イサドラ・ダンカンでさえ食堂は持っていませんわ」娘が甲高い声で叫んだ。

「……」

「診察室もやはり明け渡してください」シヴォンデルはつづけた。「書斎はじゅうぶん診察室と兼用することができます」

「うむ」フィリップ・フィリッポヴィチ〔プレオブラジェンスキーの名と父称〕は、なにか異様な声をもらした。「それじゃ、わたしはどこで食事をとればよいのだね」

「寝室で」四人が一斉に声を合わせて答えた。

フィリップ・フィリッポヴィチの紅潮した顔は、いくぶん灰色がかってきた。

「寝室で食事をする」彼はあえぐような声で言いはじめた。「診察室で本を読む、応接間で着がえをする、召使部屋で手術をする、そして食堂で診察する。おおいにあり得ることだ、イサドラ・ダンカンならそんなふうにしているのだろう。もしかしたら、彼女は書斎で食事をとり、浴室で兎を料理しているのかもしれない。たぶんそうだろう。だが、わたしはイサドラ・ダンカンではない！」彼は突然どなりだし、まっかな顔も黄色くなった。「わたしは食堂で食事をとり、手術室で手術をする！　そのことを総会に伝えてくれたまえ、そしてどうかお願いだから、あなたたちもそれぞれ自分の仕事にもどって、正常な人間ならだれでもがしているように、わたしもしかるべき場所で、つまり玄関や子供部屋ではなしに、食堂で食事できるようにとりはからっていただきたい」［★9］

シヴォンデルに「圧縮」を強要されたプレオブラジェンスキーは、けれども唯々諾々と受け入れはしない。彼はすぐにその場でシヴォンデルの上司に電話し、この上司からシヴォンデルらに対して即刻圧縮を止めるよう指示させる（この上司は党の幹部のはずだが、どうやらプレオブラジェンスキーの回春術によってがっちり弱みを握られているらしい）。

住宅管理委員会はこうしていったんは撤退を余儀なくされる。だが彼らは諦めなかった。彼らの反撃の契機となったのが、他でもないシャリコフの誕生である。シャリコフが人間であるならば、彼は他の全ソ連市民同様、現在住んでいる場所、つまりプレオブラジェンスキー邸に居住登録を行う必要がある。そこでシャリコフは、シヴォンデルの入れ知恵でもって、プレオブラジェンスキー邸内に一部屋分の居住権を手に入れる［★10］。こうして「圧縮」は遂行され、プレオブラジェンスキーとシャリコフは、もはや飼い主と飼い犬の関係ではなく、（少なくとも書類上は）対等の居住者となったのである。

注目したいのは、先の引用に含まれているプレオブラジェンスキーの台詞だ。彼は、睡眠は寝室で、食事は食堂でとるべきだと主張する。言い換えれば、部屋とその機能は一対一の対応関係にあらねばならないと考えているのだ。彼の主張は、一九世紀までの中流階級に典型的な住宅観を反映している。対照的に、前章で論じたモイセイ・ギンズブルグのようなアヴァンギャルドの建築家たちは、労働者住宅の合理的デザインを探求する過程で、部屋と機能の固定化された関係を批判し解体しようとした。実際、彼らの設計したドム・ナルコムフィンはじめ多くのドム・コムーナでは、限られた居住面積でも快適に生活できるよう、ひとつの部屋が食堂や居間、寝室などの複数の機能を有していた。

しかし現実の大多数のコムナルカの住人たちは、ドム・コムーナが実現されるよりもずっと以前から、既に元広間や元廊下ですべての活動を——仕事も、食事も、睡眠も、セックスも——行っていた。コムナルカでは最初からあらゆる空間があらゆる用途に開かれていたのである。そしてその結果、これらの空間はモダニズムの理念とは程遠い、混乱や不和、不衛生の温床となったのだった。

プレオブラジェンスキーはしかるべき部屋でしかるべき行為をするよう述べるだけでなく、住宅管理委員たちにそれぞれの本来の仕事に戻るよう説いてもいる。医者は医者としての仕事を、靴屋は靴屋としての仕事を行うべきで、住宅の分配などという本来の職分とは関係のない業務に携わるべきで

★9　ブルガーコフ『犬の心臓』、44–46頁。なお会話に出てくるイサドラ・ダンカンとは、実在するアメリカの舞踏家で、モダンダンスの始祖と呼ばれる人物。彼女は1922年から24年までという短期間ながらも、ロシアの詩人セルゲイ・エセーニンと結婚しており、一時的にソ連に住んでいた。

★10　同書、161頁。

はないと主張するのだ。だが実は彼もまた医師としての領分を超えて——あるいは被造物としての人間の領分を超えて——犬人間シャリコフを作り出し、人間と動物の境界をかき乱したのではなかったか。そしてあたかもこの境界侵犯に対する罰のように、プレオブラジェンスキーの住宅はシャリコフによって「圧縮」させられ、特権的な生活は崩壊の瀬戸際まで追い詰められることになる。

相互監視の空間

硬軟さまざまな方法によって推進された住宅の「圧縮」政策だが、少なくとも都市部の住宅不足を解消するには焼け石に水だった。革命後の内戦期間中こそ、食糧難や水道などのインフラの停止によって都市から脱出する人びとが増えたものの、ソ連全体の都市人口は一九二三年から二六年までの間に二〇〇〇万から二六〇〇万へと上昇した[★11]。それに反比例して、一九二三年時には六・四平方メートルだった住人あたりの居住面積は、二六年には五・八平方メートルまで下落し、労働者階級に限ってみると四・八平方メートルにまで減少している[★12]。一九二一年から二八年にかけての新経済政策（ネップ）期には、このような住宅難の解消や、国有化した住宅の管理負担を軽減するために、都市の不動産に対しても市場原理が導入された。これによって一部の住宅の私的所有の許可や、接収された住宅の元の持ち主への返還、不動産の売買や賃貸契約の部分的な自由化などが実施された。

しかしネップの終焉とともに不動産の自由な取引は再び禁じられ、住宅に対する管理の再強化がはじまった。党は住宅不足への対策として、一九二七年には「自己圧縮」(サモウプロトネニエ самоуплотнение)政策を導入する。それまでの「圧縮」政策は、部屋数に余裕のある住宅から余剰分の部屋を拠出させるというものだったが、「自己圧縮」は一人あたりの最低居住面積(九平方メートル)以上の部屋に住んでいる住人に、他人との同居を「許可する」(つまりは強制する)というものだった。住宅管理委員は担当地域内の「自己圧縮」できそうな住人を探しだし、余剰スペースの拠出を強要した。もし住人が抵抗するようであれば、当局に通報することもあった。こうして一室内に赤の他人同士が同居する状況が生まれたのである。

同時に住宅と労働の紐づけも強化された。一九二九年には年金受給者など労働に従事していない人びとに対して、国有化された住宅からの強制立ち退きが開始された。相手が歩行すら困難な老人であろうと、容赦はなかった。一九三二年には、仕事を不当欠勤した者など、勤務態度不良者に対する住宅からの追放も開始された[★13]。勤務上の過失や失職は、住む場所を失うことに直結するようになったのである。しかも住宅の支給は原則的に男性世帯主を基軸にしていたため、たとえば夫が職を失

★11 Attwood, *Gender and Housing in Soviet Russia*, pp. 32, 46.
★12 Andrusz, *Housing and Urban Development in the USSR*, p. 17.
★13 *Лебина*. Советская повседневность. С. 106.

うと、その妻や子どもたちまで住まいからの退去を迫られた。たとえフルタイムで働いていても、既婚女性に住宅が支給されることはめったになかった。

またコムナルカ内にはしばしば独自のルールが存在した。大声での会話や楽器の演奏、大音量でのラジオの使用の禁止、ダンスの禁止、深夜の電話の禁止、鳥類（カナリアなどの観賞用ではなく、鶏やアヒルなどの家禽を指す）の飼育の禁止など、場合によっては非常に細かい規則が設けられており、これらの規則を破った際にも、コムナルカの代表や住宅管理委員から注意を受けた。特に深刻な場合は、勤務先や当局へ通報されることもあった。

自分の住むコムナルカから逮捕者が出れば、その分使用できるスペースは増え、人口密度は下がり、共同生活のストレスも減る。さらにそこに政府による密告の推奨が加われば、何が起きるかは火を見るよりも明らかだ。一九三四年、党の重鎮でスターリンのライバルでもあったセルゲイ・キーロフが暗殺され、これを引き金にいわゆる「大粛清」（大テロル）が開始される。大粛清では数百万の人びとが政治的に疑わしい存在として逮捕され、正式な裁判の手続きを踏むことなく処刑されたり、強制収容所に送られたりした。

粛清の主たる対象となったのは、ニコライ・ブハーリンのような有力党員や、革命前に教育を受けた専門家、高級軍人だったが、弾圧の波はコムナルカに住んでいるような一般市民にまで及んだ。たとえばレニングラードのキーロフ大通り（現カメンノオストロフスキー大通り）にあるコムナルカでは、一九三四年から三八年の間に、全一一二三世帯のうち五五世帯から逮捕者が出たという（ちなみにレニングラードおよびその近郊全体では、この間に一万～一万二〇〇〇人が逮捕・追放された）［★14］。魔女狩りめいた熱狂のなかで、コムナルカはまさしく住民の相互不信と相互監視の空間と化したのである［★15］。

コムナルカにおける監視役として機能したのが、先に引用したブルガーコフの『犬の心臓』にも登場する、住宅管理人だった。ブルガーコフは一九二一年にウクライナのキーウからモスクワに移り、作家として本格的に活動をはじめる。だが、外部からの移住者だったこともあって、生涯住まいの問題に苦労し続けた。そのためか、彼の他の作品にもしばしば奇妙なコムナルカと住宅管理人が登場する。たとえば一九三四年から三六年にかけて執筆された喜劇『イワン・ワシーリエヴィチ』のブンシャがそれだ［★16］。ブンシャの正式な名前は、イワン・ワシーリエヴィチ・ブンシャ＝コレツキー。イワン・ワシーリエヴィチという名と父称は、誰あろうイワン四世ことイワン雷帝と同じである。イワン四世はモンゴルの支配からロシアを解放し、一五四七年には「ツァーリ」（皇帝）を名乗って、皇帝を中心とする絶対君主制を確立した人物として知られる。これはもちろん伏線になっていて、彼は自身の管理するコムナルカに住む科学者チモフィエフの発明したタイムマシンの作動に巻き込まれ、

★14　Там же. С. 111.
★15　Attwood, *Gender and Housing in Soviet Russia*, p. 47.
★16　同作は1973年にソ連コメディ映画の巨匠レオニード・ガイダイによって『イワン・ワシーリエヴィチの転職　Иван Васильевич меняет профессию』というタイトルで映画化される。ただ本書としては残念なことに、舞台は1930年代のモスクワのコムナルカから1970年代のブレジネフ時代の集合住宅（通称「ブレジネフカ」）へと変更されている。

一六世紀のモスクワに送られる。そして、本物のイワン雷帝と入れ替わってしまう。どうやらブンシャは見た目も雷帝そっくりなようで、イワンの廷臣たちは彼の正体に気づかず、ブンシャをツァーリとして扱う。

タイムトラベル以前のブンシャは、まさに四角四面な管理人だった。たとえば、彼はコムナルカにラジオを導入し、住人たちを政治的に啓蒙しようと試みる。さらに、住人たちがどんな思想を有しているのか把握するために、彼らの会話までもチェックを怠らない。ブンシャの存在をコムナルカの他の住人たちは煙たく思っており、実際家賃の請求にやってきたブンシャに対して、チモフィエフは「また、こいつか！……」と内心ではうんざりしている[★17]。二人はチモフィエフの部屋の巨大な機械装置（タイムマシン）をめぐって口論になるが、「こう見えても管理人という責任ある地位を占めている人間だから、監視するのはわたしの義務です」と主張するブンシャに対して、チモフィエフは慌てて謝罪する[★18]。管理人に対して反感をもちながらも、ブンシャに面と向かって逆らって警察に密告されてはたまらないというわけだ。

ブンシャは頭の固い共産主義者なので、タイムトラベル後に一六世紀の宮廷でツァーリを演じる羽目になっても、皇帝の衣装を身につけたり、皇帝のサインを偽造したり、聖職者と会見したりすることには抵抗を示す。奢侈な生活や宗教への反感が、骨の髄まで染みついているのだ。だが彼の本性なのか、それともあまりに巨大な権力を手にしたせいか、ブンシャは徐々に本物の雷帝のように周囲を恫喝しはじめ、権威的に振舞うようになっていく。同作では、住人たちを監視しその生殺与奪の権を握る住宅管理人は、イワン雷帝のような強権的な絶対君主と地続きの存在として示されるのである。

　強制的な生活の共同化と集団化によって、雑多な階級の出身者が同一の住宅で文字通り肩を接しながら生活するコムナルカは、ある意味では、社会主義住宅の実現といえなくもない。しかしそれは、革命家たちが夢想した住宅像からはかけ離れていた。もちろん、住人の相互扶助や共同体意識が全く存在しなかったわけではない。コムナルカの同居人や隣人たちは、シングルマザーが働きに出ている間その子どもを世話したり、一人暮らしの老人を見守ったり、妻や子に暴力を振るう夫を制止したり、政府による公的支援の欠如を埋める存在でもあった。だが元からの階級対立や相互不信に加えて、住宅管理委員会と秘密警察との結びつきや密告の制度化は、コムナルカを住民が互いに互いを監視し合う空間へと変えたのである。

コムナルカの日常

　さて、実際のコムナルカでの暮らしは、どのようなものだったのだろうか。現在でもモスクワやサ

★17　ミハイール・ブルガーコフ「イヴァーン・ヴァシーリエヴィチ——3幕の喜劇——」川上洸訳、『現代世界演劇 15　風俗劇』、白水社、1971年、360頁。
★18　同書、362頁。

ンクトペテルブルクなどの大都市では少なくない人びと、とりわけ年金生活者や移民などの経済的弱者は、好むと好まざるとにかかわらず、コムナルカでの生活を余儀なくされている。これらの人びとの多くは自宅に客を呼びたがらないので、現実のコムナルカに招かれる機会はあまりないだろう。なのでここでは、一般的なコムナルカの空間や生活を具体的に見てみたい。

ソ連時代のコムナルカの雰囲気を日本語で手っ取り早く体験するには、ゲオルギー・コヴェンチュークの『8号室——コムナルカ住民図鑑』(二〇一六年)がおすすめだ。現代のコムナルカの状況や住人たちについては、フランスの写真家・映像作家フランソワーズ・ユギエーによるドキュメンタリー映画『コムナルカ Kommunalka』(二〇〇八年)が詳しい。ユギエーはサンクトペテルブルクに今も残るコムナルカを訪れ、複数の住人の生活に密着して同作を撮影した。

モスクワやサンクトペテルブルクなどの都市を訪れるなら、元コムナルカでユースホステルにコンヴァージョンされた物件に宿泊してみるのもいいかもしれない。玄関や水回りを住民全員で共有するコムナルカの間取りはホステルと相性がよいようで、都市部では元コムナルカの物件に行きあたることがままある(筆者もそのようなホステルをよく利用していた)。ただし快適性や安全・安眠は保証できない。

さて、それではソ連時代のコムナルカに招かれてみよう。

目的のコムナルカのあるフロアに到着したとして、まず問題となるのは、ドアベルの押し方である。多くの場合、呼び鈴はコムナルカ共通の玄関の脇にひとつしかない。よって「何回ベルを鳴らすか」によって、来訪者はコムナルカ内の誰を呼び出したいのか、表明しないといけないのである。行き届

図5｜『イリフとペトロフは路面電車に乗っていた』（1972年）より、コムナルカの玄関口。画面左手には「ウジャスノフ、12回」など、住人名と押すべきベルの回数が記載されている
出典＝https://www.youtube.com/watch?v=ZqX3XXGH0hU（モスフィルム公式）

いたコムナルカの場合には、呼び鈴の横にそれぞれの住人の名前と押すべきベルの回数が書いてある［図5］。そうでない場合は、訪問先の住人に何回ベルを押す必要があるのか、あらかじめ聞いておく必要がある。そしてもちろん回数を押し間違えたときは、訪問相手も含めて面倒ごとに巻き込まれることになる。

無事コムナルカ内に入ると、まず玄関ホールがあり、大概はここに共有の電話や伝言板が置かれている。ソ連時代にはコムナルカの主要な規則の一覧表が張り出されていることもあった。特に意識の高いコムナルカでは、新聞や雑誌、共産主義に関する本を読むための「赤い一隅」（クラースヌイ・ウーゴル красный угол）が設けられていた。もともと革命前のロシアでは、イコンなどを飾る部屋の角の部分を「赤い一隅」と呼んでいた。神への信仰は、革命後には共産主義へのそれへと、いわば換骨奪胎されたのである。客はこの玄関ホールと廊下を抜けて、目当ての住人の部屋へと向かうことになる。在宅中の部屋はだいたいドアが半開きにされていて、玄関ホールや廊下での会話は他の住人にも筒抜け状態なのが普通だ。

狭い空間に雑多な人びとが詰め込まれたコムナルカ、とりわけその共有空間では、もちろんトラブルが絶えなかった。なかでも熾烈を極めたのが、共同キッチンをめぐる戦いである。ロシア文化研究者でレニングラードのコムナルカ出身のスヴェトラーナ・ボイムによれば、ソ連時代、キッチンはしばしば「ナゴルノ・カラバフ」(旧ソ連を形成していたアルメニアとアゼルバイジャンの間の長年の係争地)に喩えられたという[★19]。

コムナルカのキッチンは、しばしば住人の数に対して狭すぎ、作業台やガスコンロの数は足らず、特に混み合う朝夕の調理の時間は、口論や怒声が絶えなかった。ひどい場合には、他の住人の調理中の鍋に汚水や下剤(!)を混ぜるといった嫌がらせも横行した。よって、住人がキッチンに調理中の鍋を放置しているかどうかで、コムナルカ内の治安の善し悪しを見分けることができたという。もし住人が安心して鍋をほったらかしにしていたなら、そのコムナルカの人間関係は良好だと判断できるのだ。

社会主義住宅の推進者たちは、住戸別にキッチンを設置することの非合理性やイデオロギー的誤謬を説いたが[★20]、現実にキッチンを使用し調理を担当する女性たちはこのような過密状態の共同キッチンを嫌い、可能であれば持ち運び可能なプリムスのガス・ストーブ[図6]を用いてそれぞれの部屋で調理することを好んだ[★21]。またほとんどのコムナルカには洗濯室は設置されておらず、洗濯もキッチンで行われた。それゆえキッチンには常に誰かの衣服や下着、シーツなどが所狭しと干されていた。男性の場合は、身体を洗うのにもキッチンを利用することがあった。共同キッチンはまさにコムナルカの生活の要だったのである。

共同キッチンと並ぶ戦場が、トイレだった。コムナルカを舞台とする小説や映画では、しばしば朝

図6｜『僕が住む家』（1957年）より、やかんを載せたプリムスのガス・ストーブ（画面右手奥）
出典＝https://www.youtube.com/watch?v=6pRuTV6QQkA（ゴーリキー映画スタジオ公式）

のトイレ待ちの列が描かれる。トイレ内で新聞や本を読んだり、使用後に電気を消さなかったり、清潔に使用しなかったりした場合は、「人民の敵」と呼ばれて糾弾されることもあった。トイレは単に用を足すためだけの場所ではなく、住人が唯一完全に一人きりになれる神聖な空間だったからだ。ちなみに便器に便座はついていないので、みな「マイ便座」をもってトイレに向かった（今でもロシアの公衆トイレには便座がないことがある）。一方浴室は、たとえコムナルカ内にあったとしても、温水が出ないことが多く、浴室として使用されるケースはまれだった［★22］。たいていの場合、そこは居室か物置、あるいは洗濯物干し場として利用された。身体を洗いたい場合は、住人たちはバーニャと呼ばれる公共の浴場に通うか、自室でたらいに汲んだ水で洗うか、先述のようにキッチンを利用するのが一般的だった。

コムナルカは、現実生活だけでなくフィクションの世界においても、悲喜こもごものドラマの舞台となった。ただしコムナルカが都市住宅の主流だったスターリン時代には、コムナルカを主たる舞台

★19 Boym, *Common Places*, p. 147.
★20 *Измайлов В.* Проблема дома // Жилищное дело. 1928. № 22. С. 8-10.
★21 Attwood, *Gender and Housing in Soviet Russia*, p. 64.
★22 Boym, *Common Places*, p. 140.

とした作品は実はあまり制作されていない。なぜかというと、スターリン時代には建築も映画も含むすべてのソ連芸術は、「社会主義リアリズム」と呼ばれる様式に従うことが求められたからだ。社会主義リアリズムとは、「リアリズム」を名乗ってこそいるものの、実際には目の前の現実をそのまま描くのではなく、「理想的な姿で」描くことを要求するスタイルだった。しかし、人口過密によるスラムのような生活水準と、絶え間ない陰口や口論からなるコムナルカの日常は、そのような理想化など到底不可能だった。ソ連文化研究者のエフゲニー・ドブレンコは、社会主義リアリズムのいわば副作用として、理想化不可能な現実の「非現実化」(デリアリザーツィヤ дереализация)を挙げている[★23]。社会主義リアリズムがソ連の唯一の公式の芸術様式となった時代、コムナルカのようなみすぼらしく貧弱な日常空間は、自らについての言葉や表象を失っていったのである。

しかし一九五三年にスターリンが死亡し、社会主義リアリズムの規範が弱まると、コムナルカとそこで暮らす等身大の人びとの日常を主題とした作品が次第に出現しはじめる。たとえばアレクサンドル・ヴォロディンの戯曲『五夜 Пять вечеров』(一九五八年)では、主人公のイリインが生まれ育ったレニングラードのコムナルカに戻ることから物語がはじまる。イリインは模範的労働者には程遠いいわば「負け犬」で、劣等感に苦しんでいる。そのような人物を主人公の座に据えたことによって、発表当時『五夜』は議論を巻き起こした。なお同作は、一九七八年にニキータ・ミハルコフによって映画化もされている。

レフ・クリジャーノフ、ヤコフ・セーゲリ監督の映画『僕が住む家 Дом, в котором я живу』(一九五七年）では、一九三〇年代に新たに建設された（接収されたものではない）コムナルカを舞台に、ひとつのフラットに暮らすことになった二つの家族の人間模様が描かれた。

一九三五年、竣工したばかりのコムナルカにダヴィドフ一家とカッシーリン夫妻が引越してくる。ダヴィドフ一家は初老のダヴィドフ夫妻、赤軍に所属している長男コンスタンチンとまだ学校に通っている次男のセリョージャ、長女カーチャの五人暮らしだが、間もなくカーチャは結婚して娘も生まれ、にぎやかな大家族となる。一方カッシーリン夫妻はまだ新婚で、夫のドミトリーは地質学者として働いていた。両家族が住むのは、玄関とキッチンを共有するタイプのコムナルカで、ダヴィドフ家には、食堂兼居間兼夫妻の寝室兼兄弟の寝室である大きめの一室［図7］と、長女夫妻のための小さめの一室の二部屋が、カッシーリン夫妻には一部屋が割り当てられていた。

図7｜『僕が住む家』より、食卓を囲むダヴィドフ家の人びと（奥に夫婦のベッドが見えている）
出典＝https://www.youtube.com/watch?v= 6pRuTV6QQkA（ゴーリキー映画スタジオ公式）

物語の実質的な主人公を務めるのは、ダヴィドフ家の次男セリョージャだ。彼にとって隣人で地質学者のドミトリー・カッシーリンは憧れの人だった。しかしドミトリーは調査旅行のためにしばしば家を留守にしており、新婚の妻リーダはそれに不満と寂しさを感じていた。引越しから数年が過ぎ、ダヴィドフ家の長男で軍務に就い

★23 *Добренко Е.* Политэкономия соцреализма. М., 2007. С. 38.

ていたコンスタンチンが新居に帰宅する。彼ははじめて会うリーダに惹かれ、彼女が既婚者であると知りながら、ちょうどドミトリーが調査で留守にしているのをいいことに、強引に彼女に迫る。

ここでポイントとなるのが、コムナルカの鍵事情だ。もちろん共通の玄関の扉には錠をかけることができるし、基本的に夜間は施錠されるのだが、コムナルカ内の各室には内側から鍵をかけることができない。戦後になってから鍵つきの部屋も普及しはじめたが、この時代のコムナルカの住人は、実は他の住人の部屋に出入りし放題だったのである。コンスタンチンはノックもそこそこにカッシーリン夫妻の部屋に入り込み［図8］、リーダを口説いて肉体関係をもつことになる。劇中では、二人の不倫はあくまでコンスタンチンのエゴイズムやリーダの孤独に起因するものとして描かれるが、そもそもこのような事件は人と人の距離が異様に近いコムナルカでなければ起きなかったはずだ。ちなみに翌朝リーダと顔を合わせたダヴィドフ夫人は、既に何が起きたのかを察しており、それまでの愛想のよい態度とは打って変わってリーダに冷たく接する。コムナルカではいかなる秘密も秘密として保つことはできないのである。

コンスタンチンは以降もリーダにつきまとうが、リーダは後悔に苛まれ、彼を拒絶し続ける。しかしコンスタンチンやダヴィドフ夫妻と否応なく毎日顔を合わせる生活、そしていつコンスタンチンが再び侵入してくるか知れない部屋では、安心して暮らすことはできない。調査から戻ってきた夫に事情を言い出せないまま、リーダは一人でコムナルカを出て行く。しかし彼女がコムナルカを去ったまさにその日、ナチス・ドイツによるソ連侵攻が開始される。鉄道駅でニュースを聞いたリーダは慌ててコムナルカに戻るが、間もなく夫のドミトリーも、コンスタンチンやダヴィドフ氏、果てはセリョージャまで、コムナルカの男たちはみな軍に召集されていくのだった。

ちなみに物語内では、リーダが比較的簡単にコムナルカを捨てて出て行こうとしているが、現実の一九三〇年代当時のモスクワでは、たとえ人間関係が破綻したとしても、住宅を住み替えるのは容易ではなかった。住宅ストックの絶対的な不足に加え、斡旋システムも恐ろしく非効率的だったからだ。結婚したカップルが同じ部屋に住めなかったり、離婚したカップルが同じ部屋に住み続けたりといった事例は珍しくなかった［★24］。

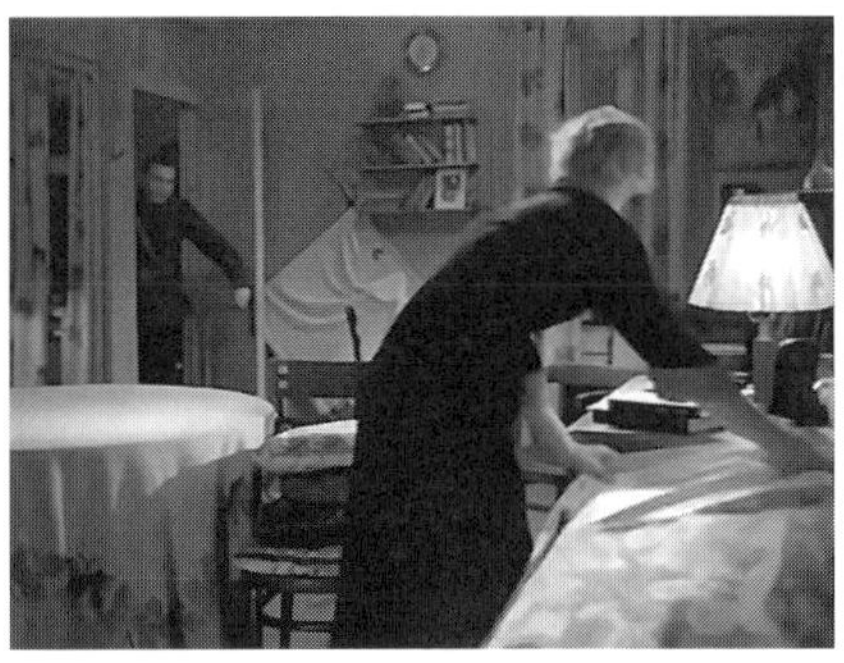

図8｜『僕が住む家』より、カッシーリン夫妻の部屋に入り込むコンスタンチン　出典＝https://www.youtube.com/watch?v=6pRuTV6QQkA（ゴーリキー映画スタジオ公式）

このようなコムナルカの日常生活の多岐にわたる問題は、しかし少なくとも一九三〇年代初頭までは、『アガニョーク』や『女性労働者』などのメジャーな雑誌でも頻繁に記事として取り上げられていた。だが三〇年代後半、スターリンを頂点とする独裁体制が確立されるころまでには、コムナルカにまつわるさまざまな問題はメディア上から姿を消していた。コムナルカは多くのソ連人にとって眼前の現実そのものであり、さらにはソ連の住宅政策をめぐる問題や矛盾が凝縮された空間でもあった。だがまさにそれゆえに、これらの問題ごと不可視化

★24　*Attwood, Gender and Housing in Soviet Russia*, p. 130.

され非現実化されたのである。

ノスタルジーの対象としてのコムナルカ

一九五三年にスターリンが死去し、フルシチョフがソ連の指導者の座に就くと、労働者住宅をめぐる状況は大きく変化した。フルシチョフは労働者住宅の充足を国策として掲げた。その結果、日本では「団地」と呼ばれる家族単位の集合住宅、通称「フルシチョーフカ」が、ソ連全土に急ピッチで建設された。人びとはコムナルカからフルシチョーフカへと、先を争って引越した。一九五九年から六二年のわずか四年の間に、約九〇〇万人が新居へと移り住んだとされている。それはまさに民族大移動というべき現象だった[★25]。こうして一九六〇年代には、コムナルカはソ連住宅の主流の座をフルシチョーフカに譲ることになる。その一方で、この時期にはコムナルカを舞台とするフィクションが次々に制作され人気を博した。これらのコンテンツでは、コムナルカはもはや日々直面せねばならない過酷な現実ではなく、過ぎ去った過去として、しばしばノスタルジックな色調でもって描かれた。なかでもコムナルカ映画の傑作として知られるのが、ミハイル・カザコフ監督の『ポクロフスキエ門 Покровские ворота』(一九八二年)である。

物語は、大規模な再開発が進みつつある一九八〇年代のモスクワの中心部からはじまる。自動車の

図10｜同、ホーボトフの部屋。右側がホーボトフ、左側が彼の恋人となるリュードチカ

図9｜『ポクロフスキエ門』より、マルガリータとサッヴァの部屋。ドーリス式の柱やシャンデリアなどが、元貴族の邸宅であったことを示している

出典（9, 10）= https://www.youtube.com/watch?v=T-EM2avmxtQ（モスフィルム公式）

車窓から移りゆくモスクワの街並みが映し出された後、今まさに取り壊されようとしている古い集合住宅と、それを眺める中年男性が画面に現れる。実はこの建物は、この男性コースチャが一九五〇年代に住んでいたコムナルカだった。破壊されていく古い建物を眺めながら、コースチャは彼の青春の日々と、コムナルカでの個性的な隣人たちとの共同生活を回想していく。

かつてモスクワ大学の大学院生だったコースチャは、このコムナルカに叔母のアリーサ・ヴィタリエヴナ、歌手のヴェリュロフ、中年の女性マルガリータ・パヴロヴナとその婚約者サッヴァのカップル、マルガリータの前夫ホーボトフらとともに住んでいた。マルガリータとホーボトフは既に離婚していたが、先に述べたような住宅難によって引越すことができず、マルガリータに新しい恋人サッヴァができた後も、両者は隣り合う部屋で暮らしていた［図9］［図10］。

マルガリータの性格を一言で表すならば、典型的なファブリック・マ

★25 Mark B. Smith, *Property of Communists: The Urban Housing Program from Stalin to Khrushchev* (DeKalb: Northern Illinois University Press, 2010), p. 102.

ザーといえるだろう。彼女は新しいボーイフレンドのサッヴァを愛しながらも、一方で不器用で世間知らずのホーボトフに対しても母親的な支配欲を発揮する。マルガリータはことあるごとにホーボトフの生活に介入するだけでなく、彼が若い看護師のリュードチカに惹かれはじめると、二人の間を無理矢理引き裂こうとする。ホーボトフの部屋はマルガリータが住む部屋の控えの間のような空間で、両部屋の間にあるドアは、貼りつけた地図によってふさがれている。しかしリュードチカがホーボトフの部屋にやってくると、マルガリータは両部屋を隔てるドアを地図ごと蹴破って［図11］、彼の部屋に乱入する。両部屋の間のかりそめの境界が破壊され、二つの空間が統合されることによって、マルガリータがホーボトフを支配下に置いたことが象徴的に示されるのである。ホーボトフが前妻の支配を逃れ、一人前の成人男性として生きるためには、このコムナルカから脱出するしか道はないのだ。

コムナルカという空間ゆえに、マルガリータとホーボトフの愛憎渦巻くドタバタ劇は、コースチャ含むコムナルカの他の住人たちも巻き込んでいく。しかしそんなドラマも、現在、つまり一九八〇年代の中年に差し掛かったコースチャの視点からは、過ぎ去った青春の懐かしき日々として、一抹の郷愁とともに回想されるのである。

本章の冒頭で引用した詩人ヨシフ・ブロツキーのエッセイ「一と二分の一の部屋で In a Room and a Half」をもとに、映像作家アンドレイ・フルジャノフスキー［★26］が詩人の半生を描いた映画『一と二分の一の部屋、あるいは祖国への感傷旅行 Полторы комнаты, или Сентиментальное путешествие на родину』（二〇〇八年）では、ブロツキーが少年時代から青年時代にかけて住んでいたコムナルカが、

図11｜同、自室とホーボトフの部屋の間のドアを地図ごと蹴破るマルガリータ　出典= https://www.youtube.com/watch?v=PhxPonlglPc（モスフィルム公式）

時間的隔たりだけでなく、空間的隔たり——ブロッキーは一九七二年に国外追放となり、亡命を余儀なくされた——によって、より一層幻想的かつノスタルジックに描き出される。

ブロツキーは一九四〇年に、レニングラードのユダヤ系の家庭に生まれた。レニングラードは彼の生後間もなく、ドイツ軍による九〇〇日近くに及ぶ過酷な包囲戦に巻き込まれる。戦災と飢餓を生き延びた後も、彼らユダヤ系住人を取り巻く環境は困難を極めた。とりわけ一九四八年から一九五三年にかけての反ユダヤ・キャンペーンは苛烈で、ユダヤ系の知識人や専門家は次々に逮捕され、ブロツキーの父親も海軍の軍籍を剥奪され、勤務先の海軍博物館を解雇されている。

そのような背景もあってか、ブロツキーは学校になじめず転校を繰り返し、その後は詩を発表しながらさまざまな職を転々とした。そして一九六四年、彼は「徒食者」、つまり社会に役立たないニートであるという罪状（！）によって逮捕され、五年の強制労働の判決を言い渡される。さすがにこれには国内外から非難が集まり、一年半の流刑ののち、ブロツキーは釈放された。皮肉にも、それまで全く無名の詩

★26 アンドレイ・フルジャノフスキーはユーリー・ノルシュテインらと並ぶ著名なアニメーターであり、最近本邦でも公開された映画『DAU. ナターシャ』（2020年）の監督を務めるイリヤ・フルジャノフスキーの父親にあたる。

図12｜『一と二分の一の部屋、あるいは祖国への感傷旅行』より、ブロツキー一家の暮らす部屋。ところどころにかつて邸宅だったころの風格が感じられる
出典(12, 13)＝Хржановский А., Полторы комнаты или сентиментальное путешествие на Родину (DVD), М., Парадиз, 2010.

人であった彼は、この「不条理裁判」によって世界的に知られることになった。だが一九七二年、今度は突如国外退去を命じられる。こうしてブロツキーはアメリカへと去った。以降彼は生活の拠点をアメリカに移し、一九九六年、この異国の地で没する。

映画『一と二分の一の部屋、あるいは祖国への感傷旅行』では、アメリカで市民権を得、ノーベル文学賞を獲得したのちの詩人の視点から、レニングラード時代が回想される。ブロツキーと彼の両親が暮らしていたコムナルカは、アレクサンドル・ブロークやジナイーダ・ギッピウス、ドミトリー・メレシコフスキーなど、二〇世紀初頭のロシア詩の全盛期――いわゆる銀の時代――を代表する詩人たちの住まいだった。だが革命後は、由緒ある邸宅は接収され、コムナルカへと転用される。みすぼらしい姿をした住人たちで混み合うコムナルカには、在りし日の文化の名残はないが、高い天井や巨大なドア、暖炉、装飾的な壁や柱などからは、元の邸宅の格調高さが見て取れる［図12］。

なお、タイトルの「一と二分の一の部屋」は、このコムナルカの一角を占めるブロツキー一家の住まいのことを指している。彼らは大きな一室を本棚やカーテンで仕切って、食堂兼居間兼夫婦の寝室とブロツキーの子ども部屋（二分の一の部分）に分けて暮らしていた。したがって、もちろん親子の間のプライヴァシーはあってなきがごとしだ。年ごろになったブロツキーがガールフレンドを自室へ連れこみ、性急にことに及ぼうとして次々に振られていくさまから、なんとかこぎ着けた初体験まで、両親にはすべてが筒抜けとなる。

コムナルカの共同キッチンの描写も興味深い。アメリカという遥か彼方から回想される少年時代の共同キッチンは、調理や洗濯の雑音、女たちの愚痴や罵声など、さまざまな音とリズムに満ちたエキゾティックな空間として現れる。共同キッチンに干された巨大なシーツに映し出される彼女たちの影は、鍋やフライパンを叩きながら未開の部族のように輪を描いて踊りだす［図13］。ブロツキーの記憶とイマジネーションは、共同キッチンで働く女たちを、他の住人を捕まえて調理する、恐ろしくも魅力的な食人族へと変容させるのである。

図13｜同、シーツに映った共同キッチンの女たちの影。踊る彼女たちの手には調理器具が握られている

ブロツキーのレニングラードでの生活は、決して楽なものではなかったはずだ。だが詩人の記憶のなかのコムナルカは、しばしば幻想的で多幸感に満ちた空間として描き出される。ただし同作では、双眼鏡越しの視界や鏡の反映、影絵やプロジェクターによる投影など、イメージの人為性が繰り返し強調されることにも注意せねばならない。このような演出は、これらイメージが、祖国へのノスタルジーと少年時代へのノスタルジーという二重のフィルターによって、詩的に変容されたヴィジョンであることを示

唆しているのである。

トータル・インスタレーション空間としてのコムナルカ

コムナルカでの生活は、ソ連後期・ポストソ連時代のアートを代表する存在であるイリヤ・カバコフの作品にも、大きな影響を与えることになった。

カバコフはウクライナ東部のドニエプロペトロフスク（現在のドニプロ）出身だが、一九四五年に美術学校で学ぶために、母親とともに首都モスクワへと移り住む。美術学校卒業後は、生活のために絵本の挿絵画家として働く一方で、ソ連の公式芸術界の外部で密かに創作を行った。彼のような非公式芸術家たちは、ソ連芸術の規範から自由であることと引き換えに、美術館やギャラリーなど公的な展示空間から締め出されていた。それゆえカバコフらにとって、住まいは制作の現場であるだけでなく、親しい友人たち——同じような立場のアーティストや批評家たち——を招いて作品を見せ合う、私的な展示空間でもあった。

当初は内輪向けに制作していたカバコフだが、ゴルバチョフによるソ連体制のペレストロイカはアート市場にも波及し、彼の作品は祖国ソ連におけるよりも先に、西側の美術館やギャラリーで展示されるようになっていった。たとえば一九八八年には、ニューヨークのロナルド・フェルドマン・ギャラリーで初の大規模インスタレーション《一〇の人物》が展示されている。

同作ではタイトルの通り、コムナルカに住む一〇人の住人の部屋が再現された。「他人の意見を集める男」の部屋、「自分の部屋から宇宙へ飛び出した男」の部屋、「小さな男」の部屋、「作曲家」の部屋、「なにも捨てなかった男」の部屋等々と名づけられた各室には、その場に不在の部屋の主を想起させるオブジェとキャプションが設置された。

コムナルカはカバコフら非公式芸術家たちの主要な制作と展示の場だったわけだが、アメリカにはもちろんコムナルカは存在しない。そこでカバコフは、コムナルカという空間ごと、インスタレーション作品として作り出したのである。観客も含め展示空間すべてを展示物とみなすこのようなタイプの作品を、カバコフ自身は「トータル・インスタレーション」と呼んでいる[★27]。

この作品＝展示空間では、観客はコムナルカの一〇の部屋をひとつひとつ見て回ることになる。たとえば「自分の部屋から宇宙へ飛び出した男」[図14]の部屋の壁面は、宇宙開発や航空工学に関する多種多様な記事、ポスター、住人の手によると思われる設計図などによって埋めつくされている。簡易ベッドの上にはこの設計図に基づいて組み立てられたとおぼしきカタパルトが設置されており、その真上の天井には大きな穴。ベッドの周囲には脱ぎっぱなしの靴や、天井から剥落した漆喰などが散

★27　Boris Groys, David A. Ross, Iwona Blazwick, *Ilya Kabakov* (London: Phaidon, 1998), p. 54. トータル・インスタレーションについては、沼野充義編著『イリヤ・カバコフの芸術』、五柳書院、１９９９年、30-38頁を参照。

図14｜《10の人物》より「自分の部屋から宇宙へ飛び出した男」の部屋　撮影＝D. James Dee 1988, New York　copyrights: Ilya & Emilia Kabakov

乱している。作品に添えられた短い文章によれば、この部屋の住人は常に自らを異邦人と感じ、地上からの脱出を願っていたという。そして彼はついにその方法を発見した。彼はコムナルカの隣人たちに気づかれぬよう爆薬を部屋に運び込み、ある夜天井を爆破し、カタパルトでもって自らを空へと射出したのである。

この部屋の孤独な住人は、隣人の証言によって明らかになったのだが、宇宙への単独飛行にとりつかれており、おそらく彼はこの夢を、つまり彼の「偉大な事業」を成し遂げたのだろう。
この部屋の住人の考えによれば、全世界は空の彼方へと向かうエネルギーの流れによって貫かれている。彼の計画は、この流れに乗って上空へ飛び去るというものだったようだ。
[……]
すべてはコムナルカの他の住人たちが寝静まった夜に起きた。彼らの恐怖、驚き、当惑は想像できるだろう。地域の警察が呼ばれ、捜査がはじまり、住人たちは裏庭も、道路も、あらゆる場所を探し回った。だが彼は、どこにもいなかった。[★28]

ここでは詳しくは論じないが、ロシアには独自のコスミズム（宇宙論）が存在する。その始祖となったのが、ドストエフスキーや哲学者のウラジーミル・ソロヴィヨフらにも大きな影響を与えたとされる伝説的な司書、ニコライ・フョードロフだった。フョードロフの唱えるコスミズムの究極的な目的のひとつに、重力の克服＝死の克服がある。重力は人を大地へと縛りつける。死んで大地に横たわるとき、人間は完全に重力の支配下に置かれる。ゆえにフョードロフは、重力を統御しその支配を克服することは、人類の死すべき運命からの解放につながると考えた。そして彼は、人類の復活と不死化および宇宙への植民というとてつもないスケールの計画を練り上げ、「共同事業 общее дело」と名づけた。このコムナルカの住人が自らの計画を「事業」と呼んでいる点からも、カバコフがフョードロフを参照していることは明らかだ［★29］。常に隣人に監視されている独房のような狭い室内から自由で広大無辺な宇宙へと、あるいはコムナルカの生活という形而下の世界から形而上の世界へと、男は自らを射出したのである。

だがカバコフの場合、このような脱出や救済の表現は、リリカルだが常にどこか醒めたアイロニー

★28 Amei Wallach, *Ilya Kabakov: The Man Who Never Threw Anything Away* (New York: Harry N. Abrams, 1996), pp. 196-197.

★29 ちなみにカバコフには、実現されなかったプロジェクトを一堂に集めた《プロジェクト宮殿》（１９９８年）など、よりダイレクトにフョードロフを参照した作品もある。

の感覚も伴っている。辛く苦しい現実から脱出したいという願いの切実さは、真に迫って感じられよう。しかし結局のところ、コムナルカから「宇宙へ飛び出す」こととは、単なる自死に過ぎないのではないか。もっといえば、フョードロフの唱える有限なる人間身体の克服とは、身体の抹消＝死を意味するのではないか。「宇宙へ飛び出した男」の物語は、そのようなアイロニカルな読解の可能性を常に保持し続けているのである。

形式のレベルでも、このようなアイロニーは機能している。「宇宙へ飛び出した男」をはじめとする《一〇の人物》は、観客を物理的に作品空間に参入させるが、虚構に没入させたり、現実と虚構を取り違えさせたりはしない。ソ連の公式芸術であった社会主義リアリズムが、描かれたイメージこそが「現実」なのだと主張したのとは対照的である。天井に空いた穴も、漆喰の破片が飛び散った部屋も、舞台装置のような虚構性を隠そうとはしない。それにこの男の部屋を通り過ぎれば、すぐに次の部屋、次の住人の物語がはじまる。カバコフはコムナルカの息苦しい生活からの、ひいてはソ連体制からの脱出の物語を描きはするが、同時にその虚構性を明示することによって、そこに無批判に耽溺することを許さないのである。

カバコフのコムナルカ・シリーズにはキッチンを舞台としたものもある。一九九一年に長野のセゾン現代美術館に展示されたインスタレーション《共同キッチン》[図15]では、六メートルの高さの八角形の空間が建設され、壁や天井から大小の鍋やフライパン、食器、カトラリー、布巾、がらくたなどが小さな紙片とともに吊り下げられた。紙片には、コムナルカのキッチンで交わされている二人の男と二人の女の会話の断片――「アンナ・グリゴリエヴナ、煮立ってますよ！」から「このくそったれ女！」まで[★30]――が書かれていた。見上げるような高さの天井と無言で作品を眺める観客からなる空間は、どこか教会の礼拝堂を思わせる[★31]。だが、実はこの空間は、『一と二分の一の部屋』の共同キッチン同様、騒音と下世話な会話に満たされた、非常に「騒々しい」空間なのだ。展示空間には、これらのオブジェの他にテーブルと椅子が設置されており、テーブル上には次のようなテクストが載せられていた。

図15｜《共同キッチン》。2018年にトレチャコフ美術館で再現されたバージョン　撮影＝上田洋子

コムナルカとは、偉大な、無尽蔵のテーマである。そのなかにいると、魔法の鏡のなかにいるように、われわれの生活のあらゆる断片がきらめき、端と端で互いに交錯するのであり、それ自体が宇宙の中心に立つのと等しい意味をもつ。そこには病もあれば、問題も、希望もある。下劣なものも偉大なものも、散文的なものもロマンティックなものも、愛も割れたガラスをめぐる戦いも、無条件の寛容も電気代の支払いについてのとるに足らないいさかいも、焼き立て

★30 Wallach, *Ilya Kabakov*, p. 225.
★31 *Ibid.*, p. 224.

のピローグのおすそ分けもゴミ出しの問題も、あらゆるものがそこに自らの場所を見出すのだ。そこは中世の広場や劇場のような場所であり、そこでは観客と俳優の立場は次々に入れ替わり、退屈なほど長い場面もあれば、雪崩のような勢いで変化する場面もある。登場人物は二人きりのこともあれば、数えきれないほどたくさんのこともある。しかしどのような場合であれ、行為の行われる場所は同一だ。望むと望まざるとにかかわらず傍観者でいることは誰にも不可能で、すべての出来事に対して常に参加者であることが定められている。そしてそこではあらゆることが——静かで思慮深い会話から取り乱した叫び声や喚き声までが、コンポートをかき回すスプーンの静かな響きから、棚を壁から叩き落とし、皿も鍋も食べものも瓶もすべてをごちゃごちゃにしてリノリウムの床の上に不定形の塊を作り出す台風のような格闘までが——あらゆるタイミングで生じうるのである。［★32］

カバコフにとって、共同キッチンはコムナルカ的矛盾がこれ以上なく先鋭に表れる場だった。そこではあらゆる高尚なものとあらゆる低俗なもの、最良のものと最悪のものが併存していた。しかもコムナルカの住人は——そしてこのインスタレーションを見に来た観客も——この空間を客観的に突き放して鑑賞することはできないのだ。共同キッチンはそこに足を踏み入れた人間を否応なく相互監視の制度のなかに取り込んでしまう。そこでは監視する＝鑑賞する主体は、瞬時のうちに監視される＝鑑賞される客体へと裏返るのである。

このインスタレーションに展示されたがらくたには、過去のキッチンで交わされていた会話の残響、すなわち既に不在となった人びとの痕跡が刻印されている。この喪失の感覚は、コムナルカを経験したことのない観客にも、不思議とある種の郷愁を呼び起こす。しかしカバコフはコムナルカの空間を、決して単なる甘ったるいノスタルジーの対象としては描かない。カバコフはこれら共同キッチンの痕跡を採取し、トータル・インスタレーション《共同キッチン》として再構成する。そしてこの寓意的空間を通して、望むと望まざるとにかかわらずすべてが監視の対象ないしスペクタクルの対象として他者の視線の前にさらけ出されてしまうコムナルカの生を、そこで作動していた権力構造を、批判的に可視化するのである。

エキゾティックなコムナルカ

コムナルカとは、最もソ連的な住宅であったといっても過言ではないだろう。大多数の都市労働者がそこで暮らしていたというだけでなく、社会主義の理想と現実、敵意と友愛、排除と団結がこのように端的に現出した空間は他には存在しないからだ。しかし、コムナルカの人口は、フルシチョフ時

★32 *Ibid.*, pp. 224-225.

代からブレジネフ時代にかけて大きく減少し、ソ連型住宅の主流の座を家族単位の集合住宅、いわゆる団地へと譲ることになった［★33］。この住宅政策の転換は、単にソ連の住宅のモードの変化を示しているだけではない。それは資本主義社会とは異なる、所有やプライヴァシーを前提としない社会主義住宅、あるいは男女の婚姻や血縁関係をベースとしない社会主義的な住様式の探求が、断念されたことを意味していた。

そしてソ連末期の一九九一年、ゴルバチョフは資本主義体制への移行の一環として、住宅の私有化を宣言した。これによって、希望者は現在居住している住宅を所有することが可能になった。当初の私有化の対象は、フルシチョーフカ型の家族単位の住宅に限られていたが、その後私有化の範囲はコムナルカにまで及んだ。こうして既に死に体だった社会主義住宅の理念は、完全に葬り去られたのである。若い世代は私有化した部屋を売り払って新しい住宅に移り住み、コムナルカには年金生活者や移民労働者、さまざまな問題を抱えた低所得者ら、社会的・経済的弱者が取り残されることになった。

ソ連解体とその後の経済混乱を経た現在、コムナルカは多くのロシア人にとって、もはや郷愁の対象というよりはエキゾティックな空間になりつつあるようだ。コムナルカに対する現代ロシア人の距離感がよく表現されているのが、二〇一五年に放送されたTVドラマ『コムナルカ Коммуналка』（全四話）である。物語は、裕福な大学教授の妻だったアーニャが、夫の突然の死をきっかけに、それまで住んでいた屋敷を不動産会社に巻き上げられ、コムナルカへの引越しを余儀なくされるところからはじまる。アーニャは既に中年に差し掛かっているが、ブロッキーにとってコムナルカが故郷とほぼ同義であったのに対し、彼女にとってそこは全くの無縁の世界、まさしく異郷だった。ゆえにコムナルカへの移住は、彼女にとっては社会的転落を意味するだけでなく、未知の空間へ足を踏み入れることをも意味していた。実際アーニャは、朝のトイレ前の行列のようなコムナルカの習慣や、台所では他人のものに手を触れないといったルールを知らず、最初は他の住人たちから敵意を向けられる。

彼女のコムナルカの隣人たちも、「普通ではない」人びととしてエキセントリックに描かれる。ソ連時代から抜け出してきたかのような年金生活者の老夫婦、奇妙なアクセントで喋る外国人、夜な夜な部屋をクラブ化している画家、中央アジアからの移民労働者たちなど、彼らはアーニャにとって(そして多くの現代ロシアの視聴者にとっても)、完全なる他者ではないが少しばかり異質な人びとだ。そして彼らはコムナルカの住人らしく、アーニャの生活にも容赦なく踏み込んでくる。だが世間知らずではあるものの、その分先入観や偏見に囚われないアーニャは、懸命に彼らに働きかけ、やがてコムナルカに受け入れられていく。そしてわれわれ視聴者も、彼女の視点を通じて、現代ロシアの一部でありながら異郷のように感じられるコムナルカの空間に徐々になじみ、愛着を抱くようになっていく。ただし、最終的にアーニャがコムナルカを去るように、そこは完全に同化可能な(つまりは永住可能な)場所とはならず、あくまで異郷にとどまる。

★33 とはいっても、1989年の段階でいまだ人口の17パーセントがコムナルカで暮らしていた。Attwood, *Gender and Housing in Soviet Russia*, p. 200.

『コムナルカ』に端的なように、近年では若者やアーティストたちがコムナルカに住んで、そのエキゾティックな空間を楽しむコンテンツがネットを中心に人気を博しているようだ。たとえばアーティストのアナスタシヤ・ヴェプレワと詩人のロマーン・オスミンキンは、サンクトペテルブルクに残るコムナルカの一室で生活し、その記録をFacebookに記録、後に本として出版している［★34］。ただこのようなコンテンツを通じて再発見されたコムナルカが、今後どのような位置を占めていくのかは不透明なままである。貧困層やアウトローの吹き溜まりにとどまるのか、それとも福祉政策や住宅政策のなかでセーフティーネットのような形で活用されることになるのか。そして何より、コムナルカの家族でもなければ他人でもないコミュニティは、どのように評価されていくのか。イデオロギーが先行した一九二〇年代のソ連よりも、家族単位の住様式の限界が指摘される現在こそ、あるいはコムナルカ的な住宅の再検証が必要とされているのかもしれない。

★34 Осминкин Р., Вепрева А. Коммуналка на Петроградке, М., 2022.

03 スターリン住宅

新しい階級の出現とエリートのための家

革命は「家」を否定したはずだった。

実際、一九二〇年代のソ連の都市部では、旧来の意味での住宅の概念は破壊された。家族単位の住まいに代わって、台所やトイレなどの水回りを他の住人と共有する「コムナルカ」、大部屋に複数のベッドが置かれただけのバラック、独身者が複数人でルームシェアする寮などが、革命後の都市住宅のスタンダードとなった。もちろん、コミューン建設の理想に燃えて、自ら共同生活を選んだ人びとも存在した。だが大多数の人びとは、圧倒的な住宅難によって、赤の他人と住空間を共有することを、あるいは夫婦や親子であっても別々に生活することを強いられたのだった。

前章の終わりでは、コムナルカをはじめとしたこのようなソ連住宅は、戦後には家族単位の住宅＝団地に取って代わられたと述べた。だが、家族の復権と家族単位の住宅の復活は、実はそれ以前から進行していた。スターリンによる独裁体制が確立された一九三〇年代には、革命以来の「反・家」イデオロギーは、既に劇的な転換を見せていたのである。その背後にあったのが、労働への競争原理の導入と、新たな階級社会の出現だった。よって本章では、まずは三〇年代にもう一度遡って、ソ連の住宅観、さらには家族観がなぜ、どのように変化したのかを見てみたい。

社会主義的競争とエリート階級の誕生

一九二八年から翌二九年にかけて、ソ連の若者向けの新聞『コムソモーリスカヤ・プラウダ』は、「家庭のがらくた追放キャンペーン」を展開した。ここでいう「がらくた」とは、ロシア・アヴァンギャルドを代表する詩人ウラジーミル・マヤコフスキーの詩のタイトル、「がらくたについてО дряни」にちなんでいる。詩人はこの詩のなかで、黄色いカナリアに代表されるような前世紀の中産階級のキッチュな趣味をこき下ろした[★1]。そのような俗悪な「がらくた」からなる部屋に対して、マヤコフスキーは剝き出しの壁にマルクスやレーニンの写真のみが掛けられたミニマルな部屋を理想とした[★2]。

けれどもロシア・アヴァンギャルドが掲げた反装飾・機能主義のストイックな美学は、間もなく他でもない党指導部によって否定されることになる。一九三三年、都市の住宅難のさらなる深刻化にもかかわらず、スターリンの右腕であるラーザリ・カガノヴィチは、「プロレタリアは単に快適なだけでなく、美しい家をもつことを欲しているのだ」[★3]と主張した。さらに翌一九三四年の第一七回共産党大会では、コミューンに対する批判も行われた。労働者同士の連帯によって形成されるコミューンから、婚姻と血縁からなる家族へ、党自らが一大転換を図ったのである。このような変化の一因となったのが、一九二〇年代後半から労働の現場に導入された「社会主義的競争」の概念と、一九三〇年代の家族政策の転換だった。

革命から一九二〇年代前半にかけての時期には、「競争」には資本主義社会の「不健康なブルジョワ的風習」というネガティヴな烙印が押されていた。それに対してソ連の中央労働研究所では、「労働の科学的組織化 Научная организация труда」(通称HOT)、すなわち人間と機械の運動を合理的に組織し、効率的な生産を可能にする方法が研究されていた。人間の身体もまた一個のメカニズムであると考えた同研究所のアレクセイ・ガスチェフらは、人間の集団と機械とが連動し渾然一体となって生産活動を行う、ユートピア的協働の世界を目指したのである。

しかしスターリンによる第一次五カ年計画の開始とともに、風向きは変わる。一九二〇年代末に至

★1 Boym, *Common Places*, p. 35.
★2 *Ibid.*, p. 38.
★3 *Перчик Л.* Город социализма и его архитектура // Архитектура СССР. 1934. № 1. С. 3.

っても、大多数の生産の現場では高度な機械化は実現されず、原始的な道具と人力に頼った作業が行われていた。そのような状況下で、人間と機械の協働モデルとは正反対の、肉体の限界を超えて働くことを美化する一種の精神論が喧伝されるようになったのである。その際導入されたのが、「社会主義的競争」であり、「突撃労働」と呼ばれる働き方だった［★4］。企業同士が互いに互いを潰し合う不毛で不健全な「資本主義的競争」に対して、この「社会主義的競争」は国全体の生産性を向上させるものとして、イデオロギー的に正当化されていった。こうしてソ連は、いわば国ごとブラック企業化したのである。

突撃労働の「突撃」（ウダール удар）とは、英語でいうところの shock にあたり、強烈な打撃を意味する。一九二〇年代に労働の合理化を唱えたガスチェフらが、労働を人と機械の正確で効率的・反復的なリズムとしてとらえていたのに対して、突撃労働は――生産や建設を目的としているにもかかわらず――攻撃や破壊といったニュアンスを多分に含んでいた。そこでは安定的・恒常的な生産よりも、短期間の突貫労働によるノルマの超過達成や、ライバル工場を打ち負かすことが重視された。そしてその結果も、決して生産的とはいえなかった。

たとえば第一次五カ年計画の目玉だった白海・バルト海運河の建設では、強制収容所（グラーグ ГУЛАГ）の政治犯らを労働力として利用し、右岸と左岸で建設速度を競い合わせた。それによって運河は予定よりも早く竣工したが、大型船舶が航行できないほど水深は浅く、慢性的な食糧不足と過労や事故のために、囚人の死亡率が一〇パーセントを超えることもあった［★5］。

このような社会主義的競争は、一九三〇年代半ばには、「スタハーノフ運動」へと引き継がれた。スタハーノフとは、一九三五年にドンバスの炭鉱でノルマの一四倍の石炭を切り出し、労働英雄と呼ばれたアレクセイ・スタハーノフのことを指す。一九四〇年までには、ソ連の工業労働者のおよそ半数にあたる三〇〇万人がこの運動に参加していた［★6］。彼らのうち特に優秀な成績を収めた者には、給与の増額やボーナス、食料配給クーポン、日用品や時計、自転車、ラジオなどが与えられた。中でも最大の賞品が、家だった。大都市の住宅難がピークに達しようとしていた時期に、彼らには工場の予算によって家具つきの豪華な住宅が支給されたのである［★7］。

注意すべきは、これらソ連社会の新しいエリートたちに授与された住宅の形式だ。それらは独立したキッチンや浴室、トイレだけでなく、複数のベッドルームに加えて、場合によっては書斎、カード部屋、ダンス・ホール、使用人部屋などを備えていた［★8］。結果として労働英雄たちの生活は、一

★4 Toby Clark, "The New Man's Body: A Motif in Early Soviet Culture," in Matthew Cullerne Brown and Brandon Taylor eds., *Art of the Soviets: Painting, Sculpture and Architecture in a One-Party State, 1917-1992* (Manchester and New York: Manchester Univesity Press, 1993), p. 42.

★5 *Кокурин А., Моруков Ю.* Сталинские стройки ГУЛАГа. 1930-1953. / под общ. ред. акад. А. Н. Яковлева; сост. А. И. Кокурин, Ю. Н. Моруков. М., 2005. С. 522.

★6 Lewis H. Siegelbaum, *Stakhanovism and the Politics of Productivity in the USSR, 1935-1941* (Cambridge: Cambridge University Press, 1988), pp. 146-147.

★7 Attwood, *Gender and Housing in Soviet Russia*, p. 115.

★8 *Ibid.*, p. 115.

九二〇年代に否定されたはずの、革命前の中産階級のそれと大差のないものになっていった。

もうひとつの看過しえない変化が、労働の再ジェンダー化だった。突撃労働やスタハーノフ運動では、長時間にわたる過酷な肉体労働に打ち込まねばならない。ゆえに自然と女性は、これらの労働から弾き出されることになった。女性のスタハーノフ主義者がいなかったわけではないが、その多くは独身ないし子どものいない既婚者だった。労働英雄の夫をもつ妻たちは、彼らが労働に従事している間、自らも労働者として働くだけでなく、家事や育児を一手に引き受け、夫が気持ちよく休息できるように家を整えておく必要があった。結果として、男性が住宅に関わるのはその取得時のみで、実際の維持・管理は全面的に女性の手にゆだねられ、住まいは女性化していった。このようにスタハーノフ運動は、労働の現場だけでなく、住宅のありようや生活様式にも多大な変化をもたらしたのである。

労働政策と同様に、ソ連の家族政策も一九三〇年代に一八〇度転換された。ドム・コムーナの章で見たように、革命直後から一九二〇年代までソ連の家族政策の根幹には家族廃絶論があった。事実婚が認められ、離婚は夫婦一方の意思のみで行えるようになり、人工妊娠中絶も合法化された。しかし一九二〇年代後半になると、特に都市部では離婚率が跳ね上がり、中絶率も出生率を超えるほどに激増した［★9］。一方路上では、親にネグレクトされたり孤児になったりした子どもたちが群れをなしており、これらのストリート・チルドレンによる犯罪が社会問題化しつつあった［★10］。中絶率の上昇や遺棄児童の増加の背後には、革命後の内戦や飢餓、そして深刻化し続ける住宅難があった。

このような状況に対し、政府は一九三六年に連邦の家族法を大幅に改定することで対応しようとした。この改定によって離婚は困難になり、人工妊娠中絶は違法化され、多くの子どもを産んだ母親に対する公的扶助制度が整備され、そして親に対する子の扶養が義務化された。いわば政府は再び家族を強化することで、これらの社会問題を家族に押しつけ、解決させようとしたのである[★11]。

スターリン住宅

労働の競争化によって、一九三〇年代には同じ労働者の間にいわゆる「勝ち組」と「負け組」が生まれ、社会の階層化が進んだ。そして、党幹部だけでなく新たに出現したこれらの特権階級のために、新たな住宅の建設がはじまった。モスクワの目抜き通りであるゴーリキー通り（現トヴェルスカヤ通り）をはじめ、都市の主要な通りには、住宅難にあえぐ多くの都市住民を尻目に、「スターリン住宅 сталинские дома」、あるいは「スターリンカ сталинка」と呼ばれる豪奢な集合住宅が次々に建設され

★9 河本和子『ソ連の民主主義と家族——連邦家族基本法制定過程1948-1968』、有信堂高文社、2012年、31頁。
★10 1927年の時点で、およそ19万の子どもたちが孤児院などの公的施設で暮らしており、9万5000人から12万5000人が路上で生活していたとされる。Wendy Z. Goldman, *Women, the State and Revolution: Soviet Family Policy and Social Life, 1917-1936* (London: Cambridge University Press, 2010), p. 305.
★11 河本和子『ソ連の民主主義と家族』、32頁。

図1｜ブーロフ設計によるゴーリキー通り25番地の集合住宅（右翼は1936年、左翼は1949年に竣工）

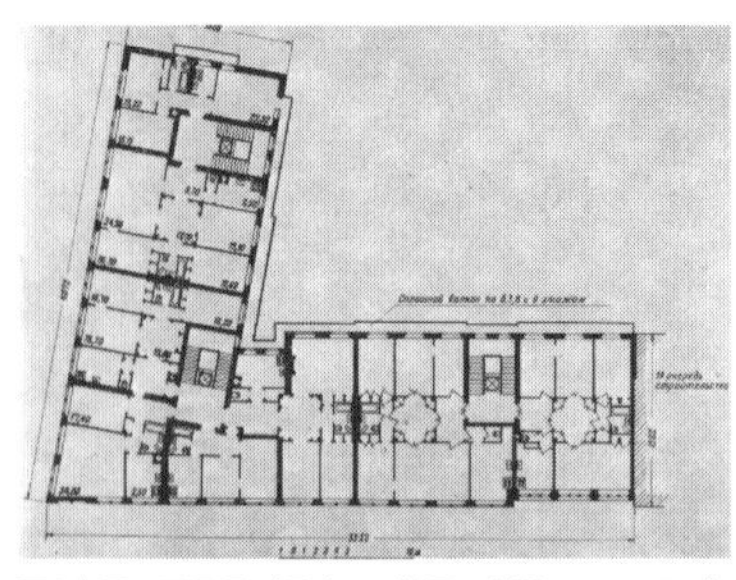

図2｜同、平面図（最大で5部屋＋玄関ホール＋DK）

出典(1, 2) = Андрей Константинович Буров: Письма. Дневники. Беседы с аспирантами. Суждения современников. М., 1980.

ていった〔図1〕〔図2〕。これらの住宅には、構成主義のドム・コムーナとは打って変わって、ルネサンス様式やバロック様式、新古典主義など、多様な過去の建築様式が用いられ、外部も内部もさまざまな天然石や彫刻、レリーフ、モザイク画などによって装飾された。もちろんこれらの住宅の目的は、モスクワの住宅不足を解消することではなく、党幹部や新しいエリートたちがより快適に生活できる住まいを提供することにあった。

これらの住宅のいわば頂点を占めることになったのが、戦後のモスクワに建設されたスターリン高層建築、コチェリニーチェスカヤ河岸通りのアパートメント（ドミトリー・チェチューリン他設計、一九五二年竣工）〔図3〕と、クドリンスカヤ広場のアパートメント（ミハイル・ポソーヒン、アショット・ムンドヤンツ設計、一九五四年竣工）〔図4〕だった。いまだ戦災復興の見通しも定かではない一九四七年、スターリンのイニシアチブによって、第二次世界大戦における勝利とモスクワ建都八〇〇年を記念して、首都の中心部に八棟の高層ビルを建設することが決定された。このうち七棟が実際に建設された。

「スターリンの七姉妹」とも呼ばれるこれらの高層建築は、集合住宅だけでなくモスクワ大学校舎、外務省の庁舎、オフィス、ホテルなど、それぞれに異なる用途をもっていた。にもかかわらず、その外観は古典主義とゴシック様式を基本にさまざまな過去の建築を折衷したスタイルで、いずれも似通っていた。過去の様式の寄せ集めのような外観とは対照的に、建設には鉄筋コンクリートなどの新しい素材と最先端の技術が用いられた。実はソ連建築家たちは、第8章で詳述するソヴィエト宮殿と呼ばれるソ連史上初かつ世界最大の高層建築を実現するため、一九三〇年代からアメリカの摩天楼の建設技術を熱心に学んでいた。ソヴィエト宮殿は結局アンビルトに終わるが、その技術はこれら「スターリンの七姉妹」に活かされることになったのである。

図3｜コチェリニーチェスカヤ河岸通りのアパートメント
著者撮影（2007年）

図4｜クドリンスカヤ広場のアパートメント
著者撮影（2019年）

七つのビルのデザインに共通するのが、中央に向けて高層化していく階段状の構造とその頂点に置かれた尖塔だ。実はこのデザインの決定には、スターリン自身の介入があった。コチェリニーチェスカヤ河岸通りのアパートメントの設計図に描かれた尖塔のモチーフをいたく気に入ったスターリンは、他の六棟のビルにも同じものを設置するよう指示したという[★12]。こうしてニューヨークやシカゴの高層建築とは異なる、社会主義の摩天楼が誕生したのである。

ちなみに、赤い五芒星を擁するこの尖塔のモチーフは、クレムリンのスパースカヤ塔に由来している。スパースカヤ塔はソ連の（そしてソ連崩壊後はロシアの）指導者がそこから全国を統治する象徴的中心であり、当時はスターリン自身の建築的シンボルとみなされていた。いわばスターリンは、モスクワ中心部を見下ろすように、自らの分身として七つの高層建築を建設したのである。

しかしその建設の過程は、決して平坦なものではなかった。

子どもでも予想できる話だが、モスクワの七か所でほぼ同時にこのような大規模な建設作業が行われたことで、建築資材の流通は滞り、現場間での資材の奪い合いも生じた。さらに、戦後の粛清の再開が混乱に輪をかけた。一九四九年には、本来これらのプロジェクトの采配を振るべきモスクワ市長のゲオルギー・ポポフが逮捕され、モスクワ市の主席建築家でコチェリニーチェスカヤ河岸通りのアパートメントの設計者であるドミトリー・チェチューリンも失脚する。

一方建設現場では、戦争による労働人口の減少もあって慢性的に労働力が不足しており、女性労働者も多数動員され、男性と全く同じ仕事に従事していた。ちなみに、メディア上ではこれら高層建築の建設に携わる労働者たちは、しばしばモスクワの未来を築くキラキラした存在として描かれたが、実際の現場の士気は低かったという。掘っ立て小屋のようなバラックで集団生活を強いられながら、エリートのための豪華なアパートメントを建設していれば、まあ当然そうなるだろう。

建設現場の労働力不足を補うために動員されたのは、女性たちにとどまらなかった。「七姉妹」の建設では、早い段階から強制収容所の囚人たちを動員することが決まっていた。「七姉妹」建設の総指揮を任されたアレクサンドル・コマロフスキーは、もともとグラーグの囚人を用いて核爆弾の研究所も含む研究施設や工業施設を建設する部門のトップにいた人物だった。その彼の采配により、一九五二年の時点では、コチェリニーチェスカヤ河岸通りのアパートメントを含むモスクワ市内の三四の建設現場に、数千人単位の囚人が送り込まれていた［★13］。もちろんこれらの囚人たちは囚人用の宿舎で寝起きしたが、同じ現場で働いていれば、一般市民とこれらの囚人の生活する領域の境界は、どうしても曖昧になっていく。まるで、政治犯と一般市民との間、あるいはソ連の日常空間と収容所の間に、本質的な相違など存在しないかのように。

さて、まずはこれら「七姉妹」の一員であるコチェリニーチェスカヤ河岸通りのアパートメント［図5］［図6］［図7］から見てみよう。同アパートメントは、鉄筋コンクリート造で二四階建て、最も高い部分で一七三メートルになる。アパートメント内には住宅七〇〇戸に加えて、各種店舗、食堂、郵便局、映画館などが配置され、建物内で生活が完結するようになっていた。寒いだけでなく路面の凍

★12 Alexei Tarkhanov, Sergei Kavtaradze, *Stalinist Architecture* (London: Laurence King Publishing, 1992), p. 141.
★13 Katherine Zubovich, *Moscow Monumental: Soviet Skyscrapers and Urban Life in Stalin's Capital* (New York: Princeton University Press, 2020), p. 164.

図6｜同、エントランス

図5｜コチェリニーチェスカヤ河岸通りのアパートメント（1952年時点）

図7｜同、エントランス・ホール

出典（5–11）= Архитектура СССР. 1952. № 6.

結のためにちょっと歩くのも億劫になるロシアの冬には、これほどありがたいことはない。住宅は2LDKタイプが八割程度を占めたが、3LDKや4LDK、ワンルームも存在した［図8］。また、各戸に独立したキッチン［図9］やダイニング［図10］、浴室［図11］、トイレがあるほか、冷蔵庫や乾燥機もあらかじめ設置されていた［★14］。当時の多くの都市住人が、コムナルカやバラックの混雑した共同キッチンで調理し、風呂はなく、共同トイレに毎朝列を作っていたことを考えると、これは圧倒的な贅沢だった。クレムリンの方角を向いたファサードの上部には、巨大なコムソモールの男女の彫像が設置され、エレベーターのあるエントランス・ホ

図9｜同、キッチン

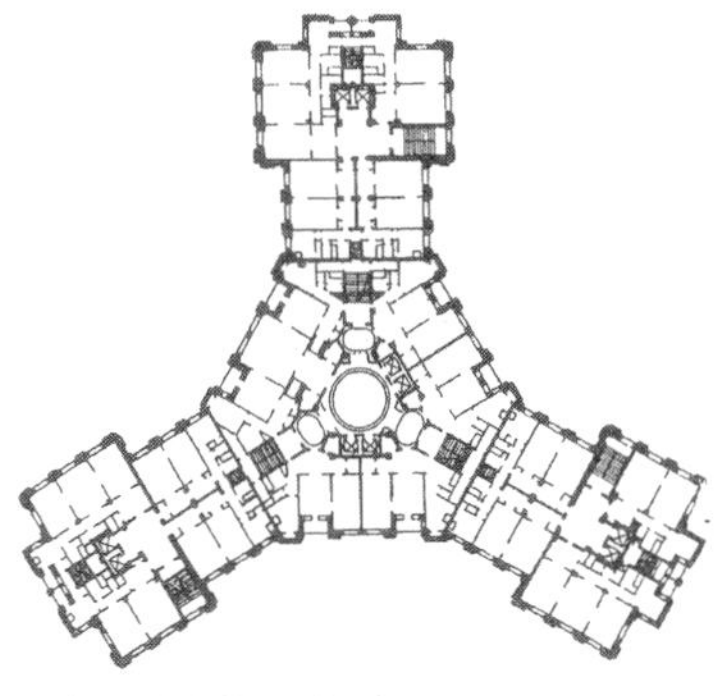

図8｜同、中央棟の居住区部分の平面図

図11｜同、浴室

図10｜同、ダイニング

ールは、社会主義のユートピアに暮らす喜びに満ちた人びとの姿を描いたレリーフや天井画によって装飾された。

なおこのアパートメントはソ連文化人の住まいとして知られており、イワン・プィリエフなどの著名な映画監督、俳優、バレリーナ、作家、作曲家、さらには設計者のチェチューリン自身も居住した[★15]。また、先述のように同アパートメントの建設には強制収容所の囚人たちが多数動員されたが、彼らの指揮や監督を行ったNKVD（内務人民委員部、いわゆる秘密警察）の幹部たちもここに住んだ［★16］。

もう一方のクドリンスカヤ広場のアパートメントを設計したのは、当時三〇代後半のポソーヒンとムンドヤンツの若手コンビだった（なお、ポソーヒンはフルシチョフ時代にクレムリン脇の大会宮殿などの代表的建築を設計し、ソ連建築界の頂点に君臨する存在となる）。最も高い中央棟は一六〇メートル、地上二二階の高さで、こちらも2LDKを中心とする四五二戸の住宅のほか、各種の店舗やサービス施設、映画館、住人用の巨大駐車場などを備えていた。各戸には独立したキッチンや浴室だけでなく、冷蔵庫や食洗器、自動ごみ粉砕処理機など、当時のソ連としては最先端の設備が備え付けられた［★17］。ただしクドリンスカヤ広場のアパートメントの場合は、竣工を迎える前にスターリンが死亡したことによって、当初の計画通りに仕上げることはできなかった［★18］。

豪奢を極めたスターリン高層建築だが、実際には一戸に複数の家族が同居するという、コムナルカと同じ住み方をしているケースも少なくなかったという［★19］。特権階級であっても、モスクワの危機的な住宅不足の影響を完全に免れることは難しかったようだ。

映画のなかのスターリン住宅

コチェリニーチェスカヤ河岸通りのアパートメントとクドリンスカヤ広場のアパートメントは、都心に位置していることや、ソ連時代の集合住宅としては比較的インフラが整っていることによって、現在でも住宅マーケットでは高額で取引されている（とはいえ上下水道やエレベーターなどはメンテナンス不足によりしばしば問題を起こしているようだが）。民泊化されている部屋もあり、こちらも観光客に人気のようだ。だがそもそも、ロシアの人びとはこれら特権的な集合住宅に対して、どのようなイメージを抱いてきたのだろうか。ここでは、ソ連時代と二〇〇〇年代に撮影された二本の映画作品におけるこれらのスターリンカの描写に注目してみたい。

一九八〇年にアカデミー外国語映画賞も受賞した、ウラジーミル・メニショフ監督の『モスクワは涙を信じない Москва слезам не верит』（一九七九年）では、クドリンスカヤ広場のアパートメントが登場し、主人公の女性カテリーナの人生における転機の場となる。

物語の前半の舞台は、一九五八年のモスクワ。二〇歳のカテリーナは、モスクワの寮に住み、工場

★14 *Рубаненко Б.* Архитектура высотного здания на Котельнической набережной в Москве // Архитектура СССР. 1952. № 6. С. 7; *Васькин А. А.* Сталинские небоскребы: от Дворца Советов к высотным зданиям. М., 2009. С.167-168.

★15 Там же. С. 170.

★16 Высотка на Котельнической набережной: крыша, интерьеры, квартиры. // Прогулки по Москве. 01.10.2013. URL=http://moscowwalks.ru/2013/10/01/vysotka-v-kotelnikah/

★17 *Васькин*. Сталинские небоскребы. С. 208-209.

★18 Там же. С. 209.

★19 *Кулакова И.* История московского жилья. М., 2006. С. 203.

図12｜『モスクワは涙を信じない』より、キッチンでディナーの準備をするカテリーナとリュドミーラ。入り口付近に冷蔵庫が見える

図13｜同、ダイニングで食事をするカテリーナとルドルフ

出典（12, 13）= https://www.youtube.com/watch?v=X7GuhjGZ-xs（モスフィルム公式）

で働きつつ学位の取得を目指す真面目な娘だった。だがあるとき、大学教授でクドリンスカヤ広場のアパートメントに住むおじ夫婦がしばらく家を空ける間、留守を預かることになる。カテリーナは寮のルームメイトであるリュドミーラとともに、ひとときのスターリンカ暮らしを楽しむ。しかし玉の輿を狙う野心家のリュドミーラは、カテリーナをそそのかし、教授令嬢を装ってパーティーを企画、各界で活躍する男たちをアパートメントに招く。カテリーナはこのパーティーで知り合ったテレビ局で働く青年ルドルフに好意を抱き、なし崩し的にアパートメントで性的関係をもつ。しかしカテリーナが妊娠し、しかも実はただの工場労働者であることが判明すると、ルドルフはあっけなく彼女を捨てて去っていくのだった。

カテリーナが他の娘たちと三人で暮らしている寮の狭苦しいワンルームと比べて、劇中に登場するおじのアパートメント——独立したキッチン［図12］、広いダイニングやリビング［図13］、書斎、テレビや冷蔵庫などの希少な家電や重厚な家具からなる——は、まさに夢のような空間だ。しかし正当な住人ではないカテリーナにとって、そこは偽りの住まいに過ぎない。結局、彼女は自らの嘘の代償として、独りで娘を育てていくことになるのである。

一方、二〇〇八年に公開されたワレーリー・トドロフスキー監督のミュージカル・コメディ『スチリャーギ Стиляги』には、コチェリニーチェスカヤ河岸通りのアパートメントが登場する。ここでも物語の舞台となるのは、一九五〇年代後半のモスクワ。主人公メルス（Мэлс）は、マルクス、エンゲルス、レーニン、スターリンのそれぞれの頭文字からなる名をもつ、ごく普通の青年共産党員だった。だが、ある夜「スチリャーギ」と呼ばれる若者グループの一員のポリーナに一目ぼれしたことで、彼の日常は一変する。

スチリャーギとは、アメリカ文化に夢中になっていたソ連の若者たちのことを指す。当時のソ連の若者にとって、アメリカは旅行に行くどころか情報すらほとんど入ってこない、遠い異国の地だった。しかし（それゆえに、というべきか）、スチリャーギたちは空想のなかの憧れのアメリカ・イメージを膨らませた。そして「アメリカ風」の極彩色のスーツやワンピースをまとい、派手な髪形や化粧でジャズやブギウギを踊り、英語交じりのロシア語で会話した。当時のソ連には既に「雪解け」の時代が到来していたが、それでもこれらの若者は反ソ的、反社会主義的な不良とみなされていた。

劇中では、このスチリャーギのリーダー格の青年フレッド（本名フョードルを英語風に発音している）とその両親が、コチェリニーチェスカヤ河岸通りのアパートメントに暮らしている。彼の父親は外務省の高級官僚で海外経験も豊富なため、フレッドは元から西側世界に近い位置におり、しかも父のコネでアメリカ産の高級車を乗りこなしたり、外国人向けレストランに出入りしたりしている。そしてやは

図14｜『クロコディール』より、建設中のスターリン住宅を描いたイラスト
出典＝Крокодил, 20 сентября 1950.

り彼も、両親が休暇で自宅に不在の間、仲間たちをスターリンカに呼んで盛大なパーティーを開く。

数十人の若者たちを収容できる広い室内、グランドピアノやテレビなどの高価な家財、そしてあふれんばかりの西側産の酒と音楽からなる空間は、主人公メルスの暮らす典型的なコムナルカとはまさに対照的だ。ちなみに、『モスクワは涙を信じない』と同じく本作でも、メルスはフレッドの両親の寝室でポリーナと二人きりになった際に、彼女とセックスに及ぼうとする。だが逆に他の仲間たちに知られ、彼らのからかいの的になって未遂に終わる。明らかに『モスクワは涙を信じない』を意識した演出だが、同時に当時の若者たちにとって二人きりになれる密室がいかに貴重だったかもうかがえよう。なお、こののち二人は無事結ばれるが、ポリーナは別の男との間の子を妊娠するというオチがつく。

『スチリャーギ』のスターリン住宅の描写には、明らかな誇張も見られる。現実には、コチェリニーチェスカヤの3LDKのフラットであっても居住面積は六〇平方メートル未満で、劇中のフレッド宅ほど広くはなかった［★20］。また『モスクワは涙を信じない』と同様に、『スチリャーギ』でもこのイメージ上の住まいにはどこか胡散臭いところがある。フレッドはもちろんスターリンカの正当な住人だが、エリートとしての特権的な地位を父親から引き継ぐために、間もなく彼は奇抜な服装や行為を止め、スチリャーギを卒業する。そして外交官としての研修の一環で渡米し、彼らの憧れのアメリカが幻想であったことを知ってしまう。カテリーナの教授の娘という嘘が間もなく露見したのとは対照的に、フレッドはこの特権的空間を継承することと引き換えに、自らを偽り、幻滅を抱え、生涯にわたって「模範的ソ連人」を演じ続けることになるのである。

多くの庶民にとって、このようなスターリンカが羨望の場所だったことは、間違いない。実際、コチェリニーチェスカヤやクドリンスカヤのアパートメントの建設中には、なんとかしてそこに住みたいと考える人びとの手紙が、スターリンやその側近に殺到していた（ソ連には指導者に直接手紙を書いて要望を述べる習慣が広く存在した）。中には、自分の手で建てた場所に住みたいのだという切ない訴えも含まれていた［★21］。

しかし同時に、大多数のソ連市民にとって、そこは足を踏み入れることすら叶わない聖域でもあった。ソ連時代に人気を博した風刺雑誌『クロコディール』に掲載された高層アパートメントのイラス

★20　２ＬＤＫの場合の居住面積は32・２平方メートル（キッチンや浴室、廊下などの面積を含めた住戸全体では66平方メートル）、３ＬＤＫの場合の居住面積は54・８平方メートル（全体では95・８平方メートル）、４ＬＤＫの場合の居住面積は81平方メートル（全体では１４３・５平方メートル）だった。*Рубаненко. Архитектура высотного здания на Котельнической набереж-ной в Москве.* С. 11.

★21　Zubovich, *Moscow Monumental*, p. 173.

ト［図14］は、それを端的に示しているといえよう。地上では雨が降っているが、文字通り雲の上に顔を出したビルの上層部は、日の光を受けて燦々と輝いている。まるで地上とは異なる別世界、より高次の世界であるかのように。それゆえに、『モスクワは涙を信じない』のカテリーナのように、資格なくそこに住めば、重たい罰は免れないのである。

ソ連時代にはエリートの象徴として描かれたこのようなスターリン住宅は、けれどもソ連解体後になると、社会的・政治的権威への不信や単なるやっかみもあって、露骨にいかがわしい空間として表象されるようになっていった。なぜならこのような特権的な住まいを獲得するためには、何かしらの不正に手を染めざるをえないはずだからだ。とりわけソ連崩壊後のロシア映画では、スターリン住宅といえば、立場を利用して不正な蓄財をしている高級官僚（ノーメンクラトゥーラ）か、あるいはマフィアのボスの根城が定番だった。

スターリン時代に出現したこれらエリート向け住宅には、都市の目抜き通りを美しくモニュメンタルに演出するという使命もあった。そこで生み出されたのは、いわばソ連版「ポチョムキンの街」だった。ロシア帝国時代、エカチェリーナ女帝の巡察の際に、廷臣のポチョムキンが女帝の通る道に沿って美しい街並みの書割を用意し、女帝はそれと気づかずに上機嫌のまま通り過ぎていったという逸話がある。スターリン住宅は、戦災により多くの市民が住まいを失い、雨露をしのぐ場所を得ることにすら汲々としている現実を覆い隠すための、美しいヴェールだったのである。

スターリンの死後、ソ連の住宅政策は次の指導者ニキータ・フルシチョフの下で一大転換を迎える。フルシチョフは革命来の「反・家」というポリシーを覆し、家族をすべての住まいの基本単位に定め、家族向け集合住宅の大量供給を開始するのである。装飾的でモニュメンタルなスターリンカは、無装飾で画一化されたフルシチョフ時代の団地とは、一見対照的に映るだろう。しかし実のところ、このような家と家族をめぐる転換の下地は、スターリン時代のこれら新特権階級の住宅によって、既に準備されていたのである。

04 フルシチョーフカ

ソ連型団地の登場

スターリン時代に、ソ連は反・家族の立場から家族の強化へと、大きく舵を切った。しかもここでいう家族とは、スターリンを象徴的父とする家族国家観に基づいた、家父長を中心とする家族だった。かつて帝政時代に、ロシアの皇帝（ツァーリ）が占めていたポジションを、それを倒したはずのボリシェヴィキの指導者が引き継いだのである。こうしてスターリンの独裁体制の確立とともに、ソ連メディアは父としてのスターリンのイメージであふれた。ちなみに母のイメージはといえば、こちらは特定の人物に結びつけられることはなく、「母なる祖国」（ロージナ・マーチ родина-мать）［★1］として、外敵から守るべき祖国と同一視された。

このような転換に呼応して、ソ連の住宅もドラスティックに変化した。一九三〇年代後半には、一九世紀のブルジョワ住宅を彷彿とさせる家族単位の集合住宅、「スターリンカ」が出現する。都市労働者の住宅難は悪化の一途をたどっていたにもかかわらず、この時期のソ連建築界では労働者住宅の問題は完全に置き去りにされ、エリート向けの住まいであるスターリンカばかりが注目を浴びていた。そしてこれらの住宅でとりわけ重視されたのが、親密さ（インチームノスチ интимность）の感覚だった。それは、重厚な家具や華やかな壁紙、たっぷりとしたドレープのあるカーテンやふわふわのクッション、フリンジのついたランプ――アヴァンギャルド詩人のウラジーミル・マヤコフスキーがまさにプチブル的悪趣味として断罪したものである――によって生み出されるはずだった。一九二〇年代には、少なくとも前衛建築家たちの間では、職場と住宅との間には本質的な区別はなく、両者とも合理性と協働をベースとする社会主義的空間として組織されるべきだという理念が共有されていた。しかし三〇年代には、労働が行われる公的空間と住宅という私的空間を切り離し、後者を半閉鎖的な親密圏とみなす新しい（あるいは一九世紀に戻ったかのような）住宅観が、ソ連建築界の主流を占めるようになったのである。

もっとも、このような家族単位の独立した住まいや私的空間の取得が許されたのは、党幹部や労働英雄などの一部のエリート男性（＝家長）に限られていた。しかも現実には、これら社会主義エリートの私的な空間は、「親密さ」の理想とは裏腹に、しばしば秘密警察の監視下に置かれていた。家父長

★1　ロシア語の「祖国 родина」（ロージナ）は動詞「生む родить」（ロジーチ）と同根の女性名詞であり、国民＝子どもを生み出す母親というイメージと強く結びついている。

的な家族体制に回帰したといっても、スターリンという象徴的父の前には、一家の長としての父の権力など無に等しかったのである。他方、当時の大多数の都市住民は、相変わらず混み合ったコムナルカやバラック、寮などで、好むと好まざるとにかかわらず他人との共同生活を強いられていた。

だが、一九五三年、スターリンの急死によって、ソ連の住宅はさらなる転機を迎えることになる。

戦災とフルシチョフの転換

戦前から続く住宅難に加え、大祖国戦争(独ソ戦)の戦場になったことによって、ソ連では既存の住宅のおよそ三分の一が失われたという[★2]。さらに戦後の都市部では人口も増加し、労働者住宅をめぐる環境は一層悪化した。一九五二年の調査によると、成人一人あたりの平均居住面積は、一九四〇年の五・一平方メートルに対して、四・六七平方メートルへと下落[★3]。都市住人の主たる住まいは仮設の小屋に複数のベッドを置いただけのバラックで、一九五二年当時はそこに三八四万七〇〇〇人が暮らしていた。これは一九四〇年時点のバラック人口に対して、五〇パーセントの増加だった[★4]。

にもかかわらず、新規の住宅の建設は遅々として進まなかった。戦災による住宅産業へのダメージのみならず、統一された住宅政策の欠如も足かせとなった。さらに、中央政府と各都市や地方の行政機関の方針の食い違いが混乱に拍車をかけた。その結果、一九五〇年になってもソ連における住宅ストックは、一九四〇年時点の九〇パーセントに満たなかったという［★5］。前章で取り上げた「スターリンの七姉妹」のエリート用住宅が、膨大な予算をつぎ込んで、比較的短期間のうちに建設されたのとは対照的である。スターリンや党上層部が一般労働者の住宅の建設に対していかに無関心だったかがよくわかるだろう。

しかしこのような状況は、スターリンの死とニキータ・フルシチョフの政権獲得によって、一転する。フルシチョフはスターリンの死後、他のライバルを追い落とし、一九五三年九月に共産党第一書記の座に就く。彼は元来モニュメンタルな建築よりもインフラストラクチャーや住宅の建設に興味をもっていたといわれるが、間もなくソ連の建築政策を一八〇度転換する。

その最初の契機となったのが、一九五四年一二月七日、建築家とエンジニアたちを前にフルシチョフが行った、「工業的手法の幅広い導入、建築物の質の改善とコスト削減について」と題された演説だった。国家元首の演説としては異例なことに、そこでフルシチョフは延々二時間にわたって、コンクリート建築とその優位性について熱弁し続けた［★6］。

★2 Steven E. Harris, *Communism on Tomorrow Street: Mass Housing and Everyday Life After Stalin* (Washington, D.C.: Woodrow Wilson Center Press, 2013), p. 88.
★3 Attwood, *Gender and Housing in Soviet Russia*, p. 146.
★4 *Лебина*. Советская повседневность. С. 117-118.
★5 Attwood, *Gender and Housing in Soviet Russia*, p. 146.

またフルシチョフは、数年後に行われるスターリン批判を先取りするかのように、スターリン時代の建築への攻撃を開始した。とりわけ槍玉に挙がったのが、ソ連史上最大の建築プロジェクトでありながら実現されずに終わったソヴィエト宮殿だった。詳しくは本書第8章に譲るが、ソヴィエト宮殿は頂上にレーニンの巨像を戴く世界最大の建造物＝モニュメントとして計画されたものの、大祖国戦争の勃発により建設は中断、戦後になっても工事が再開されることはなく、結局アンビルトに終わっている。一九五四年には、ソヴィエト宮殿はモスクワ中心部にその巨大な土台穴をさらしていた。建設に巨額の費用がかかり、しかも実際的な機能をほとんどもたないモニュメント建築であったことが、ソヴィエト宮殿に対する非難の主たる理由だった。

その一方で、フルシチョフはすべての家族に住まいを保障する「一家族、一住居」政策を掲げた。そしてこの政策の実現のため、彼は一九五八年に打ち出された七カ年計画において、一五〇〇万の新規住宅の建設を宣言する［★7］。

一二年以内にすべての家族に独立した住宅を供給するというフルシチョフの目標は、彼自身の失脚もあり、完遂されることはなかった。だが、フルシチョフの住宅政策がソ連社会に与えた影響は絶大だった。一九五七年から六三年の間に、ソ連の人口の実に三分の一にあたる七五〇〇万もの人びとが新たな住居へと引越したといわれている［★8］。そしてソ連全土には、日本の公団団地に相当するコンクリート造の積層住宅、通称「フルシチョーフカ хрущевка」が出現し、国土の景観を一変させることになった。

ちなみにソ連型団地の目覚ましい成功は西側諸国でも注目を集め、一九六〇年代には日本からも住宅公団の一団が建設現場の視察に訪れている。また一九五八年に世界建築学生会議に参加するため訪ソした黒川紀章は、ソ連のプレファブ建築に興味を持ち、一九六〇年に早速『プレファブ住宅——組立式コンクリート住宅』を刊行、ソ連の集合住宅の工法を詳細に紹介している。特にソ連型団地で頻繁に使用された大型ブロック工法（後述）は、黒川のメタボリズム時代の代表作で、一四〇のコンクリートブロックの住戸ユニットからなる中銀カプセルタワービル（一九七二年竣工）にも影響を与えたと考えられる。

現代ロシア人にとってのフルシチョーフカは、老朽化が激しく、断熱や防音などの性能に劣り、インフラは脆弱で、デザインは画一的、何より狭すぎる、とすこぶる不評である。スラムを意味する単語トルシチョーバ трущоба とフルシチョーフカをかけて、フルシチョーバ хрущоба という蔑称で呼ばれることもある。実際現在のロシアの都市部では、フルシチョーフカの解体が続々と進められている。それでも、長らくバラックやコムナルカの超過密空間で生活せざるをえなかった一九五〇年代のソ連人にとっては、フルシチョーフカへの引越しはまさに夢の実現だった。

★6 Thomas P. Whitney ed., *Khrushchev Speaks: Selected Speeches, Articles, and Press Conferences, 1949-1961* (Ann Arbor: University of Michigan Press, 1963), pp. 153-192.
★7 Attwood, *Gender and Housing in Soviet Russia*, p. 154.
★8 *Ibid.*, p. 170.

図1｜『もしそれが愛なら?』より、搬入前の椅子に座る子どもたち
出典= https://www.youtube.com/watch?v=-2lhHYRXExU（モスフィルム公式）

この「大引越し時代」の希望に満ちた雰囲気は、たとえばユーリー・ライズマンの映画『もしそれが愛なら? А если это любовь?』（一九六一年）の冒頭の場面に活写されている。このシーンでは、建設中の新興団地の子どもたちが、住宅地を横切って学校から家へと帰っていく。その途中で今まさに引越し作業中の現場に行きあたって、彼らはおしゃべりしながら搬入前の椅子にめいめい勝手に腰かける［図1］。しかしそれを見た新しい住人の女性は、怒るどころか笑顔で歓迎し、子どもたち（彼らも最近引越してきたばかりのはずだ）も「引越しおめでとう!」と彼女に明るく声をかける。

同作に限らず、この時期のソ連メディアでは、建設現場と若者のイメージが頻繁に結びつけられた。たとえば、まだ道路の舗装もされていない建設現場で結婚式を挙げている若いカップルを描いたユーリー・ピーメノフの《明日の道での結婚式》（一九六二年）は、ソ連の切手のデザインにも採用されている［図2］。その最たる例は、モスクワとシベリアでそれぞれ建設に携わる青年たちを主人公にした、ゲオルギー・ダネリヤ監督の映画『僕はモスクワを歩く Я шагаю по Москве』（一九六三年）だろう。同作の背景には、今まさに建設中のモスクワの街並みが次から次へと登場する。フルシチョフによる政治統制の一時的な緩和、いわゆる「雪解け」とともに、新しい時代、建設の季節が到来したのである。

フルシチョーフカの誕生

フルシチョフの掲げた住宅供給の目標を実現するためには、住宅の建設プロセスを最大限効率化し、経済化する必要があった。職人が煉瓦を手作業で積み上げていくような旧来の方法では、もちろん目標の達成は不可能だ。現場でコンクリートを打設するのにも時間がかかる。そこで導入されたのが、徹底的なプレファブリケーションだった。内外壁や柱、床、天井からドアの取っ手のようなディテールまで、あらゆるパーツは規格化され、工場で大量生産された。建設現場では、工場から輸送されてきたこれらのパーツが、大型クレーンなどを用いてまさにレゴブロックのように素早く組み立てられた。プレファブ化を前提とした建設方法のなかでも、その後ソ連の住宅産業の二大主流となったのが、大型パネル工法と大型ブロック工法だった。

大型パネル工法では、住宅を構成するコンクリート・パネル［図3］を工場で生産し、それを現地で溶接しつつ組み立てていく［図4］。一九二〇年代よりコンクリート・パネルを利用した住宅は散発的に建設されていたが、当時はコン

図2｜ユーリー・ピーメノフ《明日の道での結婚式》を元にした切手　出典＝https://ru.wikipedia.org/wiki/Пименов,_Юрий_Иванович#/media/Файл:1973_CPA_4264_mint.jpg (Public Domain)

図4｜大型パネル工法で建設された壁面

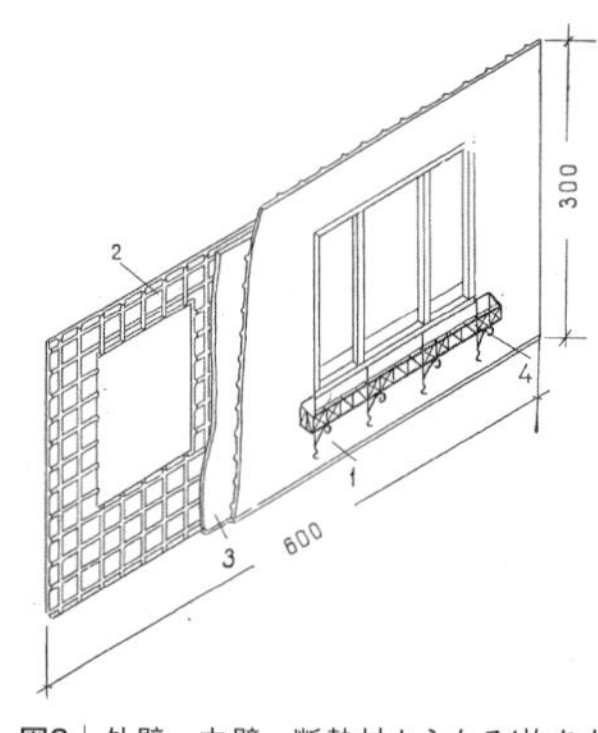

図3｜外壁、内壁、断熱材からなる1枚あたり18平方メートルの壁パネル

出典（3, 4）＝ Архитектура и строительство Москвы. 1957. № 9.

クリートの価格の高さや現場での仕上げ作業の多さなどの点から、煉瓦を用いた従来の工法とコストはさほど変わらなかった。

本格的な規格化と大量生産の最初の試みは、一九五六年から五八年にかけて、モスクワ南西部のノーヴィエ・チェリョームシュキ第九地区［図5］で行われた。ここでいう地区とは、徒歩でアクセス可能な小学校、幼稚園、保育園、各種商店、食堂、映画館、病院などを含んだ、その中で生活を完結させることができるエリア（近隣住区）を意味する。一一・五八ヘクタールからなるこの第九地区を舞台に、一六棟の集合住宅と一連の施設を含む、総合的な開発が実施された。特に住宅に関しては、建設の効率性・経済性を比較するため、一棟あたり六四戸からなる四階建てという同一の条件のもと、それぞれ異なる工法で建設が行われた［★9］。

その結果明らかになったのが、大型パネル工法の優位性である。同工法によって建設された棟は、煉瓦造の一二六日に対して九〇日と、ダントツで施工期間が短かった。また、煉瓦造の場合、一立方メートルあたりの建設に〇・九〜一・〇五人を要したのに対して、大型パネル工法は〇・五〜〇・六人と、建設効率も倍近く高かった

[★10]。このような大型パネル工法の優位性の背景には、パネル自体の改良があった。それまで重すぎて取り扱いの難しかったパネルは軽量化され、さらに水道管やガス管などはパネル内に事前に組み込まれた。仕上げの工程も多くはパネルを製造する工場内で済まされるか、仕上げ材の敷設・塗装のみで終わるよう簡素化された。

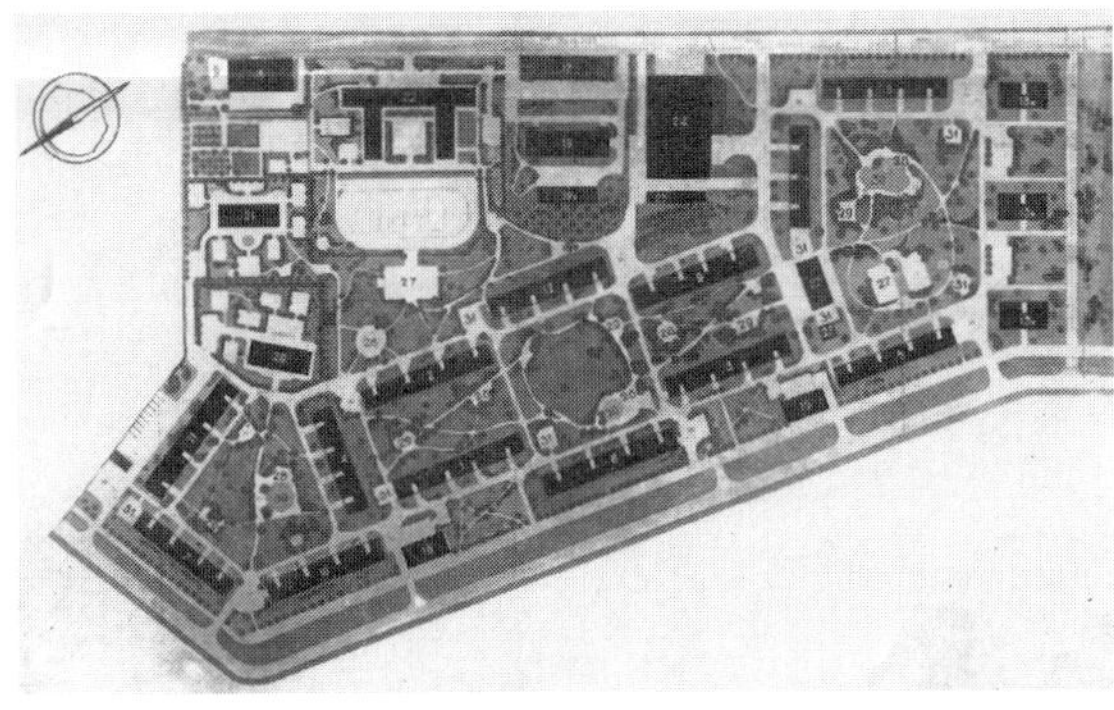

図5｜第9地区開発計画全体図。画面下方を占める細長い建物群が集合住宅
出典= Архитектура и строительство Москвы. 1957. № 12.

もうひとつの大型ブロック工法とは、工場で部材となるコンクリート・ブロックを製造し、現地でそれを組み立てる方法である。こちらも一九二〇年代から既に用いられていたものの、当初のブロックは小型で、異なる形状の大量のブロックを組み合わせる必要があり、やはり建設にはコストと時間を要した。しかしその後の技術革新によって、ブロックは一室のサイズにまで大型化し[図6]、必要とされるブロックの数や種類は少なくなっていった。そして一九五七年、ノーヴィエ・チェリョームシュキ第一二地区に、大型ブロック工法を採用した全一六棟（各棟六〇戸）の五階建て集合住宅が建設される。工場で製造

★9 *Гендель Я.* Новые Черемушки, квартал № 9: некоторые итоги экспериментального строительства // Архитектура и строительство Москвы. 1957. № 12. С. 3.

★10 Там же. С. 5-8.

図6｜大型ブロック工法による建設
出典＝ Архитектура СССР. 1962. № 3.

図7｜輸送中のブロック　出典=Строительство и архитектура Москвы. 1962. № 4.

された部屋ユニットを大型トラックで輸送し［図7］、現地で組み立てる大型ブロック工法の施工期間は、大型パネル工法のそれよりもさらに短く、一棟あたりの建設にはわずか六〇日しか要さなかったという［★11］。

このような動きと並行して、ソ連政府は一九五六年初頭に国家建設局の建築家たちを鉄筋コンクリート建築の先進国であるフランスのカミュ社へと送っていた。これらノーヴィエ・チェリョームシュキの実験や、フランスのカミュ・システムを参照することで、一九五〇年代後半から六〇年代初頭にかけての時期に、フルシチョーフカの代表作である大型パネル工法のI-335シリーズやI-464［図8］シリーズ、大型パネルに架構式構造を組み合わせたK-7シリーズ、大型ブロック工法のII-32シリーズが開発された［★12］。そして一九七五年、最初の住宅建設コンビナートが完成したことによって、集合住宅の大量生産・大量供給システムは完成された。

図8｜ミンスクに建設されたI-464シリーズ
出典＝Архитектура СССР. 1962. № 8.

速く、安く、大量に

これら一九五〇年代後半から一九六〇年代前半にかけて普及したフルシチョーフカで追求されたのが、住宅をいかに「速く」、「安く」、そして「大量に」供給するかだった。

最初期のフルシチョーフカでは、（日本の団地と同じく）まだ高価な設備だったエレベーターを必要としない五階建て構造が主流を占めた。また当初は、ひとつの階段を共有する三〜四戸からなる一セクション内に1DK、2DK、3DKの異なる間取りの住戸が配置される場合と、2DKの住戸のみが配置される場合があった。これらの間取りからもわかるように、フルシチョーフカの想定する主たる居住者は、両親とその子どもからなる核家族だった

★11 *Остерман Н.* Крупноблочные жилые дома с малометражными квартирами // Архитектура и строительство Москвы. 1957. № 12. С. 16-20; *Овсянников С.* В квартале № 12 Новых Черемушек // Архитектура и строительство Москвы. 1957. № 4. С. 18.

★12 1963年までに大型パネル工法だけでも約20のシリーズが開発されたが、そのうち実際に建設された住宅全体の75パーセントを6つのシリーズが占めており、なかでもI-464シリーズは48パーセントを占めていたといわれる。*Рубаненко Б.* Основные направления индустриального строительсва жилых домов и массовых общественных зданий // Архитектура СССР. 1963. № 8. С. 11-13.

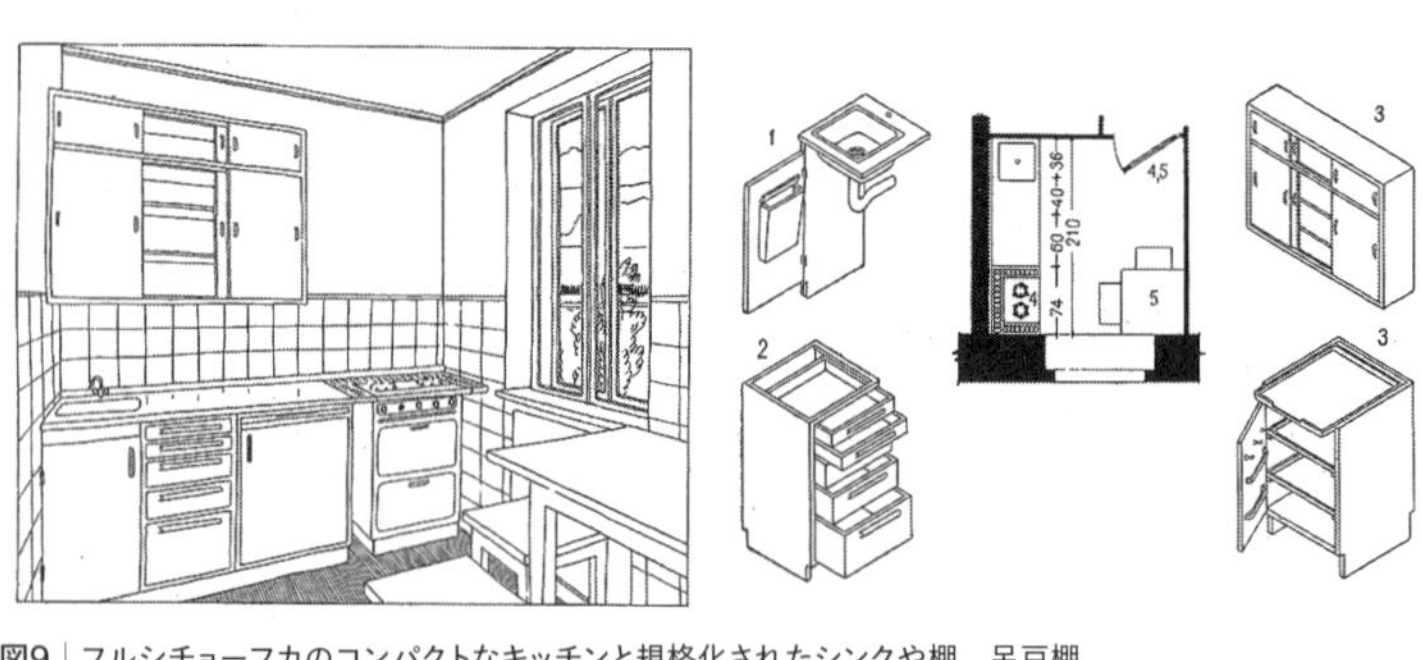

図9｜フルシチョーフカのコンパクトなキッチンと規格化されたシンクや棚、吊戸棚
出典＝ Архитектура и строительство Москвы. 1956. № 6.

[★13]。ただし後で論じるように、住人たちは必ずしも建築家の想定通りに住んでいたわけではなかった。

フルシチョーフカには冷水および温水の水道、電気、ガス、セントラルヒーティング・システムが標準装備されており、そして何より、多くの住人にとっての念願だった戸別のキッチン[図9]、浴室、トイレが備え付けられていた。わずかなスペースをめぐって諍いが繰り広げられる共同キッチンや、毎朝行列ができるトイレから解放される日が、ついにやってきたのである。なお、これら水回りのデザインも規格化・標準化され、工場で事前に組み立てられていた。特に浴室とトイレ、洗面所はサヌーゼル **санузел** と呼ばれるひとつのユニット[図10]にまとめられ（いわゆる「ユニットバス」である）、現場ではこのキューブ状のユニットが構造に直接挿入された。

その一方で、建設費の抑制のために、初期フルシチョーフカでは部屋数もその面積も最小限まで切り詰められた。内外壁を構成するパネルないしブロックは軽量化が進んだが[★14]、場合によっては必要以上に薄くなり、防音や気密性の問題が生じることもあった。廊下や階段などの「通過空間」は極力排された[★15]。浴室などを除いた居住面積も、一九五〇年代

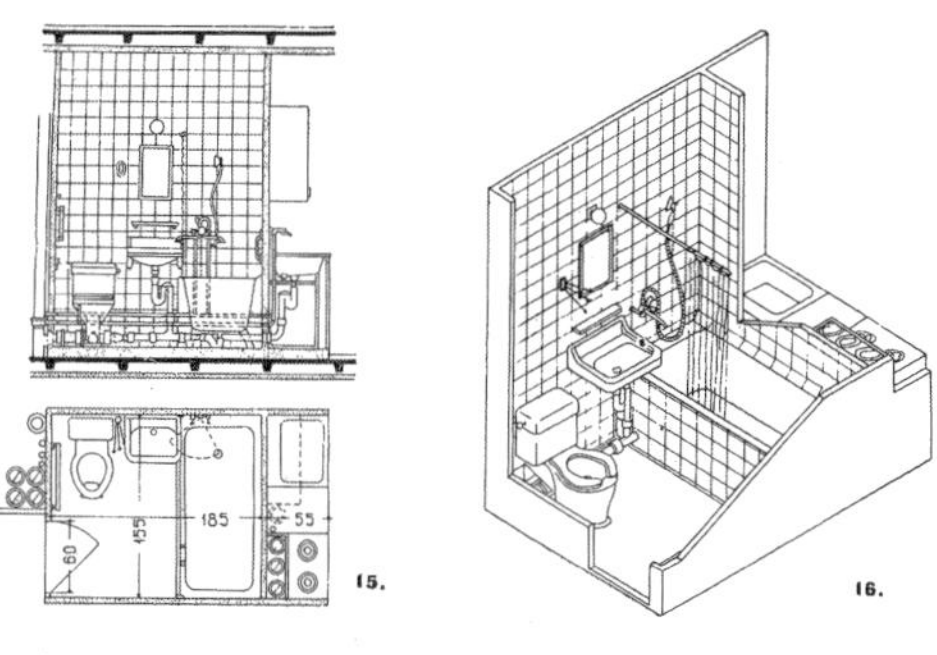

図10｜サヌーゼル。水道の配管は隣のキッチン・ユニットとつながっている
出典＝ Архитектура и строительство Москвы. 1958. № 11.

前半の2DKの平均は四〇～四五平方メートルだったのが、三〇～三二平方メートル程度（一〇坪弱）まで縮小され、三メートル前後だった天井高は、二・七メートル程度まで低くなった［★16］。たとえば最も普及したI-464シリーズの場合は、1DKで約一七平方メートル（約五坪）、2DKで約三一～三二平方メートル（約九坪）、3DKで約四五～四六平方メートル（約一三～一四坪）となった。ダイニング・キッチンは約六平方メートルで、調理台と食卓を置くとほとんど身動きができなかったという［★17］。日本の公団団地の原型となったいわゆる51C型（一九五一年度公営住宅標準設計）も2DK（ダイニング・キッチンと六畳および四畳半の居室）で、面積は約一二坪だった。日本人とロシア人の体格差や、ベッドなど大型の家具を用いる西洋型の生活様式も考慮すると、いかにぎりぎりまで空

★13 *Бумажный Л., Зальцман А.* Перспективные типы жилых домов и квартир // Архитектура СССР. 1959. № 1. С. 3.
★14 *Лагутенко В.* В конструкциях-резервы удешевления строительства // Архитектура и строительство Москвы. 1958. № 1. С. 21.
★15 *Лаврик Г.* К вопросу об оценке экономичности проекта жилого дома // Архитектура СССР. 1963. № 9. С. 14-18.
★16 *Ловейко И.* За экономичные проектные решения // Архитектура и строительство Москвы. 1958. № 1. С. 7.
★17 *Розанов Н.* Типовые проекты крупнопанельных жилых домов серии 1-464А // Архитектура СССР. 1962. № 8. С. 5-13.

間が切り詰められていたかがわかるだろう。

　また、部屋数の少なさを補うために、一室が複数の機能を兼ねる必要があった。たとえば一九五六年の設計コンペをもとに国家建設局に認可された間取り案［図11］では、各戸の中心に置かれた居間が、寝室やダイニング・キッチンをつなぐ廊下の役割も果たしている。居間は、家族の団欒の空間として利用されるだけでなく、夜間は寝室へと早変わりした。先に触れた映画『もしそれが愛なら？』でも、主人公の少女が住むフルシチョーフカのダイニングには、食卓に加えて妹のためのベッドや机までもが置かれており［図12］［図13］、居間がダイニングのみならず妹の勉強部屋や寝室も兼ねていたことがわかる。しかもこの住戸には廊下はほとんど存在せず、居間からすぐに玄関へと通じている。

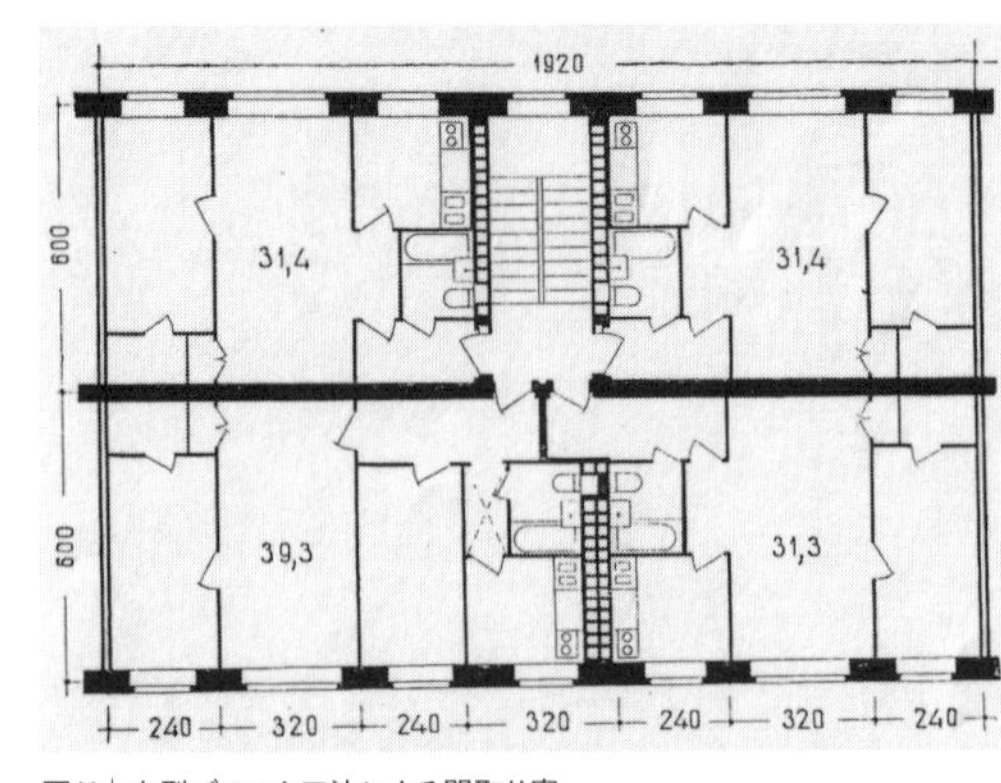

図11｜大型ブロック工法による間取り案
出典＝ Архитектура и строительство Москвы. 1957. № 9.

　部屋の面積の縮小と多機能化に対応するために、家具も同様に縮小・簡素化され、複数の機能をもつようになった。昼間はソファとして、夜はベッドとして使用できるソファベッドにはじまり、机にもなる棚や収納できる折り畳みベッドなど、フルシチョーフカ向けに多様な家具がデザインされ、やはりそれらも工場で大量生産された［図14］。

　住み心地の点はともかく、これらの努力の積み重ねによって、一九六三年にはフルシチョーフカの一平方メートルあたりの建設にかかる費用は、一九五八年時点から約五・七パーセント下落し、新規に建設された集合住宅のおよそ九五パーセントがフルシチョーフカによって占められるまでになっていた［★18］。

一九世紀のブルジョワの住宅のような一室＝一機能を否定し、部屋を多機能化すること。それに合わせて家具もコンパクト化かつ多機能化すること。これらの主張は、しかし実のところフルシチョー

図12｜『もしそれが愛なら?』より、主人公の右側には妹の机とベッドが配置されている

図13｜同、図12と同じ空間に置かれた食卓、奥は玄関
出典（12, 13）＝https://www.youtube.com/watch?v=-2lhHYRXExU（モスフィルム公式）

図14｜ベッドにもなるソファ、机代わりにもなる棚
出典＝Архитектура СССР. 1962. № 10.

フカからはじまったものではない。第1章で論じたドム・コムーナの設計者であるモイセイ・ギンズブルグらは、一九二〇年代から既にこのような住宅の合理化を唱えていた。一九四〇年代になっても、彼ら元構成主義建築家らは、コンパクトで機能的な集合住宅モデルを提案し続けていた[★19]。だがこれらアヴァンギャルドの集合住宅の理念と、フルシチョーフカの間には根本的な前提の相違があった。

ドム・コムーナで居住面積が最小限化されたのは、コストパフォーマンスの観点からだけでなく、住宅に併設された公共空間――共同食堂や共用のレクリエーション・ルーム、図書館、スポーツ施設など――で時間を過ごすことを住人たちに推奨するためだった。そうすることで共同体への帰属意識が涵養され、家や家族よりも共同体を優先する社会主義的人間を形成できると信じられていたのである。フルシチョーフカでも同様に居住面積は圧縮されたが、それはあくまで経済性の追求のためだった。ゆえに、切り詰められた私的空間の機能を代替するために、さまざまな公共空間が住宅内に設けられることはなかった。食堂や保育施設は、独立した建物として住区内に建設されはしたものの、それらは家庭の機能を公的なサービスで代替するという社会主義の目標を達成するには、あまりにも不十分だった。

小さな家族のための空間？

住宅デザインの標準化は、翻ってその住人の構成や住宅内での振舞いにも、一定の標準化を求めた。日本の初期団地が、その主たる住人として夫婦と子ども一～二人からなるミニマムな家族を想定していたように、フルシチョーフカがデザインの標準化の際に前提としていたのも「小さな家族」、すなわち核家族だった［★20］。具体的には、1DKには三人まで、2DKには四人まで、3DKには六人までという定員の目安が設けられており［★21］、フルシチョフ時代には一世帯あたりの構成人数が平均四人程度まで減少していたこともあって、特に2DKの間取りの住宅が量産された。

ただ現実には、フルシチョーフカにおいてもコムナルカと同様、一世帯向けに設計された住戸に、複数世帯（親世帯と子世帯）がぎゅう詰めになって住んでいることは珍しくなかった。フルシチョフ時代になっても、都市部の住宅不足は解決には程遠く、また子どものいる家庭に優先的に住宅が配分されたため、独身者や子どものいないカップルが住宅を受け取るのは困難だった。なのでこれらの人び

★18 *Кибирев С.* Качество типовых проектов – на уровень новых задач жилищного строительства // Архитектура СССР. 1964. № 9. С. 2.
★19 *Гинзбург М.* Пути развития массового жилищного строительства // Архитектура СССР. 1943. № 2. С. 8-12.
★20 Attwood, *Gender and Housing in Soviet Russia*, p. 155.
★21 *Федоров Е.* Из опыта эксплуатации экспериментальных жилых домов // Архитектура СССР. 1963. № 4. С. 33.

とは、成人したり結婚したりしても親世帯と同居し続けた。一九六〇年代後半の時点でも、八〜一〇パーセント程度の人びとが一家族向け住宅に複数世帯で住んでいたという[★22]。また、たとえ子どもがいたとしても、保育施設の不足から乳幼児の保育を親世帯に任せたい子世帯の事情もあって、一九七九年時点に至っても、いまだ半数の若者が結婚後も親との同居を望んでいた[★23]。対照的に、日本の団地ではしばしば妻が離職して家事・育児を担ったため、設計者の思惑通り、核家族が主たる住人となった。

このような住宅事情は、たとえばアレクセイ・コーレネフ監督の映画『家庭の事情で По семейным обстоятельствам』(一九七七年)に端的に描き出されている。主人公の中年女性ガリーナは、早くに夫を亡くしてからも管理職としてバリバリ働き、一人娘のリーダを女手ひとつで育て上げ、現在は娘とその夫のイーゴリとともに暮らしている。だが間もなく、娘夫婦には第一子が生まれる。ガリーナも娘夫婦もみなそれぞれに働く身なので、最初彼女らはベビーシッターを探そうとするが、なぜか募集に応じてやってくるのは奇人変人ばかりで、この試みは失敗に終わる。若夫婦はガリーナが仕事を辞め、子守に専念してくれることを期待するが、初孫が生まれたとはいえまだ若いガリーナには、子どもと一緒に一日中家にいるなど到底考えられない。そこで彼女は自身の住まいを娘夫婦に譲って、新しい住宅を探すことを決意する。しかし作中のガリーナの行動とは反対に、現実のソ連社会における保育施設の不足を無償で埋め合わせることになったのは、これら「おばあちゃん」たちに他ならなかった。

ちなみに住宅の分配に際しては、家族構成以外にも、職場における業績や勤続年数などが判断基準として用いられた。ただしこの基準は男性労働者を念頭に置いたものだった。ゆえに、当時のソ連では戦争寡婦やシングルマザーは少なくなかったにもかかわらず、女性は働いていても住宅を取得するのは困難だった[★24]。また、これらの基準はあまりにも曖昧で不透明であり、しばしば賄賂などの不正の温床と化した[★25]。たとえばゲルベルト・ラッパポルト監督のミュージカル映画、その名も『チェリョームシュキ Черемушки』（一九六二年）は、基本的には人びとのフルシチョーフカへの移住をコメディ・タッチで描いた作品だが、住民たちが団結して、不正を働く住宅管理人（一人で二戸分の住居を手に入れようとしている）と戦う場面もある。当時のソ連の人びとが、新たな住まいを享受する一方で、官僚的で恣意的なその分配システムをどのような目で見ていたのかがよくわかるエピソードといえるだろう。

一九五〇年代のソ連建築家たちは、フルシチョーフカを合理的に設計することによって、コムナルカやバラックの過密と混乱を克服しようとした。その際に問題視されたのが、廊下などの本来は居住用ではない空間に、多くの人びとが住みついていたことだった。もし広い廊下があれば、そこにベッ

★22 Attwood, *Gender and Housing in Soviet Russia*, p. 171.
★23 *Ibid.*, p. 187.
★24 *Ibid.*, pp. 157-158.
★25 *Ibid.*, p. 157.

ドを置いて寝起きする住人が出現する可能性がある。フルシチョーフカから廊下のような、住機能〈寝食〉に直接関わらない空間が極力排除されたのは、単に一戸あたりの面積を縮小するためだけではなく、そのような想定外の住まわれ方を抑止するという意味もあったのである。このように建築家たちは、住まいを標準化することで、住人と住空間との関係も標準化しようとした。だが依然として解消されない住宅不足や保育などの公共サービスの欠乏といった困難な現実を前に、住人たちは建築家たちの意図とは無関係に、あるいはそれに逆らって、フルシチョーフカでもさまざまに「標準化されない」生活をおくっていたのである。

所有の感覚

社会主義国家のソ連では、原則として住宅を個人で所有することはできなかった［★26］。住宅は国家や地方自治体、あるいは職場や組合などに属しており、住人はあくまでこれらの組織から一時的に住まいを借り受けるだけなのである。フルシチョーフカもまた、例外ではなかった。しかし赤の他人との共同生活が前提となるコムナルカやバラックとは異なり、家族だけの排他的な住空間であるフルシチョーフカでは、住人たちは住居をあたかも自らの所有物であるかのように感じ、実際そのように振舞った。現にフルシチョーフカに関しては、住人が勝手に物件を売却することこそ禁じられていたものの、住宅の交換は認められていた。また、住戸を割り当てられた当人が死亡しても、他の家族がその住まいを引き継ぐことができた［★27］。

家族以外の誰とも共有することのない、自分たちだけの空間――それは大多数のソ連市民にとって、はじめて経験するものだった。この新しい空間経験は、人びとの生活にさまざまな変化をもたらした。そのひとつが、インテリアへの関心の高まりである。

それまでインテリアへのこだわりは、スターリンカのようなエリート住宅の住人にのみ許された特権だった。職人の手によって作られる質のよい家具や調度品はそもそも供給量自体が少なく、普通の労働者には高嶺の花だった。だが住宅の大量生産開始とともに、これらの商品も工場における大量生産の対象となり、庶民にも手の届くインテリア市場が出現した。

コンパクトな間取りのフルシチョーフカは、先に述べたように、従来の嵩張った重厚な家具ではなく、新しい美学に基づくシンプルでコンパクトな家具を必要とした。これを受けて一九五〇年代後半には、雑誌『ソ連の装飾芸術』を中心に、来るべきインテリアをめぐる論争が巻き起こった。模範的な家具デザインを競うコンテストも、一九五九年から定期的に開催されるようになった［★28］。そし

★26 戦後の混乱期には、圧倒的な住宅不足のために、住人が自力で自らの住宅を建設する、セルフ・ビルドが奨励された。1946年から49年にかけて新たに建設された住宅の実に3割程度が私的に建設されたものだった。これらの住宅に関しては、例外的に建設者に所有が認められた。Andrusz, *Housing and Urban Development in the USSR*, p. 99.

★27 Attwood, *Gender and Housing in Soviet Russia*, p. 161.

て市民の側も、これらの情報を先を争うように摂取した。あるいは、画一化されたフルシチョーフカだからこそ、インテリアによって住宅を差異化したいという欲望が生み出されたのかもしれない。いずれにせよ、住まいはこうして単に生活するだけの場所から、そこに住む住人の趣味や個性を表現する場所へと変じていった。

テレビや洗濯機、冷蔵庫のような家電製品も、西側に比べると供給量は限られていたとはいえ、一九六〇年代には徐々に市民生活に浸透しはじめていた。日本の公団団地に暮らす団地族は、テレビ、冷蔵庫、洗濯機のいわゆる「三種の神器」をはじめ、家電製品の消費に熱をあげたが、社会主義体制であるはずのソ連でも、事情はあまり変わらなかった。たとえば先のミュージカル映画『チェリョームシュキ』では、新居への引越しと新しい家具や家電の購入が密接に結びつけられている。これからフルシチョーフカに引越そうとしている若いカップルは、窓ガラス越しにまだ空っぽの新居をのぞきながら、これからその空間を満たすだろうテーブルやソファ、テレビなどを次々に夢想する。そして繰り返し「私たちの家！　私たちの！　私たちの部屋！　私たちの！」と歌うのだ。もちろん法的には、彼らがこの住宅を所有することはできない。しかしそんなことはお構いなしに、彼らは新居への移住と所有と消費の喜びを高らかに、どこまでも楽天的に歌いあげるのである。

フルシチョーフカの登場と普及は、根底からソ連社会を変容させた。スターリン時代には、家族単位の住宅も家族中心の生活も、一部の例外的なエリートの特権に過ぎなかった。しかしフルシチョフ時代には、それらが一般市民にも浸透していった。構成主義建築家たちのような「反・家」、「反・家族」を主張する人びとは、既にスターリン時代にソ連建築界のメインストリームから追放されていたために、フルシチョーフカの導入に対して声高に反対を叫ぶ勢力はもはや存在しなかった。しかしそれは明らかに、エンゲルスらの共産主義理論の根底にあった、家族制度への批判や労働者住宅の理念への裏切りを意味していた。加えてその普及は、ソ連の人びとに住宅に対する所有の感覚を植え付けることになった。結果として、大量生産された住宅と大量生産された商品からなるフルシチョーフカでの生活は、西側の団地のそれと大差ないものになっていった。

他方で、フルシチョーフカの排他的で私的な空間は、コムナルカの相互監視空間においては不可能だった、親密な者同士のコミュニケーションを可能にした[★29]。とりわけそのキッチンは、しばしば知識人や芸術家のたまり場となり、彼らに監視や検閲のない、自由な交流や議論、作品発表の場を提供した。フルシチョーフカはこのような特殊ソ連的な非公式文化(「キッチン文化」)の土壌にもなったのである。

フルシチョフの失脚後、レオニード・ブレジネフが政権を握ると、ソ連では厳しい言論統制が再開

★28 *Майстровская М., Случевский Ю.* Новации и проблемы обстановочного комплекса жилого интерьера 1960-х // Массовое жилище как объект творчества. Роль социальной инженерии и художественных идей в проектировании жилой среды. Опыт XX и проблемы XXI века. М., 2015. С. 249.

★29 *Мойзер Ф.* Жилищное строительство в СССР 1955-1985. Архитектура хрущевского и брежневского времени. Бергин, 2021. С. 91.

された。「雪解け」は終わり、再び冬の季節が到来したのである。しかしその一方で、規格化・標準化された集合住宅は、規模をより巨大化しながら建設され続けた。一九六〇年代中盤には、エレベーターの導入が安価・容易になったことで高層化が加速し、九階建て以上の集合住宅が次々に登場した。主要都市の郊外には、数千戸からなるマンモス住宅も出現した。現在、ロシア軍によるウクライナの団地への攻撃が頻繁に報道されているが、特にウクライナには、ハルキウ近郊のサルトフカ地区（一九六三年より開発開始）をはじめ、ソ連各国のなかでも最大規模の団地が建設された。

しかし同時に、これらソ連型団地が西側の団地とほとんど変わらない、建設効率や経済性一辺倒のデザインであることに対して、一部の建築家たちは疑問を抱きつつあった。さらに、一九八〇年のモスクワ五輪のような国際的なイベントは、外側から社会主義住宅を見直し、社会主義的な住まいとはどうあるべきかを再び問う契機をもたらした。オリンピックを利用し、西側とは異なる（はずの）社会主義住宅の優越性をアピールしたいという、ソ連建築界や為政者たちの思惑もあった。こうして、さまざまな期待や目算が絡み合うなかで、ブレジネフ時代にソ連最後の社会主義住宅の実験が始動するのである。

05

ブレジネフカ

ソ連型団地の成熟と、社会主義住宅最後の実験

フルシチョフはソ連の指導者の地位に就いて間もなく、長らく等閑視されてきた一般労働者向けの集合住宅の建設に着手した。掘っ立て小屋のようなバラックや超過密のコムナルカなど、場合によっては革命前よりも悲惨な環境で生活を強いられていたソ連の人びとは、先を争うようにして鉄筋コンクリート造の団地「フルシチョーフカ」へと引越した。

ただもちろん、「速く、安く、大量に」をスローガンに建設されたこれらのソ連型団地は、多くの問題を抱えていた。部屋の狭さやインフラの脆弱さ、施工の不完全さから、保育園や幼稚園の絶対的な不足まで、人びとは引越した先の新居で、さまざまな困難に直面することになった。だがそれでも、これら家族単位の住宅は熱狂的に受け入れられた。団地への引越しは、常時隣人の視線にさらされ、あらゆる物音や会話が筒抜けになる生活からの脱出を意味したからだ。

と同時に、これら団地は、ロシア史上これまで経験されたことがないほど純化された家族の空間でもあった。革命前のロシアの伝統的な住まいでは、労働と生活の空間の境界は不分明であり、親族のみならず共に働く雑多な人びとがひとつ屋根の下でともに暮らしていた。革命後のロシアの都市部では、職住分離はある程度進んだものの、コムナルカやバラックでは相変わらず他人同士が密集して暮らしていた。しかしフルシチョーフカでは生活と労働は完全に分離され、夫婦とその子ども――異性愛と生殖を前提とする核家族――以外の人びとはそこから排除された。一九二〇年代には、公共化されれ社会によって担われるものとされた家事や育児などの家族の機能もまた、フルシチョーフカでは家庭に還元され、多くの場合、女性たちの無償労働の対象となった。

しかし、このような社会から隔てられた閉鎖空間としての「家」こそ、まさにエンゲルスやチェルヌィシェフスキーらが廃絶しようとした当のものではなかったか。実際、核家族を念頭に標準化された団地の設計や、消費財に囲まれた人びとのライフスタイルは、冷戦下のイデオロギー対立にもかかわらず、西側諸国のそれとあまりにも似通っていた。そのことに気づいた一部のソ連建築家たちは狼狽した。それまで人為的に忘却されていた一九二〇年代のアヴァンギャルド建築が「再発見」されたことも、彼らの動揺に拍車をかけた。皮肉にも、フルシチョーフカの普及によって危機的な住宅難が改善されはじめたそのときに、ソ連の住宅は自らのアイデンティティの問題に再び直面したのである。こうして一九六〇年代から七〇年代にかけてのソ連では、社会主義的な住まいの姿を問う、最後の住宅実験が開始された。

団地の巨大化と多様化

フルシチョフはスターリン体制を批判し、大粛清の犠牲者の名誉回復を行い、西側諸国との交流を再開して、一時的な「雪解け」をもたらした。だが、同時にその独断的な振舞いは他の党幹部らの反感を招きもした。その結果、彼は党内の反フルシチョフ派の陰謀によって、一九六四年秋に突然失脚する。フルシチョフに代わって書記長の座に就いたレオニード・ブレジネフは、フルシチョフ時代の施策を覆し、国家による統制と権威主義的な体制を再強化した。しかしその反面、フルシチョフによって開始された住宅の大量供給政策は、基本的には維持された。集合住宅の規格化・工業化は一層促進され、ソ連各地にブレジネフの団地「ブレジネフカ брежневка」が出現した。そして一九六六年から七〇年の間に、およそ四四〇〇万の人びとがこれらの新居へ移り住んだ［★1］。

初期のフルシチョーフカでは、階段でアクセスできる上限の五階建てが主流を占めていたが、ブレジネフカはエレベーターの設置によって九階建て以上に高層化した。またフルシチョーフカの外観は、バルコニーの配列などに多少の個性はあるものの、ほとんどが長方形の画一的な姿を呈していた。対してブレジネフ時代になると、部材の規格化が進んだことで逆にそれらのより自由な組み合わせが可能となり、形態のバリエーションが増加した。特に一九七〇年に住宅・公共建築に関する学術調査・

★1　Attwood, *Gender and Housing in Soviet Russia*, p. 180.

図1｜モスクワ近郊マトヴェーエフ小地区の円形住宅
出典＝Строительство и архитектура Москвы. 1974. № 8.

計画中央研究所（ЦНИИЭП жилища）のボリス・ルバネンコによって統一カタログが作成されると、規格化された部材を用いた多様なフロア・プランをもつ住宅や、円筒形などのより複雑な形態をもつ住宅が出現した［図1］［図2］［★2］。

外壁にもさまざまな工夫が凝らされた。異なった色やテクスチャをもつ素材を利用することからはじまって、モザイク・タイルの巨大な壁画が作成されることもあった。中央アジアのカザフスタンなどもともとイスラム教国だった国々では、ソ連編入後に脱宗教化が進められたが、モスクの装飾に用いられてきた伝統的なモザイク・タイルの技法は、団地の壁面に社会主義的モチーフを描くために利用された。他にも夏の日差しの強い南方地域では、多種多様なブリーズソレイユ（日よけ）が窓やバルコニー、外廊下などに取り入れられ、装飾的でエキゾティックなブレジネフカを作り上げた。

このようにブレジネフ時代には団地の多様化が進んだが、それでもその画一性は、西側メディアの反ソ・プロパガンダのみならずソ連国内のメディアにおいても、しばしば風刺や批判の的にされた。なかでも住宅の規格化を物語のプロットにまで組み込んだのが、エリダール・リャザーノフ監督の映画『運命の皮肉、あるいはよい湯気を！ Ирония судьбы, или С легким паром!』（一九七五年）である。

物語の主人公ジェーニャはモスクワの団地に住んでおり、結婚間近のガールフレンドがいる。しかし大晦日の夜、彼は男友達とバーニャ（公共浴場）で痛飲して泥酔した挙句、なぜか飛行機に乗ってレニングラードまで行ってしまう。そして我が家と勘違いした団地の一室で眠りこけ、その住まいの本来の主である女性ナージャとのすったもんだの末、二人は互いに恋に落ちる。あらすじだけ紹介すると無茶苦茶に聞こえるかもしれないが、同作はロシアでは毎年大晦日にTV放映されており、ロシア人であれば知らない人はまずいない国民的ラブコメ映画である。そしてこの喜劇——まさに運命の皮肉——のキモとなるのが、極度に規格化された都市と住宅の存在なのだ。

レニングラードに到着した酔っ払いのジェーニャは、まだ自分はモスクワにいるものと思い込んだまま、タクシーに乗車し、運転手に自宅の住所を告げる。しかし、彼の住所「第三建設者通り」は、「レーニン通り」や「革命通り」などと同じく、ソ連の都市ではよくある名前で、もちろん彼が行きたかったのはモスクワの「第三建設者通り」だったわけだが、運転手は何の疑問もなくレニングラードの「第三建設者通り」に彼を連れて行く。しかもジェーニャが到着した先の集合住宅の外観やエレベーターの位置は、彼のモスクワの住まいとそっくりだった。そのため、彼は何も気づかず建物に入って

★2 *Мойзер.* Жилищное строительство в СССР 1955-1985. С. 190-191.

図2｜レニングラード近郊ソスノーヴァヤ・ポリャーナ小地区　出典＝Строительство и архитектура Москвы. 1977. № 1.

いく。そして自分の住まい――実際にはナージャの住まい――の玄関ドアを開け、なかに入る。もちろんジェーニャのもっている鍵はモスクワの彼の自宅のものなのだが、当時のソ連の団地の鍵のバリエーションは限られていたために（規格化の弊害である）、偶然にもドアは開いてしまう。酔いと尿意でほとんど前後不覚の彼は、トイレに直行した後、薄暗い部屋のなかでそのまま意識を失う。

一方そんな状況とはつゆ知らず、婚約者と新年を過ごすためにナージャは自宅に戻り、見知らぬ男が眠っているのを発見する。ようやく目覚めたジェーニャと頓珍漢な会話を繰り広げているうちに、ジェーニャの存在が婚約者にばれてしまい、ナージャと婚約者は気まずい雰囲気に。ちなみにジェーニャもモスクワの恋人と新年を迎えるはずが、レニングラードに来てしまったことで果たせずに終わる。それぞれ結婚秒読みの相手がいるにもかかわらず、ジェーニャとナージャは全くの偶然から二人で新年を迎え、そしてもちろん愛し合うようになるのである。

この本来出会うはずのない二人を出会わせる原因となったのが、酒の力とソ連の住宅・都市の画一性だった。『運命の皮肉』のオープニングは、当時流行していた戯画的なアニメーションからはじまる。この部分に、そのような画一性への風刺が最もダイレクトに表現されている。

オープニング冒頭で登場するのは、今まさに集合住宅を設計中の建築家。彼はスターリンカ風の装飾的な集合住宅の設計図を完成させる［図3］。だが彼がこの住宅の建設許可を得るために役所の各部門をめぐればめぐるほど、設計図からは装飾的なディテールが削除されていく。結局最後に残ったのは、ただの白い箱と化した住宅と、各部門の責任者の署名だけだった［図4］。ついで、この完全に規

図3｜『運命の皮肉、あるいはよい湯気を！』より、建築家が設計したスターリン時代を彷彿とさせる集合住宅

図4｜同、建設許可が下りた集合住宅の設計案

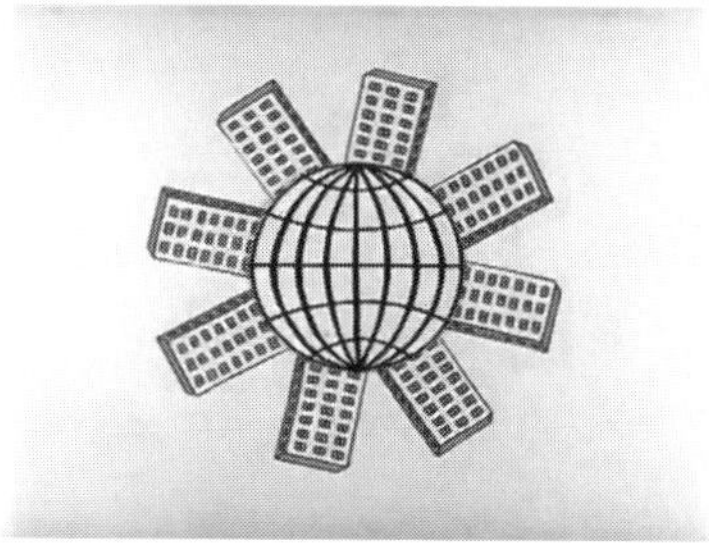

図5｜同、地球を覆っていく集合住宅

図6｜同、郊外のベッドタウン

出典（3–6）＝https://www.youtube.com/watch?v=lVpmZnRlMKs（モスフィルム公式）

格化された集合住宅がソ連各地に建設され、さらには砂漠から極地まで地球全体を覆っていく［図5］。そしてアニメーションは実写へと切り替わり、「今ではほとんどすべてのソ連の都市に、それぞれのチェリョームシュキがあります」というナレーションとともに、規格化された住宅からなる現実のベッドタウンが映し出される［図6］。チェリョームシュキとは、前章で取り上げた、モスクワ南西部にある実験団地ノーヴィエ・チェリョームシュキのことを指している。つまりここでは、官僚的なシステムこそが個性的で装飾豊かな集合住宅を殺し、無味乾燥な団地の四角い箱を量産したことになっているのである。

けれども、これは歴史的事実とは矛盾している。集合住宅の設計の標準化と規格化は、あくまで圧倒的な住宅不足を解消するための手段だった。もちろんフルシチョーフカの設計建設には官僚主義の問題がつきまとったが、それはデザインの画一性の原因ではない。そもそも個性＝装飾豊かなスターリン時代のエリート向け住宅の建設は、一般労働者向け住宅の建設の等閑視と表裏の関係にあった。さらに付け加えるならば、ソ連では異なる気候帯に合わせた集合住宅のデザインが早い段階から意識されており、間違っても極地と砂漠地帯に全く同じ団地が建設されるようなことはなかった。いわばこのアニメーション・パートは、ブレジネフ体制に迎合する形で歴史的経緯を意図的に歪め、フルシチョフ時代の建設政策への批判と、スターリン建築の再評価を行おうとしているのである。

住宅をめぐるヒエラルキー

フルシチョフ時代に大量生産された集合住宅は、異なる工法であっても間取りや居住面積は似たり寄ったりだったが、ブレジネフカではデザインの多様化が進み、住宅に対する選択の幅が広がった。その結果生じたのが、団地格差である。当然ながら、党や政府機関の幹部などエリート層に属する人びとはその権限を惜しみなく利用し、より広くより設備の充実した住宅を占拠した。このような住宅をめぐる格差を物語の背景に巧みに取り入れたのが、同じくリャザーノフの『フルートのための忘られたメロディ Забытая мелодия для флейты』（一九八七年）である。

図8｜同、ダイニングで食卓を囲むフィリモーノフとリーダ

図7｜『フルートのための忘れられたメロディ』より、フィリモーノフの自宅のリビング

出典（7-9）＝https://www.youtube.com/watch?v=zClb0R_8Ww4（モスフィルム公式）

物語の主人公は、いわゆる「中年の危機」を迎えたレオニード・フィリモーノフ。彼は党幹部の娘と結婚し、自身は「余暇管理局」（労働者の余暇活動を推進する部門らしい）の高級官僚で、いわばソ連社会の勝ち組に属している。しかし彼は、出世と保身のために自らを偽ることにほとほと嫌気がさしていた。そんなある日、フィリモーノフは予期せぬ心臓発作で倒れてしまう。入院先の病院で彼の治療を担当したのが、一回り年下の看護師リーダだった。一命をとりとめたフィリモーノフはリーダに惚れ込んだ挙句、現代ならパワハラ&セクハラ&ストーカー認定されそうな強引なやり方で彼女に迫る（フィリモーノフにとって、リーダの獲得にはいわば自己実現がかかっているため、こんなにも必死なのだ）。妻に自宅から追い出されたフィリモーノフは、「真実の愛」に生きるため、彼女の許へと転がり込む。

このフィリモーノフが妻と二人で暮らしているのが、ソ連のエリート向けの典型的なブレジネフカである。玄関ホールにはロシアの抽象画や中国の版画が掛けられ、廊下の先には複数の寝室が並ぶ。広いリビング［図7］やダイニング［図8］にも、絵画や彫刻、民芸品などが所狭しと飾られ、立派な家具やシャンデリアが配置されている。

それに対して、彼が転がり込んだ先のリーダの住まいは、戦前から続く

図10｜『モスクワは涙を信じない』より、カテリーナの暮らす集合住宅の外観

図9｜『フルートのための忘れられたメロディ』より、フィリモーノフに対応するリューシャと、その様子をうかがうおばあさん

出典（10–12）= https://www.youtube.com/watch?v=uUVd9j543s8（モスフィルム公式）

共同住宅コムナルカだ。モスクワ出身ではなく、独身で大して豊かでもないリーダが、家族向けに設計された団地の住宅を獲得することは難しい。この時代には既にコムナルカは過去のものになりつつあったが、彼女のような人びとは依然としてそこで暮らしていた。ただしブレジネフ時代のコムナルカは既に過疎化の過程にあり、リーダの隣人も、少なくとも映画内で描写される限りでは、リーダと同年代の女性のリューシャとその子ども、年金生活者らしい高齢女性しかいない。とはいえ、住人同士の私生活が筒抜けになるコムナルカのこと、フィリモーノフがリーダに会いにやって来ると、他の住人たちは二人の関係に興味津々の様子を見せる［図9］。

第3章で取り上げた『モスクワは涙を信じない』においても、主人公カップルの間には住宅格差が存在する。ただしこちらでは男女の立場が逆転している。

同作の主人公カテリーナは、若いころに一夜の過ちによって妊娠し、シングルマザーとなる。しかし真面目な彼女は地道な努力を重ねて工場長まで出世し、物語の後半ではややリッチなタイプのブレジネフカに住んでいる［★3］。煉瓦タイルを用いた個性的な外観［図10］に加えて、内

図11｜同、居間兼寝室でベッドをソファに直すカテリーナ

図12｜同、コムナルカ内のゴーシャの部屋（左の人物がゴーシャ）

部の居住空間も（フィリモーノフ宅ほどではないが）それなりに広い。フルシチョーフカでは省略されていた廊下が再び出現しており、カテリーナと彼女の一人娘のアレクサンドラはそれぞれ独立した寝室をもっている。とはいえ、カテリーナの寝室はリビングを兼ねており、リビングのソファは夜には彼女のベッドへと変わる［図11］。備え付けのオーディオ機器やTVセットも豪華で、暮らし向きには明らかに余裕が見られる。

それに対して、カテリーナが好意を抱く変わり者の男ゴーシャが暮らすのは、やはりコムナルカだ。彼の住む部屋では、窓はカーテンではなく新聞紙でふさがれ、小さなテーブルと椅子以外、家具らしい家具は存在しない。代わりに床には大量の本が積み上げられ、壁にはシャガールの絵が飾られ、あるいはギターが立てかけられている［図12］。まるで都会に住まう隠者の隠れ家のようだ。リーダと同じく、単身者のゴーシャにとって団地の住まいを獲得するのが至難の業であることはもちろんだが、これらの住まいの様子は、

★3 ただし現実には、1982年に住宅分配に関する法律が改定されるまで、住宅の分配は家族をもつ男性を基準に行われていたため、子どもを扶養していても未婚の女性が住宅を手に入れるのは困難だった。Cf. Attwood, *Gender and Housing in Soviet Russia*, p. 194.

彼が物質的な豊かさや快適さにそもそも大して興味をもっていないことを示している。彼にとっては、文学や芸術がそれらに優先するのだ。まさにこの浮世離れしたゴーシャの性格ゆえに、カテリーナは彼に惹かれていくのである。

このように、ブレジネフ時代に住宅のバリエーションが生まれたことによって、映画の中でも住宅はようやく単なる「住まい」という記号を超えて、登場人物の社会的立場や個性を可視化する装置となった。とりわけ『モスクワは涙を信じない』では、住宅は単に経済力の有無を示すだけでなく、登場人物の内面を外化し視覚化する装置としても機能しているのである。

社会主義的住まいを求めて

ソ連型団地の登場は、建国以来の住宅難の緩和と人びとの生活水準の向上に大きく寄与した。だがその反面、これらの集合住宅からは、革命当初の社会主義住宅の理念は失われていた。家事や育児を家庭の外へ移して公共化・集団化し、「家」という私的空間を最小化ないし抹消する――革命直後から一九二〇年代まで広く共有されたそのような社会主義住宅と「新しいブィト（生活様式）」の理想は、コストパフォーマンスを何よりも重視するフルシチョーフカの登場の前に、完全に忘れ去られたかに見えた。

けれども一九六〇年代に入ると、西側と大同小異のソ連型団地を問題視する動きがソ連建築界の中心部に出現する。直接のきっかけとなったのは、一九六一年の第二二回共産党大会だった。同大会では新しい党綱領が採択され、「ソヴィエト的人間」とは、共産主義への忠誠、集団主義と相互扶助の精神に基づく存在であると定義された。そしてこの新綱領の採択とともに、労働者の余暇の拡充と社会活動への参加の促進、そしてそれらを可能にする「新しいブィト」の導入が提案された。「新しいブィト」という言葉は、一九三〇年代初頭にはソ連の公的言説からすっかり姿を消していたのだが、ここにきて復活したのである。

党の発表を受けて、たとえばソ連で最も権威ある建築雑誌『ソ連建築』の主幹コンスタンチン・トラペズニコフは、「共産主義的生活様式のための戦い」［★4］を主張した。ソ連における住宅開発の中心だった中央研究所代表のボリス・ルバネンコも、「集団的生活様式（公共食堂、保育、文化・福利厚生サービス）の発展は、新しいタイプの住宅、公共サービス施設との複合体としての住宅を生み出す」［★5］とし、そのような複合的住宅「ドム・コムプレクス дом-комплекс」の必要性を説いた。そこで問題視されたのが、家族単位の住宅の弊害、すなわち住人同士の交流の減少と内向きの姿勢であり、とり

★4 *Трапезников К.* Социально-экономические предпосылки планировки и застройки жилых районов // Архитектура СССР. 1964. № 11. С. 20.

★5 *Рубаненко.* Основные направления индустриального строительства жилых домов и массовых общественных зданий. С. 7.

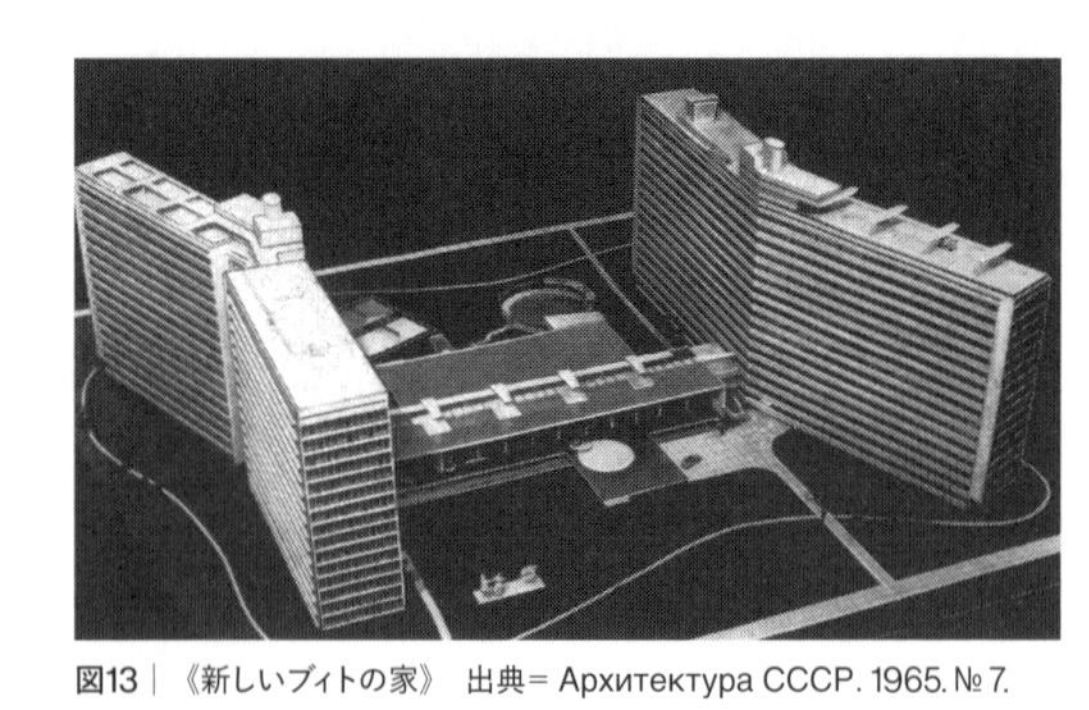

図13｜《新しいブィトの家》 出典＝Архитектура СССР. 1965. №7.

わけ女性たちの社会活動に対する消極性だった。

もっともこれは、彼女たちの意識の問題ではなかった。当時の調査では、都市に住む女性が家事に費やす一日あたりの時間の平均は、男性の倍近い四時間四五分で、そもそも女性たちには社会活動に取り組む余暇などほぼ存在しなかったのである［★6］。スターリンがソ連における女性の問題の完全解消を宣言して以来、社会や家庭における女性の待遇についての問題は「存在しないもの」として扱われてきた。だが第二二回党大会を経て、風向きは変わった。作家のナターリヤ・バランスカヤが、小説『ありふれた一週間』（一九六九年）において仕事と家事・育児の「二重の重荷」に引き裂かれる女性労働者の過酷な実情を告発するなど、この時期には女性の置かれた状況を再び問題視する動きが活発化した。ドム・コムプレクスの狙いもまた、住宅に各種公共施設を併設することで、女性が家事や育児に費やす時間を短縮することに向けられていた。

一見すると、このような方針は、一九二〇年代のドム・コムーナの理念への回帰のように見える。しかし、少なくとも公式の建築言説では、ドム・コムプレクスとドム・コムーナは慎重に差異化された。たとえば建築家のゲオルギー・グラドフは、ドム・コムーナのような住宅部分と公共食堂や保育園などの空間との緊密な連携の必要性を強調する一方で、ドム・コムーナを失敗した試みとみなした。

彼によれば、それが機能不全に陥った原因は、周囲の都市環境との齟齬、そして家族を否定し、「家」を「寝室」にまで切り詰めた点にあった［★7］。すなわち、集団的生活様式の必要性は強調されながらも、「家」や家族制度を批判し解体する装置としてのドム・コムーナは、否定されたのである。

この新しい社会主義住宅ドム・コムプレクスをいち早く具現化したのが、ノーヴィエ・チェリョームシュキの開発を指揮した建築家のナタン・オステルマンだった。オステルマンは元構成主義建築家のアンドレイ・ブーロフの下で学び、一九五三年より特別建築設計局（САКБ）、ついでモスクワ市標準設計研究所（МИТЭП）で、集合住宅の設計と都市計画に取り組んでいた。その彼が標準設計研究所第三スタジオを率いて臨んだのが、ノーヴィエ・チェリョームシュキ第一〇地区に計画された、《新しいブィトの家 Дом нового быта》（一九六五–七一年）計画［図13］だった。

一六階建ての二棟の高層棟とそれらをつなぐ低層棟からなるこのプロジェクトでは、その名が示すように「生活様式の刷新」が目指された。全体の想定住民数は二一〇〇～二三〇〇人程度で［★8］、単身者向けのワンルーム四二八戸、二人向け用の1DK二四四戸、三人向けの2DK四四二戸からな

★6 *Быков В*. Социальное значение домов-комплексов в становлении коммунистических форм быта // Архитектура СССР. 1965. № 7. С. 9.
★7 *Градов Г*. Этапы развития системы коллективного расселения в городах // Архитектура СССР. 1961. № 6. С. 36-37.
★8 *Остерман Н., Петрушкова А*. Жилой дом-комплекс с общественным обслуживанием // Архитектура СССР. 1965. № 7. С. 14.

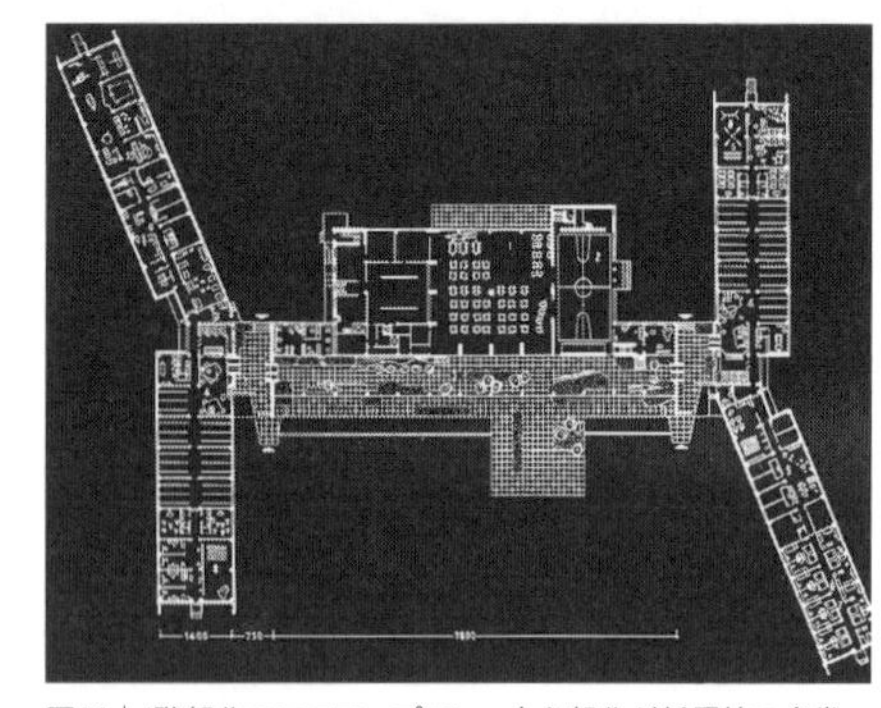

図14｜1階部分のフロア・プラン。中心部分が低層棟の食堂
出典＝Архитектура СССР. 1965. №7.

る住戸が、二本の高層棟の三階以上のフロアに配置された。ワンルームの居住面積は一六・九平方メートル、1DKは二三・五平方メートル、2DKは三四・七平方メートルと、各住戸の面積は比較的コンパクトだった［★9］。その代わり家具は最初から据え付けられており、居室は固定壁ではなくパーティションや移動可能な家具によって仕切られ、家族構成の変化に柔軟に対応できる可塑性の高い空間が目指された。また、同居できる上限は四人までとされ、住人が五人以上になる場合は別居が推奨された［★10］。

この《新しいブィトの家》の最大の特徴は、ドム・コムーナが目指したような、家事や育児の公共化である。オステルマンらは想定される住人数や家族構成から必要とされる食事の量を計算し、すべての住人にとって最もアクセスしやすい中央の低層棟の一階部分［図14］に、一日に一万四〇〇〇食を提供できる共同食堂（二五〇席）を配置した。さらに高層棟の各階にも、軽食を提供する場所を設置する予定だった［★11］。加えてまだ珍しかった電気洗濯機や掃除機なども各階の家事室に配置され、住人が自由に使用できることになっていた［★12］。

《新しいブィトの家》では、四〇〇〜四五〇人の子どもの居住も想定されていた。これらの子どもたちは、日中はノーヴィエ・チェリョームシュキ第一〇地区の幼稚園や学校に通うが、未就学児や放課後の小学生は同じく中央棟の一階部分にある「児童センター」で過ごすことになっていた［★13］。中央棟には他にも一一歳〜大人向けの余暇活動（音楽、演劇、模型製作、ラジオ、文学等々）のための各種クラブ室、図書室、ビリヤード室、映画を上映できる視聴覚ホールや屋内スポーツ競技場が配置される予定だった。人びとの余暇の時間も管理・組織化しようとする試みは、一九二〇年代にも顕著だったが、ここにきてもう一度復活する。その狙いは、「そこで暮らす人びとの生活様式の集団化、自治組織の形成、共産主義精神を涵養する活動によって、集団の影響から個々の家族が孤立する可能性を排除する」［★14］ことにあった。一九二〇年代と同じく、家庭の閉鎖性を打破することが念頭に置かれていたのである。

住空間とこれら家事・育児を代替する公共施設の組織化は、「時間予算 бюджет времени」と呼ばれる概念に基づいて行われた。オステルマンらは実際に団地に住んでいる住人の一日の行動パターン、とりわけ家事や育児に費やす時間を計量し、数値化した。そして食堂や軽食堂などの設置、掃除機や洗濯機などの家電の導入、保育所や学童保育などの施設に対するアクセスの簡便化により、それがど

★9 Там же. С. 32.
★10 Там же. С. 34.
★11 Там же. С. 15-16.
★12 Там же. С. 23.
★13 Там же. С. 18.
★14 Там же. С. 21.

の程度低減できるかを、膨大なケーススタディによって試算した。それによれば、この《新しいブィトの家》に住んだ場合、一日あたりの家庭内労働にかかる時間を、二・七四時間から最大四・八八時間程度短縮できることになっていた[★15]。

オステルマンは建築の果たすべき社会的役割について日ごろから活発に発言し、それまで封印されていた一九二〇年代のアヴァンギャルドの建築・都市理論を率先して学んでいた。彼は住環境全体の組織化を目指したアヴァンギャルドの理念を継承する一方で、しかしさらに歩を進め、さまざまな統計・調査データを設計に利用し、二〇年代の前衛建築家たちが直感的に処理していた問題に対してより科学的なアプローチを試みた。

ただしオステルマンらの《新しいブィトの家》は、核家族を主たる住人として想定するという点で、アヴァンギャルド建築家たちのドム・コムーナとは異なる前提に立っていた。たとえば、やはりドム・コムプレクスの開発に関わっていた建築家のヴィクトル・ブィコフは、とりわけ子どもの養育には、家庭と社会の相互補完的な働きが不可欠であると述べている。そして多くの公共施設を包含したドム・コムプレクスこそが、個々の家庭を維持・強化しながらも、「大きな家族」＝共産主義に基づく集団を作り出すことができるのだと主張した[★16]。一見するとドム・コムプレクス構想はドム・コムーナへの回帰のように映るが、それは「家」や家族の解体を目指すのではなく、むしろそれらを社会の基礎として強化する点で、実は正反対の立場にあったのである。

しかしいずれにせよ、オステルマンらの社会主義住宅と新しい生活様式の実験が、完全な形で日の目を見ることはなかった。彼らは《新しいブィトの家》を一般労働者向けのパーマネントな住宅として設計したが、紆余曲折を経て、その用途はモスクワ大学の大学院生・研究生向けの寮へと変更され、併設予定だった数々の公共施設も建設の過程で省略された。結果的に、それは単身者や若いカップルがあくまで「一時的に」住むための集合住宅に過ぎないものとなった。「新しいブィト」を示す普遍的なモデルには、なれなかったのである。そしてオステルマン自身も、《新しいブィトの家》の竣工を見る前に、この世を去った。

最後の住宅実験

しかし、オステルマンの死と同プロジェクトの不完全燃焼とともに新たな社会主義住宅をめぐる実験が下火になったわけではなかった。同様の試みは、むしろさらにスケール・アップし、都市のレベルで展開された。その中心にいたのが、フルシチョフ、ブレジネフ両時代にわたって活躍した建築家、ミハイル・ポソーヒンである。ポソーヒンは、第3章で論じた「スターリンの七姉妹」の一員である

★15 Там же. С. 30.
★16 *Быков*. Социальное значение домов-комплексов в становлении коммунистических форм быта. С. 9.

図15｜北チェルタノヴォ開発計画模型写真
出典＝Строительство и архитектура Москвы. 1972. № 9.

クドリンスカヤ広場のアパートメントの設計を手掛けてスターリン賞を受賞するなど、スターリン時代から頭角を現していた。だがその一方で、いち早く大型パネル工法や架構式パネル工法などを用いた実験住宅の建設に着手し、スターリンの死後はフルシチョフにも厚遇された。そして一九六〇年にはモスクワ市の主席建築家となり、カリーニン大通り（現・新アルバート通り）の開発をはじめとする首都改造やモスクワの衛星都市の建設を指揮した。そのポソーヒンが、新しい社会主義住宅、ひいては新しい社会主義都市のモデルケースに位置づけたのが、「北チェルタノヴォ開発計画」（一九七五–八二年）［図15］だった。

北チェルタノヴォとはノーヴィエ・チェリョームシュキの北に位置する一帯で、モスクワを全共産圏のモデル都市とするという第二四回共産党大会のブレジネフ発言を受けて、重点的な開発の対象に選ばれた。その背景には、一九八〇年に開催予定であったモスクワ五輪の影響もあった。ソ連首脳部は、西側メディアが大量に流入するオリンピックに合わせて、北チェルタノヴォをソ連の先進的なベッドタウンとして世界にアピールしたいと考えたのである。

北チェルタノヴォ計画では合計四八ヘクタールの土地が開発対象となり、想定人口二〇万人（約七〇〇〇戸）の集合住宅群を核に、公共交通網、教育施設、商業施設、各種サービス施設を最大限効率的に組織することが目指された。計画にあたっては、陣頭指揮をとるポソーヒンの下に各専門部局が設けられ、三〇〇人以上の建築家やエンジニアが動員された［★17］。こうして北チェルタノヴォでは、ドム・コムプレクスの理念を小地区（ミクロライオン микрорайон）の規模に拡大する実験が開始された。まず、敷地全体は南東部（［図15］の右上部分）と北西部に分割され、南東部はショッピング・センターや交通網の拠点に、北西部は住宅地にゾーニングされた。住宅は九階から三〇階建ての高層集合住宅が中心となり、大部分が架構式パネル工法によって建設された。間取りには1DKから5DKまで四〇のバリエーション［図16］があり、上下に分かれたメゾネット・タイプの住戸も存在した。居住面積も、既存の集合住宅より二〇パーセント程度拡張された［★18］。

地下鉄駅やバス停など公共交通機関の集まる南東部には、大規模なスーパーマーケットやショッピング・センター、ホームセンター、薬局などが配置

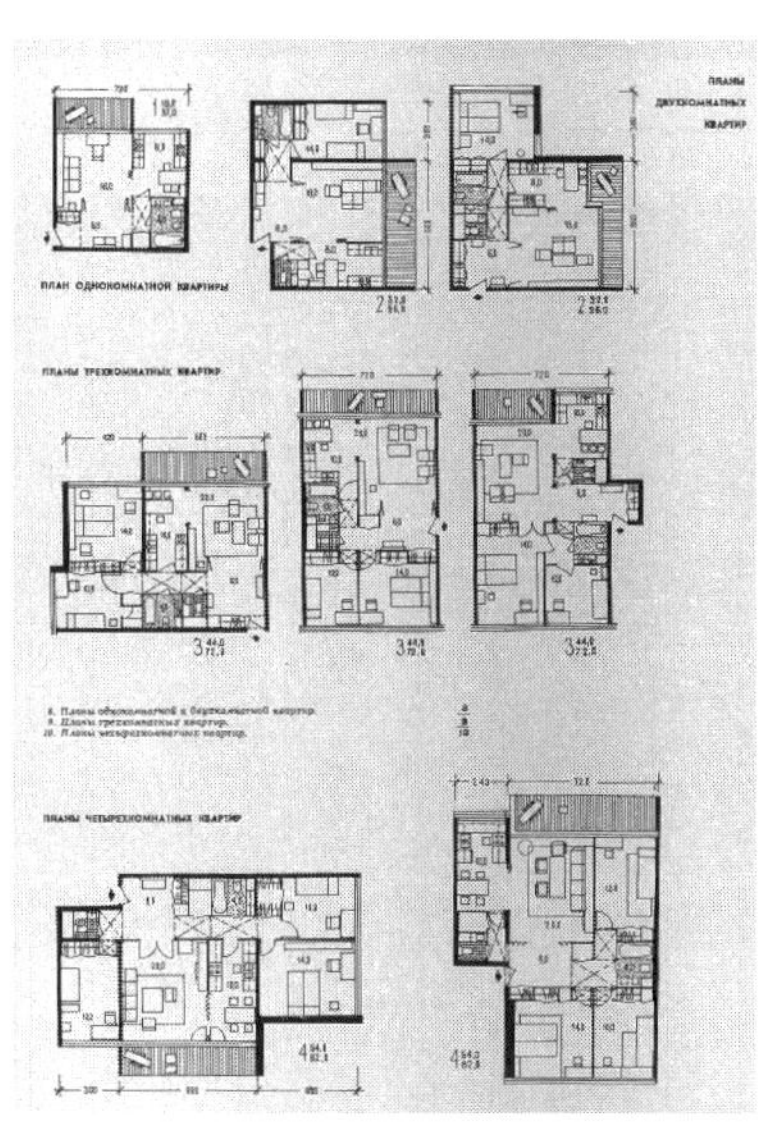

図16｜間取りのバリエーションの一部 出典＝Строительство и архитектура Москвы. 1972. № 9.

★17 *Дюбек Л.* Москва, Северное Чертаново // Строительство и архитектура Москвы. 1972. № 9. С. 2-8; *Мойзер.* Жилищное строительство в СССР 1955-1985. С. 220-224.

★18 *Дюбек Л.* Северное Чертаново строится // Строительство и архитектура Москвы. 1975. № 6. С. 5-6; *Дихтер Я.* Чертаново Северное: Начинается пусковой период. Новое качество крупноэлементного жилища // Строительство и архитектура Москвы. 1979. № 2. С. 27-30.

され、住まいと駅との間で、あらゆる生活必需品が購入できるよう計算されていた。のみならず、各居住棟の一階部分にもスーパーマーケットの支店やカフェテリア、クリーニング店などのテナントが入り、望めば居住棟から出ることなく生活できるようになっていた。さらに居住棟のエントランスにはコンシェルジュのような窓口が設けられ、各種商品の注文・受け取りから劇場や鉄道のチケットの予約まで、幅広いサービスを受けることが可能になる予定だった［★19］。

教育や保育に関する施設も充実しており、保育園・幼稚園は居住棟に直接接続されることになっていた。小学校は住宅街から最大で六〇〇メートルほど離れた南西部に配置された［★20］。また、交通の合理化や排気ガスの抑制だけでなく、子どもたちの安全面への配慮からも、住宅街では車道と歩道の分離が徹底された。歩行者は地上の歩道を、自動車はその下に作られた地下トンネルを通行し、各集合住宅の地下にある駐車場に駐車された［★21］。

北チェルタノヴォ計画は、ソ連住宅の優越性をソ連国内のみならず国際的にも広く喧伝するために着手されたはずだった。しかしその完成は（ロシアあるあるだが）当初の予定よりも遅れ、オリンピックの開催には間に合わなかった。もっとも、当のモスクワ五輪自体が、ソ連のアフガニスタン侵攻によって、アメリカはじめ多くの西側の国からボイコットされてしまったわけだが。さらに数々のサービス施設も、建設の過程で省略され、完成時にはその新規性の多くは失われていた。

もっといえば、北チェルタノヴォ計画それ自体も、当初目されていたような社会主義都市や「新しい生活様式」のモデルケースにはなれなかった。竣工とともにその集合住宅の大部分は一握りのエリートに独占され、同様の水準の計画都市がソ連の他の地域に出現することはなかった。結局それは、エリート向けのラグジュアリーなベッドタウンに終わったのである。そしてこの北チェルタノヴォ計画の終焉とともに、新しい社会主義建築と生活様式を希求する試みも、徐々に退潮していった。この後も大都市周辺には無数の団地や小地区が建設されたが、住環境の再編成によって社会を変革しようという意識は、それらからは失われていた。社会主義住宅をめぐる実験は、こうして静かに終焉を迎えたのだった。

社会主義住宅のポスト・スクリプト

社会主義住宅によって、「家」を、さらにはその住民たる家族を解体する。

産業化と都市化が急速に進展した二〇世紀前半、労働者住宅の建設はロシアにおいても深刻かつ喫緊の課題だった。社会主義はこの課題に、住宅の私的所有の廃止と、家庭の私的機能の公共化によっ

★19 *Кастель И., Красильникова К. Для жителей Северного Чертанова* // Строительство и архитектура Москвы. 1973. № 3. С. 21-22.
★20 *Дюбек.* Москва, Северное Чертаново. С. 8.
★21 *Мойзер.* Жилищое строительство в СССР 1955-1985. С. 225.

て応えようとした。そして、不透明な私的空間としての「家」を解体し、家庭という中間項なしに個人がそのまま社会に属する、どこまでも透明で可視化された共同体を夢想した。けれども、十月革命を経てソ連の前衛建築家たちが社会主義住宅の実現に着手しようとしたまさにその矢先に、状況は根底から覆された。スターリンは強権的な統制によってのみならず、指導者を象徴的な家父長とみなす家族国家観を利用することで、ソ連という「大きな家」を作り出し、その絶対的な父の座に就いたのである。

一方で「小さな家」――現実のソ連の住宅と家族は、エンゲルスやチェルヌィシェフスキーらの想定とは全く異なる形で、解体の危機に瀕していた。革命とそれに続く内戦、スターリンの大粛清や世界大戦は、膨大な数の住宅を破壊し、家族をバラバラに分断した。加速する住宅難によって夫婦や親子が離別を強いられる一方で、超過密状態のコムナルカやバラックでは、赤の他人との同居も珍しくなかった。ザミャーチンのディストピア小説『われら』が描いたようなガラスの集合住宅は建設されなかったが、口論からセックスまですべてが筒抜けになる空間は、スターリン時代のコムナルカやバラックで実現された。アヴァンギャルドのハイテクなユートピアあるいはディストピアは、皮肉にも彼らを抑圧したスターリン政権下において、最もプリミティヴな形で、現実のものとなったのである。

第二次世界大戦後には、日本や他の西側諸国と同様、ソ連でも異性愛と生殖によってのみ結びつく核家族へと、家族の規模は縮小していった。そしてスターリンからフルシチョフへとソ連の指導者が変わると、このミニマムな家族はソ連型団地と結びつけられた。最小限の構成員からなる家族と、それを収容する最小限の住宅が、新たなスタンダードとなったのである。これによって、住宅は家族の私的生活と労働力の再生産に特化された、極めて排他的な空間へと変容した。そして住人たちは、この閉ざされたマイ・ホームで、彼らの住まいと同じく大量生産された商品に囲まれ、資本主義国と比べればささやかなものだったが、消費生活を謳歌した。

けれども逆説的に、フルシチョフによるソ連体制と住宅政策の転換は、再び社会主義的住宅のアイデンティティをめぐる議論を引き起こすことになった。ただしそれへのソ連建築家たちの回答には、一九二〇年代のドム・コムーナの実験や都市派・非都市派の論争の際のようなラディカルさはなかった。家族単位の住宅の出現が家事労働を女性化し、女性の家への隷属を強めたことは意識されていたが、ドム・コムプレクス構想はあくまで彼女らの負担の軽減という対症療法に終始した(ちなみに同時期には、家事分担を夫の義務とする法律が提案されたが、実現されなかった)。ジェンダーや性愛の社会主義化が公の場所で盛んに議論された一九二〇年代とは異なり、家族が国家の基礎として神聖化された時代に、家庭内のジェンダー役割を根底から覆すことはほぼ不可能になっていた。「ソ連にセックスは存在しない」[★22]という有名なフレーズや性教育への抑圧、フェミニズムの非合法化などからもわかるよ

★22 1980年代後半に放映された、米ソの市民が衛星中継を通じてそれぞれの生活や文化を語り合う番組のなかで出た発言。あるアメリカ人女性が、アメリカのCMはセックスまみれだが、ソ連ではどうかと質問したのに対して、一人のソ連女性が「ソ連にセックスは存在しない」と答え、話題となった。

うに、性をめぐる問題は、いわばソ連体制のブラックボックスとなったのだった。

こうして社会主義住宅は、当初の理念とは全く異なる地点に着地した。フルシチョフ・ブレジネフ時代を通して、それは家族制度や家族主義を解体する住宅ではなく、逆にそれらを極端なまでに純化し強化する、自閉的な空間となった。もっとも、この社会に対する閉鎖性は、他方では相対的な自由をもたらしもした。それはコムナルカやバラックとは異なり、監視からの死角を作り出したのである。わけてもフルシチョーフカやブレジネフカの独立したダイニング・キッチンでは、友人同士が家族のように胸襟を開いて語り合う、「キッチン文化」が形成された［★23］。逆説的にも、団地のダイニング・キッチンはまさにその閉鎖性ゆえに、後期ソ連社会の典型的な社交の場となったのである。

お世辞にも広いとはいえない団地のダイニング・キッチンは、後期ソ連の非公式芸術にとっても欠かせない場となった。アンダーグラウンドで活動する非公式アーティストたちは、そこで公けに発表することのできない詩を朗読し、作品を展示した［★24］。キッチンに集まった人びとの大多数は、反ソ的だったわけでもなければ、政治的だったわけでもない。だがそこで交わされる本音の会話は、公的言説を形骸化させていった。このようなキッチン空間は、アレクセイ・ユルチャクが後期ソ連社会の特徴として示す、体制の内部にありながらも体制の中心からは見えない、外在的（ヴニェ вне）空間だったといえるだろう［★25］。ユルチャクはこのようなささやかな内なる外在的空間の累積こそが、しかしソ連体制の崩壊という巨大な地滑りを引き起こしたのだと考える。当時の西側諸国では、ソ連型団地は典型的な社会主義ないしソ連のイメージとして流通した。けれどもこれまで見てきたように、実のところそれは、ソ連体制にとっては諸刃の剣だったのである。

一九八五年、ミハイル・ゴルバチョフは書記長の座に就くと、間もなく政治・経済システムの抜本的改革「ペレストロイカ」と、言論の自由や情報公開を進める「グラスノスチ」を掲げて、ソ連体制の刷新に取り組んだ。一九八六年の第二七回共産党大会では、二〇〇〇年までに改めて各家族に一戸を配分することが宣言され、実際、翌一九八七年には、ソ連史上最大の七〇〇〇万平方メートルにのぼる住宅が建設された［★26］。ただそれでも、住宅不足を完全に解消するには至らず、一九九〇年時点になっても、約二〇パーセントの家族が「住宅待ち」のリストに名を連ねていたという［★27］。他方では、グラスノスチによって住宅配分に関わる不正や不平等が明らかになったことで、人びとの不信と不満は高まった。結局住宅問題の抜本的な解決のめどは立たないまま、一九九一年の年末、ソ連という体制そのものとともに、社会主義住宅も終焉を迎えたのだった。

★23 この「キッチン文化」の先鞭をつけたのは、皮肉にもフルシチョフその人だったといえるかもしれない。1959年の夏、彼はモスクワで開催されたアメリカ展で、訪ソした米副大統領リチャード・ニクソンと、アメリカの住宅を模したモデルハウス内のキッチンで非公式の論争を行っている。この即興の会談では、米ソ両国の生活の優劣が論じられた。

★24 バック・モース『夢の世界とカタストロフィ』、251頁。

★25 アレクセイ・ユルチャク『最後のソ連世代——ブレジネフからペレストロイカまで』半谷史郎訳、みすず書房、2017年、153-155、180-181頁。

★26 Jane R. Zavisca, *Housing the New Russia* (Ithaca and London: Cornell University Press, 2012), p. 47.

★27 *Ibid*., p. 48.

ソ連の解体と同時に、ロシアは市場経済へと移行し、当然ながら土地や住宅も再び市場を流通する商品となった。それに先立って、一九九一年にはそれまで住んでいた国有・公有住宅の私有化が認められた。これによって、ひとまず現在住んでいる場所にそのまま住み続けることは可能になったものの、問題はその維持管理にあった。住宅を私有化した場合、ソ連時代には大部分が政府や自治体の予算によって賄われていた修繕や管理に関わる費用も、住人の負担とされたのである。結果、私有化しても多くの住人は維持管理費や光熱費を支払うことができず、本来であれば修繕の必要な住宅が放置される事態が相次いだ［★28］。

一方住宅市場も、順調とはいいがたい状況が今日まで続いている。新規の住宅取得を補助するため、一九九〇年代から住宅ローンの整備が進められたが、度重なる金融危機や、制度自体の問題（所得制限、高い金利、短い返済期間等々［★29］）によって、ローンを利用できる国民自体がいまだに少ない。国民の側も、莫大な借金を背負って住宅を購入することに消極的なままだ。他方、新規住宅の供給量は、一九九〇年代にはソ連時代の三分の二まで下落したものの、その後二〇〇〇年代半ばごろから、モスクワなどの大都市周辺では住宅建設が次第に勢いを増していった［★30］。ただそれでも、住宅を新規購入できるのは一部の富裕層に限られており、大多数の都市住人は、ソ連時代から変わらず、一戸のアパートメントに複数世帯がぎゅう詰めの状態で暮らしている。

住宅の取得方法も、新規の住宅の価格はロシア人の平均収入からすると高すぎるため、市場を通じた購入ではなく、親や親族から相続するのが一般的だ。ソ連時代には、たとえ何年も待たされるにしても、勤務先や自治体などから住宅が支給された。だが現在、多くの市民にとって新たに住宅を獲得することは、ほとんど不可能に近い。ゆえにロシアでは、ソ連時代の住宅格差が今もなお継承され続けているのである。

一九九三年に採択されたロシア連邦憲法では、すべての国民に住宅をもつ権利を保障している。しかし資本主義の下においても、安心して住むことのできる住宅の確保は、依然として（あるいはソ連時代以上に）難しい。しかもプーチン政権下で反動的な家族主義や家族政策はさらに強化されつつある。ソ連からロシアへ体制は移り変わっても、欠陥だらけの公的な住宅政策のツケを払わされるのは、結局のところ家族なのだ。ただしこれらの家や家族は、もはやエンゲルスが想定していたような、財産を安定的に継承するための媒体とは言い難い。ソ連時代と比較しても、核家族化と少子化の進行によって家族は縮小している。一方、フルシチョフ時代やブレジネフ時代に大量供給された団地は、今まさに次々とその耐久年限を超え、廃墟化しつつある。このような状況が最終的に破綻する前に、新し

★28　2003年時の調査では、27・5パーセントの世帯が不良住宅に居住していた。白鳥正明「ロシアの住宅制度改革と住宅金融制度の現状」、『ERINA REPORT』第64号、2005年、30頁。

★29　たとえば1998年の住宅ローンの金利は34・8パーセント、返済期間はわずか3年だった。2000年になっても金利は17パーセント前後、返済期間は10〜15年程度だった。道上真有、田畑理一、中村勝之「ロシア住宅市場の発展過程と住宅政策の効果の研究─ロシア国家プロジェクト『ロシア国民に手の届く住宅を』の成否─」、『住宅総合研究財団研究論文集』第36号、2009年、261頁。

★30　Zavisca, *Housing the New Russia*, pp. 54-56.

い「ロシアの住まい」は果たして出現するのだろうか。見通しはあまり明るいとはいえない。

亡霊建築論

06 ロシア構成主義建築とアンビルトのプログラム

「建てられた」建築の背後には、無数の「建てられなかった（アンビルト）」建築が存在する。政治的・経済的・技術的な理由によって、あるいはそもそも実現することを念頭に置かずに設計されたために。アンビルトとなった建築は、実体をもたないがゆえに、場所に縛られず、時にメディア空間のような普遍的で抽象的な空間を漂いもする。あるいは、まさしく亡霊のように人びとにとり憑き、彼ら彼女らを操りもする。このような建築の亡霊を──その一世紀足らずの短い歴史にもかかわらず──とりわけ多く生み出したのが、ソ連という国だった。あるいはもしかすると、ソ連という国家自体も、一種の未完の建設プロジェクトとみなせるかもしれない。マルクスやエンゲルス、あるいはレーニンらの共産主義の理念は、「革命と住宅」で見たように、結局のところ実現されなかったのだから。ここからは、このようなソ連建築史のもうひとつの面、すなわち建てられざる建築の歴史を読み解いていきたい。

ソ連におけるアンビルト建築は、社会主義体制の成立と崩壊という二つの時期に特に集中して現れた。一九二〇〜三〇年代にかけての社会主義体制の建設期、ソ連では建築への過大な期待と希望が、しばしば逆説的に建設計画の実現を困難にした。というのも、社会的に重要な施設であればあるほど、その建設には新しい共同体それ自体の建設が投影されたからだ。実際、ソ連最初の大規模建設プロジェクトである労働宮殿から、ソ連史上最大の建築プロジェクトとなったスターリンのソヴィエト宮殿計画、そしてスターリン体制からの転換を象徴するはずだったフルシチョフの新ソヴィエト宮殿計画にいたるまで、国家規模の最重要プロジェクトは、軒並みアンビルトに終わっている。あるいは、ソ連は建築によって自らを代理＝表象する（represent）ことに失敗し続けたのだともいえよう。ソ連の国家体制は、この埋められることのない空虚の上に築かれたのである。

ソ連体制末期にあたる一九八〇年代にも、再び亡霊のようにアンビルトの建築が出現しはじめる。「革命と住宅」第5章で論じたブレジネフ時代には、官僚主義に支配された建築界、そして徹底した規格化により建築家をもはや必要としなくなった建設の現場に対し、ソ連の若手建築家たちは表現の場を密かに外へと求めた。彼らは非公式のルートを通じ、国際的な建築コンペティションに応募しはじめたのである。しかし海外渡航の困難な彼らにとって、応募できるコンペは「建てる」ことを前提としないものに限られていた。その結果、たとえば日本の建築雑誌『新建築』主催の、コンセプトを競うタイプのコンペでは、謎のソ連建築家たちが毎年のように上位入賞するという奇妙な事態が生じた。実はロシアのアンビルト建築は、海をわたって日本にまで漂着していたのである。ペーパー・アーキテクチャー運動と呼ばれることになるこの現象についても、後ほど詳しく見てみたい。

もうひとつ、二〇世紀のアンビルト建築を語る上で無視できないのが、マスメディアとの関係である。写真が発明されたとき、その最初の被写体となったのは建築物だった。建築物は長時間の露光の間も動き回ったりはしないからだ。建築物は写真、後には映画の被写体となることで、本来の場所から切り離され、マスメディア空間を流通する大量複製されたイメージへと変容していった。さらにメディア上では、オリジナルとは異なる、あるいはオリジナルをそもそももたないヴァーチャルな建築までもが次々に生み出されていった。

図1｜隈研吾による《M2》ビル。左側にレオニドフの重工業人民委員部ビルのガラスのオフィス・ビル部分が引用されている
著者撮影（2020年）

たとえば、本章に登場する建築家イワン・レオニドフは、建築家を名乗りながら、いかなる建築物も「建て」たことがなかった。しかし彼の描いた設計図やドローイング、模型写真は建築雑誌を通じて世界中に知られ、現代の建築家にも影響を及ぼしている。日本の建築家、隈研吾もその一人だ。彼の設計した東京・世田谷区にある《M2》ビル（一九九〇年竣工）［図1］には、レオニドフのアンビルト作品である重工業人民委員部ビル（一九三四年、巻末の建築家紹介参照）の一部が引用されている。このようにメディア上の建築イメージは、建てられた場所から動くことのできない現実の建築物よりもはる

かに広範に、国境や政治体制、時代すらまたいで流通したのだった。

この「亡霊建築論」では、これらアンビルト建築が、いかにソ連、さらにはロシア建築にとり憑き、影響してきたのかを論じてみたい。

新しい「宮殿」

ではまず、ソ連建築史の始点にして、最初の本格的なアンビルト建築となった、「労働宮殿」プロジェクトから見てみよう。十月革命後に勃発した内戦が終息し、ソ連が誕生した一九二二年末、この新生国家を象徴する建設プロジェクトが始動した。それが巨大会議場を中心とする複合施設、労働宮殿である。敷地は、クレムリンや赤の広場、革命広場に隣接する、文字通りモスクワの中心。それはまさしく、ひとつの建築物を建てることを通じて、ソ連の象徴的中心を作り出すプロジェクトだった。

ところで、労働者の労働者による労働者のための国家において、「宮殿」という呼称は奇妙に聞こえるかもしれない。あるいは「労働」宮殿とは、形容矛盾のように感じられるかもしれない。しかしこの時期のロシアでは、記号とその慣習的な意味を切り離したり、意図的にずらしたり、逆転させたりする言葉の革命、新しい言語によって世界を再定義する試みが、社会のさまざまな場所で進行していた。したがってこの「宮殿」という呼称も、文字通りの意味で受け取ってはいけない。現に労働宮

図2｜ノイ・トロツキーによる労働宮殿設計案
出典＝ Архитектура СССР. 1972. № 3.

図3｜ヴェスニン兄弟による労働宮殿設計案
出典＝ Современная архитектура. 1927. № 4-5.

殿コンペのプログラムでは、労働宮殿は「その理念にふさわしい豊かな外観を、しかし過去の時代の特定の様式ではなく、現代的なシンプルな形態によって表現された外観を有していなければならない」［★1］とされていた。「豊か богатый」だが「シンプル простой」で、過去の支配階級のために作られたいかなる宮殿とも異なる、絶対的に新しい「宮殿」を発明せよ——ソ連建築家たちには、そのような難題が与えられたのである。

労働宮殿コンペは一九二三年二月に締め切られたが、約五〇の応募案のうち、大半は旧来のいわゆる「宮殿」のイメージの域を出なかった。第一等はペトログラードの建築家ノイ・トロツキーの案［図2］に与えられたが、装飾性こそ抑制されているものの、やはり旧来の「宮殿」イメージの域を出てはいない。それに対してプログラムの主旨に最も大胆に応答したのが、ヴェスニン兄弟による設計案［図3］だった。鉄筋コンクリート造のオフィス・ビルと円筒形の会議場を空中回廊によって連結した同案は、他のどの案とも一線を画していた。

設計者であるヴェスニン兄弟は、古典主義を得意とする長男のレオニード、工業建築に通じた次男のヴィクトル、モダニストの三男アレクサンドルというふうに、それぞれ分野や作風を異にしていたが、互いの結束は固く、しばしば共同して設計を行った。この労働宮殿の設計で主導権を握っていたのは、末弟のアレクサンドルだった。彼は革命後、《第三インターナショナル記念塔》［図4］などの作品で知られる芸術家ウラジーミル・タトリンの下で絵画を学んだり、画家・デザイナーのリュボーフィ・ポポーワらとともに前衛演劇の舞台美術を手がけたりと、主に建築以外の分野で活動していた。

図4｜タトリンによる《第三インターナショナル記念塔》の模型。地軸と同じ斜めの構造をもち、一番下の部分は年1回、真ん中の部分は月1回、上の部分は1日1回回転することになっていた　出典＝ Вещь. 1922. № 1-2.

ロシア・アヴァンギャルドと総称される、一九〇〇年代から二〇年代にかけて登場したこれらの芸術家たちの活動の目的は、政治革命に先駆けて、人びとの意識を革新することにあった。彼らは、絵画は常に平面上に描かれねばならない、画家は絵具を用いて人や事物のイメージを再現せねばな

★1　Из истории советской архитектуры 1917-1925 гг. М., 1963. С. 146.

らないといった、それまで自明視されていた芸術の約束事に異を唱えた。彼らのこのような異議申し立ては、芸術界内部の規範にとどまらず、社会全体における自明化・慣習化された行為やものの見方へも向けられた。アレクサンドルは、前衛絵画や前衛演劇における活動を通して身につけたこのようなアヴァンギャルドの美学を、労働宮殿を通じて建築の世界へと持ち込んだのである。

ヴェスニン兄弟案は審査員の間でも評価が分かれ、結局、第三等入選の結果に終わった[★2]。しかし労働宮殿コンペの入賞作品の一般展示が開始されると、彼らの設計案は瞬く間にロシアの知識人や若者の心を摑んだ。たとえばアヴァンギャルドの詩人ウラジーミル・マヤコフスキーは、自身が刊行にかかわっていた雑誌『レフ』誌上にヴェスニン兄弟の労働宮殿案を大々的に掲載し、その合理的・機能的デザインを絶賛している[★3]。こののち、労働宮殿案の周囲には、建築の革命を求める人びとが集結していった。間もなく彼らは、一切の装飾や過去の建築様式を否定し、新たな素材や技術に基づいた合理的建築を目指す、「構成主義」(コンストルクチヴィズム конструктивизм)運動を開始する。その先頭にいたのは、もちろんアレクサンドル・ヴェスニンだった。ソ連全土を巻き込むことになる建築の近代化の運動は、このようにアンビルト建築に導かれて、その幕を開けたのである。

ヴェスニン兄弟の労働宮殿

ここからは、もう少し詳しくヴェスニン兄弟の労働宮殿案を見ていきたい。というのも、そこにはフランスのル・コルビュジエやドイツのバウハウスのような西欧モダニズム建築とも異なる、ロシア構成主義建築独自の特徴が既に表れているからだ。

彼らの労働宮殿は、一万人弱を収容できる円筒形の大ホール、オフィスや博物館など各種施設のための地上一七階の矩形の高層建築、両者をつなぐとともに小ホールを内蔵する空中回廊からなる。大規模な集会の際には、大小のホールを連結して約一万二〇〇〇人を収容できることになっていた[★4]。高層建築部分は近代的なオフィス・ビル、大ホール部分は突きだした排気口などから工場を思わせる外観を有していた。ヴェスニン兄弟は「宮殿」をオフィスないし工場へと、このように過激に読み替えたのである。またこれら二つの巨大なヴォリュームと対照をなすのが、針のようにほっそりとしたラジオ放送局のアンテナだ。議会で決定された内容は、宮殿内にある放送局から、そのままタイムラグなしにソ連全土に報道されることになっていた。

ソ連建築史家のセリム・ハン＝マゴメドフは、このようなヴェスニン兄弟の労働宮殿案を、機能

★2 コンペの主催者であるモスクワ建築協会の重鎮で、古典主義建築の権威でもあったイワン・ジョルトフスキーが、ヴェスニン兄弟案の優勝に強硬に反対したためであると伝えられている。*Хан-Магомедов* С. О. Александр Веснин и конструктивизм. М., 2007. С. 226.

★3 Конкурсный проект „Дворца Труда". Девиз, АНТЕНА, арх. Б. А., В. А., А. А., Весниных, 1923 г. // Леф, 1924. № 4. С. 59.

★4 *Хан-Магомедов*. Александр Веснин и конструктивизм. С. 218-219.

性・合理性に基づいて設計されたロシアにおけるモダニズム建築の嚆矢に位置づける。しかし、彼によれば、この案はそれ自体が「芸術的な表現手法」［★5］でもあった。構成主義の理念に則れば、建築物の形態はその目的によって決定されねばならない。にもかかわらずヴェスニン兄弟案では、「労働者のための集会所」という目的を超えて、労働宮殿の姿そのものが一種のプロパガンダ装置として機能しているというのである。建築物の本来の目的とは直接関係しない、このような形態の視覚的な訴求力からは、アレクサンドルが手がけてきた前衛演劇のセットとの連続性を見てとることができる。

たとえば労働宮殿のデザインの直接的な起源のひとつと考えられるのが、一九二一年にフセヴォロド・メイエルホリドの演出でモスクワ近郊のホドゥインカ原を舞台に行われる予定であった、第三インターナショナルを記念するための群集劇だ。アレクサンドルは、ポポーワとともにその舞台美術［図5］を担当した。

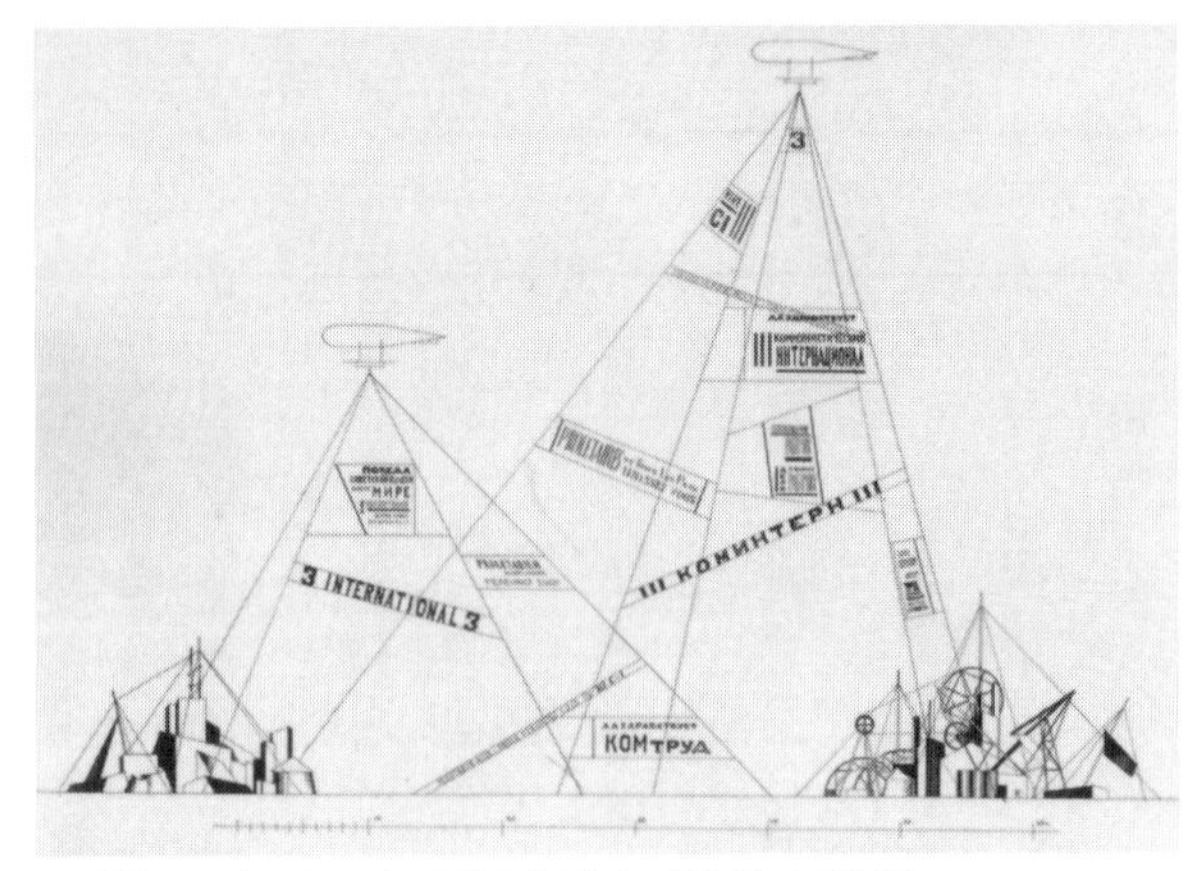

図5｜第三インターナショナルを記念するための群集劇の舞台装置
出典＝Мастера советской архитектуры об архитектуре. Том 2. / под общ. ред. М. Г. Бархина, А. В. Иконникова [и др.]. М., 1975.

群集劇とは、都市の街路や広場を舞台として用い、数百から数千人規模のアマチュアが参加する大規模な演劇である。十月革命後のロシアでは、人びとに演劇の仮想空間内で革命や社会主義を経験させることがしばしば試みられた。群集劇は、識字率が低く、マルクスやレーニンの著作を読んで理解することが困難な労働者や兵士たちに、社会主義革命の意義を理解させる手っ取り早い手段とみなされていたのである。実際の十月革命に参加したのは、ごく一握りの労働者と赤軍兵であり、その行動も決して組織されたものではなかった。しかし演劇という形式を利用して、革命は現実の都市空間で、膨大な数の本物の労働者や兵士を動員し、集団的かつ組織された行為として再演された。たとえ演劇の中の虚構の革命であっても、自らのリアルな身体を通してそれを経験することによって、人びとは「革命」をリアルな出来事として血肉化したのである。

「闘争と勝利」をテーマとしたこの第三インターナショナルを記念するための一大ページェント（野外劇）は、経済的な理由のために実際に開催されることはなかったが、二〇〇人の騎兵隊、二三〇〇人の赤軍兵、一六門の大砲、五機の航空機、装甲車、バイク、プロジェクター、軍楽団、そして無数の観客が参加することになっていた［★6］。そして巨大で重々しい「資本主義の城砦」（［図5］の左下部分）から、剝き出しの骨格によって構成された軽やかな「未来都市」（［図5］の右下部分）へと、パレードを行う予定だった。この「未来都市」の剝き出しにされたダイナミックな構造と、建築的なヴォリュームがシンプルな線と面へ解体された労働宮殿のエスキスの間には、明らかな連続性が見られる。

★5　Там же. С. 219.
★6　Там же.

図6｜アレクサンドル・ヴェスニンによる『木曜日と呼ばれた男』の舞台装置　出典＝Мастера советской архитектуры об архитектуре. Том 2.

また、労働宮殿の三六〇度どこから眺めてもよいデザイン（伝統的な西洋建築では、建築物は正面＝ファサードから眺められるべきものとして設計される）は、それがこのようなマス・ページェントの参加者の視点、すなわち建物の周囲を回遊する不特定多数の視点を前提としていたことがわかる［★7］。隣接する革命広場や赤の広場で集団的な祝祭が繰り広げられるとき、労働宮殿もまた巨大な舞台装置として機能することが期待されていたのである。

もうひとつ見過ごすことができないのが、ほぼ同時期に進行していたカーメルヌイ劇場におけるチェスタトン作『木曜日と呼ばれた男』の舞台装置［図6］との共通点である。この舞台では、ヴェスニンは建築家としての知識を活かし、舞台全体を覆う巨大なセットをデザインした。近代的な大都市を表現するため、このセットの各所には実際に動かすことのできるリフトやベルトコンベヤー、さらにはバナーや看板広告、ネオンサインなどが組み込まれていた。

「未来都市」のセットとも共通するバナーや看板広告などのディテールは、労働宮殿にも継承されており、この建築物が自らメッセージを発信するプロパガンダ装置でもあったことを示している。だがさらに重要なのは、その外観を特徴づける、ほとんど装飾的ですらあるアンテナだ。バナーや看板広告が建築物の周囲から眺められるだけの限定されたメディアであるのに対して、ラジオの電波はソ連全土に瞬時に情報を伝達することができる。そして同一の情報を共有する人びとを、空間的な隔たりとは無関係に、単一の集団へと組織することができる。労働宮殿はこのような非物質的なマス・コミュニケーションの拠点となることで、情報の建築という決定的に新しい方向へ一歩を踏み出そうとしていたのである。

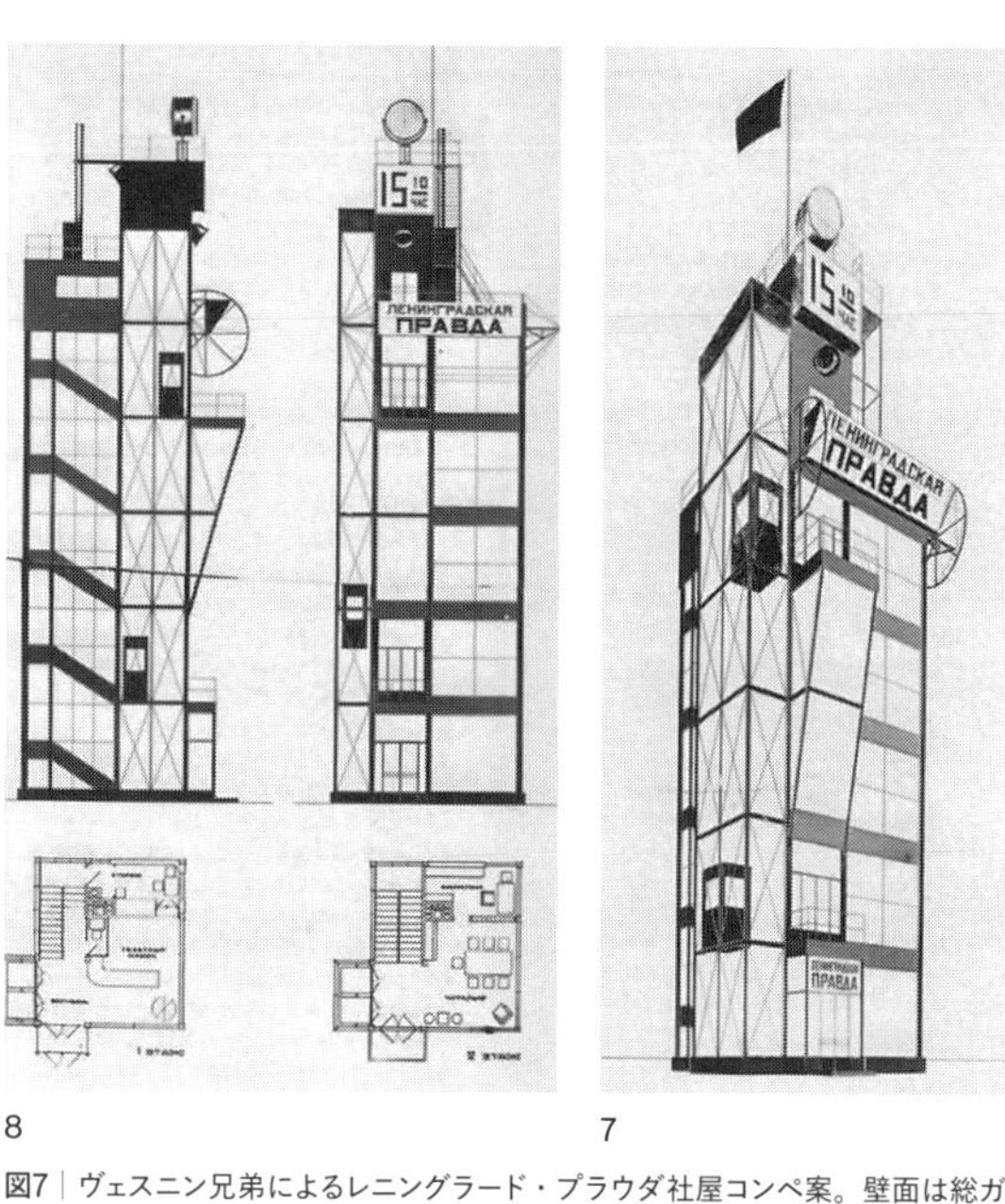

図7｜ヴェスニン兄弟によるレニングラード・プラウダ社屋コンペ案。壁面は総ガラス張りで、左側面のエレベーターも可視化されている
図8｜同、立面図と1階・2階部分の平面図
出典（7, 8）= Современная архитектура. 1926. № 1.

構成主義建築の展開

プロパガンダ装置としての建築、さらには情報を組織する建築というアイディアは、一九二四年にヴェスニン兄弟によって発表された、レニングラード・プラウダ新聞社のモスクワ社屋コンペ案［図7］［図8］にも

★7 *Веснины А. и В.* Творческие отчеты // Архитектура СССР. 1935. № 4. С. 40.

継承された。なお、このコンペ案もアンビルトに終わっている。

巨大なスケールの労働宮殿とは打って変わって、レニングラード・プラウダ社屋は六メートル四方という極めて限られた敷地を前提としていた。しかし、まさにこの制約ゆえに、ヴェスニン兄弟案の斬新さが際立つ結果となった。

『プラウダ Правда』とは共産党の機関紙であり、『イズヴェスチヤ Известия』とともにソ連時代の二大主要新聞として機能した。『レニングラード・プラウダ』はレニングラードで発行されていた『プラウダ』紙のことを指す。ヴェスニン兄弟がこのレニングラード版『プラウダ』のモスクワ支局のオフィスとして描き出したのは、六階建てのビルディングで、一階部分に新聞を販売するキオスク、二階部分に読書室、三階以上のフロアには編集・運営業務に関わるオフィスが配置されていた。そしてこれらの構造は、壁面の総ガラス化によって、完全に可視化されることになっていた。ロシアでは寒冷な気候に加えて、建材としてのガラス板の生産技術も未熟で、このようなガラスのカーテンウォールの大胆な採用には先例がなかった。

社屋の壁面には、時刻やスローガン、さまざまな情報を表示することが可能なスクリーンが備わっており、レニングラード・プラウダも労働宮殿同様、建築物それ自体が情報の媒体となるよう設計されていたことがわかる。屋上には拡声器やアンテナ、路上のデモやページェントの際に用いられる投光器も設置されていた。

だがレニングラード・プラウダ社屋案における最も興味深い「見世物（スペクタクル）」は、何といってもガラス張りの壁面によって可視化された新聞発行の過程そのものだろう。記者たちが記事を書いたり、それが編集部で編集されたりする様子は、ガラスの壁によってすべて見通すことができるようになっていた。ヴェスニン兄弟案では、報道のプロセスは文字通りの意味で透明化されることになっていたのである（もっとも、単なる新聞ではなく党機関紙でもあった『プラウダ（真実）』に掲載される情報は、透明どころか党や政府に都合よく操作されたものばかりで、後年には「『プラウダ』に欠けているのは真実である」などと揶揄されることになる）。さらに、レニングラード・プラウダが「新聞」というマス・コミュニケーションの拠点であり、情報を収集し、編集し、発信するための建築であったことも忘れるわけにはいかない。ラジオ放送に比べると新聞という媒体にはややアナログ感があるが、このプロジェクトでも物理的実体としての建築と、情報のネットワークというもうひとつの「虚の建築」（マルク・リース）が交錯していたのである。

図9｜レオニドフによるレーニン図書館学研究所設計案の模型
出典= Современная архитектура. 1927. № 4-5.

　建築物の物質性を最小まで切り詰め、非場所的で集団的なコミュニケーションのネットワークを構築する――このような課題を極限まで探求したのは、しかしアレクサンドル・ヴェスニンではなく、彼の弟子にして構成主義の第二世代を代表するイワン・レオニドフだった。詳しくは拙著『天体建築論』を参照いただきたいが、レオニドフの名を一躍知らしめることになったレーニン図書館学研究所設計案（一九二七年）［図9］

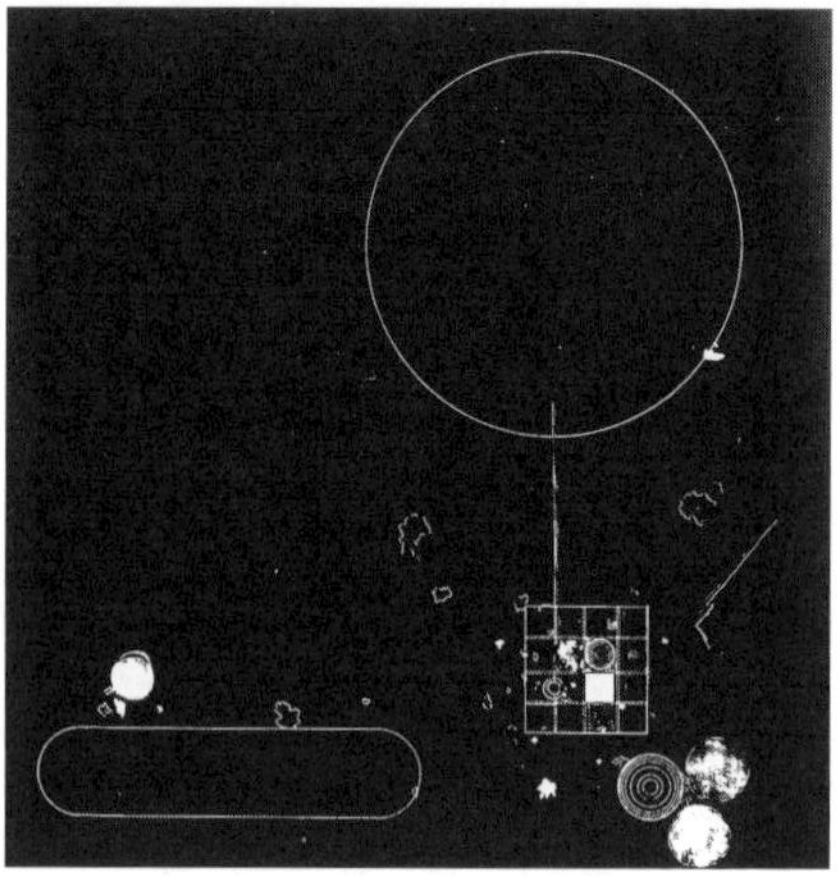

以来、彼は一貫して物理的な実体としての建築を減縮し、虚の建築によってその機能を代替する方向へと進み続けた。同案は、蔵書保管庫である高層ビル、ガラスの巨大な球体からなるホール（プラネタリウムとしても機能する）、そして閲覧室や研究施設などを含む低層ビルからなる。建物にはラジオ・ステーションも内蔵されており、モスクワの各所のみならず、世界各地の任意の場所と通信できることになっていた［★8］。図書館という、情報を書籍として物理的に集積し共有する古いタイプの情報の拠点と、電波によってあらゆる場所に瞬時に情報を発信する新しいタイプの情報の拠点。ここではその両者が同時に、相互補完的に存在しているのである。

レオニドフのレーニン図書館学研究所案では、一五〇〇万冊を収蔵可能な蔵書保管庫と四〇〇〇人を収容可能な球体のホールはいずれもガラスで構成されており、空気のように実在感がない。一九二八年に発表された「新しい社会タイプの労働者クラブ案」［図10］［★9］では、中心をなす建築物は、ガ

図10｜レオニドフによる新しい社会タイプの労働者クラブ設計案（A案）
出典＝Современная архитектура. 1929. № 3.

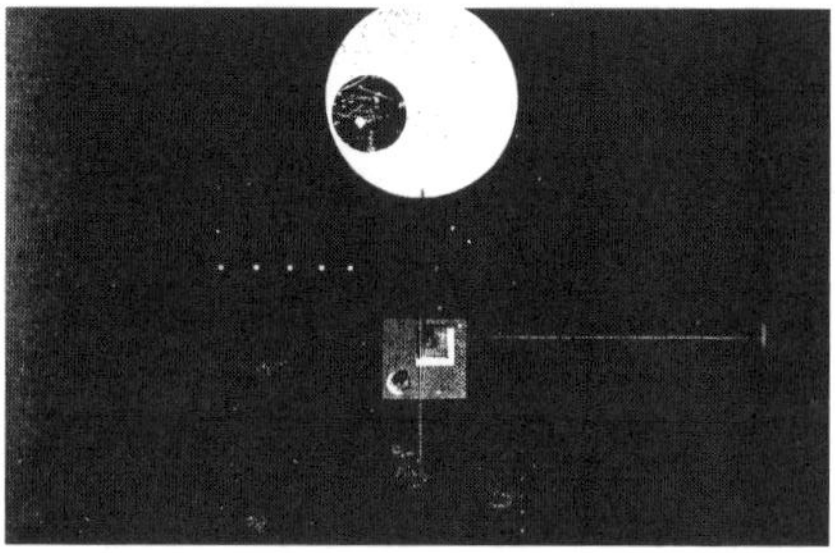

図11｜レオニドフによるコロンブス・モニュメント設計案
出典＝Современная архитектура. 1929. № 4.

ラスの被膜をまとった広場〔図10〕のマス目上の部分）だった［★10］。その翌年発表された南米サント・ドミンゴのコロンブス・モニュメント設計案では、天気のよい日に限ってだが、建物からはとうとう壁も屋根も取り払われて、人工気流がそれらの代わりを果たすことになっていた〔図11〕［★11］。物理的実体としての建築は、こうしてついに消滅してしまうのである。最低限の物理的構造すら省略してしまおうとするこのようなレオニドフのデザインは、当時の技術水準はもとより、時には基本的な物理法則すら無視しており、激しい賛否両論を引き起こした。

情報のネットワークを作り出す建築という、師のアレクサンドル・ヴェスニンから引き継いだ構想も、レオニドフのプロジェクトではほとんどSF的な規模にまで拡張されていった。前述のレーニン図書館学研究所は、図書館という情報集積の拠点であるだけでなく、モスクワや世界中の同様の施設とも通信網で結ばれた、いわば情報の結節点でもあった。彼の新しい社会タイプのクラブや文化宮殿

★8 *Леонидов И.* Институт Ленина // Современная архитектура. 1927. № 4-5. С. 120.

★9 労働者クラブとは労働者が余暇を過ごすための場であり、政治集会や各種の自主的な学習活動から単純なゲームまで多様な活動が行われた。とりわけソ連時代には、労働だけでなく余暇活動もまた労働者を管理・組織する重要な手段とみなされており、革命直後からわずか2年の間に、7000以上の労働者クラブが生み出された。Selim O. Khan-Magomedov, *Pioneers of Soviet Architecture: The Search for New Solutions in the 1920s and 1930s*, (London: Themes and Hudson, 1987), p. 434.

★10 *Леонидов И.* Организация работы клуба нового социального типа // Современная архитектура. 1929. № 3. С. 106.

★11 *Леонидов И.* Конкурсный проект памятника Колумбу // Современная архитектура. 1929. № 4. С. 148.

図12｜レオニドフによる文化宮殿設計案
出典＝Современная архитектура. 1930. № 5.

設計案（一九三〇年）［図12］などの労働者クラブの敷地内には、必ずマストのようなアンテナや放送塔が設置されており、全連邦の労働者クラブ間で、情報の発信・受信・共有が行われることになっていた。ただしレオニドフは、ヴェスニンとは異なり、特定の空間に限定された演劇やマス・ページェントよりも、ラジオや映画、テレビといったマスメディアをより重視した。ヴェスニンが演劇のセットのデザインからキャリアを開始し、レニングラード・プラウダ社屋案のような、路上から眺められるためのオブジェ＝建築を考案したのに対し、レオニドフは具体的な場所とは無関係な（あるいはそのような場の具体性を消し去るような）、物質性をもたない情報のネットワークこそをデザインしようとした。世界中どこにいても情報によって結びつくことのできる集団こそが、彼の考える新たな共同体の姿だったのである。そしてレオニドフのコロンブス・モニュメント案では、このような地球上のあらゆる場所を覆うコミュニケーション網は――いかにして実現するのかはともかく――、惑星間通信にまで拡大される予定だった。

ロシア構成主義建築は労働宮殿というアンビルトからはじまり、そしてこの運動のなかで生まれた大多数の作品もアンビルトに終わった。この時期のソ連の政治的・経済的混乱に輪をかけて、建築への過剰な期待が、これらの計画の実現を困難にしたことは間違いない。だがそれと同時に、そもそもの発端であるヴェスニン兄弟の労働宮殿案から、構成主義建築には現実の空間へ翻訳されることを拒むような傾向があったのではなかったか。

たとえば、ヴェスニン兄弟の労働宮殿案やレニングラード・プラウダ社屋案が舞台美術から派生したという事実は、これらの建築物と演劇の虚構空間との連続性を示していよう。もちろん通常の演劇とは異なり、群集劇のような革命演劇では、セットは単なる虚構ではなく、来るべき未来の建築や都市を示すモデルでもあった。そこから誕生した労働宮殿案やレニングラード・プラウダ社屋案は、これら革命演劇のなかに出現した一時的なユートピアのイメージを、建築によって現実の空間へ定着させる試みだったといえるだろう。だがその一方で、これらの計画案にはその起源としての虚構性、すなわち現実の都市の一部となることに抗い、そこから批判的な距離をとろうとするユートピア的なパトスが残存していたのではないだろうか。

さらにレオニドフの一連のプロジェクトにおいて、物理的実体としての建築物は、非物質的で非場所的な情報のネットワークに置き換えられる。構成主義建築は、レオニドフという極北において、「ビルト」であることからも解放されるのだ。しかしこれまで見てきたように、物理的な制約のないより普遍的なコミュニケーションへの志向は、ヴェスニン兄弟の労働宮殿案のラジオ放送局や、新聞報道の拠点としてのレニングラード・プラウダ社屋にも既に存在していた。

このように、構成主義建築にはその誕生の当初から、「建てられる」ことに抵抗するような、アンビルトのプログラムが組み込まれていた。とりわけレオニドフの作品に顕著に表れたこのような反・

建築的な志向は、構成主義に批判的な建築家からは、現実逃避の妄想として激しい非難を招くことになった。レオニドフをヴェスニンが擁護したことによって、彼への攻撃は間もなく構成主義全体へと波及した。

しかし皮肉なことに、このアンビルトのプログラムは、構成主義の批判者にも継承されていく。一九三〇年代に入ると、構成主義建築家たちのグループは、他の組織との抗争や党指導部からの圧力を受けて、解散を余儀なくされた。代わりに一九三〇年代のソ連建築界において唯一の公式の建築様式となったのが、第2章他ですでに論じた、社会主義リアリズムと呼ばれるスタイルだった。だが構成主義建築の欠陥である「現実からの乖離」、つまりアンビルト性を克服するはずの社会主義リアリズム建築も、その誕生の瞬間からアンビルトの亡霊に憑きまとわれることになるのである。

07 ソ連映画のなかの建築、あるいは白昼の亡霊

一九二〇年代のソ連で興隆したロシア構成主義建築が、アヴァンギャルド演劇の舞台美術に起源をもっていたことは、前章で述べた通りである。前衛演劇の美学は、もちろん当時の映画ともほとんどシームレスにつながっていた。たとえば演出家フセヴォロド・メイエルホリドの教え子だったセルゲイ・エイゼンシテインは、駆け出しのころこそ劇場で俳優や演出家として活動していたが、間もなく映画の世界に転進する。演劇俳優や脚本家、劇場つきの美術家らが映画産業でも活躍した例は枚挙にいとまがない。

では、前章で見たアレクサンドル・ヴェスニンやイワン・レオニドフらに代表されるアヴァンギャルド建築とソ連映画は、どのような関係にあったのだろうか。

映画が産声を上げて間もない一九世紀末、カメラはまだ自由に移動したりパン（水平移動）やティル

ト（垂直移動）したりすることができなかった。したがって、映画のセットは、固定されたカメラのフレームに収まる程度の、小規模かつ平面的な書割でも問題はなかった。しかしイタリアのジョヴァンニ・パストローネ監督の『カビリア』（一九一四年）以降、カメラの可動範囲が拡大するのに連動して、より巨大でより立体的な、つまりは建築的なセットが必要とされるようになった。その結果、舞台美術家ではなく建築家が映画のセットの設計に関わるケースも現れはじめた。

ただし、革命後に活動を開始したエイゼンシテインやレフ・クレショフら映画監督は、セットによって作り出された虚構空間を撮影することよりも、カメラを屋外に持ち出し、革命にいたるまでの歴史的痕跡や、社会主義体制の下で刻一刻と変化する都市を撮影することを好んだ。そんな彼らにとって、ヴェスニン兄弟の労働宮殿設計案のような建築物が実現されていたならば、理想的な舞台となっただろうことは疑いない。しかし残念なことに、前衛映画と前衛建築は、わずか数年の時間差ですれ違ってしまう。構成主義建築が本格的に建設されはじめた一九三〇年代前半には、既にエイゼンシテインらの映像の実験は、「フォルマリズム」（形式主義）として批判にさらされつつあった。そして構成主義建築自体も、次章で見るソヴィエト宮殿コンペを境に、下火になっていった。

とはいえ例外的に両者が邂逅した作品がないわけではない。ここでは映画というマスメディア空間を漂うことになった、これらの建築的イメージについて考えてみたい。

構成主義の宮殿は火星に出現する？

建築家が映画のセットの設計に参加した早い例としては、ドイツのパウル・ヴェーゲナー監督による『巨人ゴーレム』（一九二〇年）が挙げられる。ユダヤ教徒を守る巨大な石像ゴーレムの伝説を下敷きにした同作では、ドイツ表現主義を代表する建築家ハンス・ペルツィヒがセット［図1］のデザインを行った。彼によって設計されたユダヤ人街やユダヤ教の司祭（ラビ）の住まいからは、一切の明晰な直線が排されており、おどろおどろしい不気味な雰囲気を醸し出している。

図1｜『巨人ゴーレム』より、表現主義建築家ハンス・ペルツィヒの設計によるセット　出典＝https://www.youtube.com/watch?v=8jfhul-o-f4 (Public Domain)

図2｜『人でなしの女』より、モダニズム建築家ロベール・マレ＝ステヴァンスの設計によるセット　出典＝https://www.youtube.com/watch?v=7LC7RpFtk1g (Public Domain)

モダニズムの建築家が映画のセットに関わった最初期の例としては、フランスのマルセル・レルビエ監督による『人でなしの女』（一九二四年）が挙げられよう。この作品には、ル・コルビュジエと同年代の建築家ロベール・マレ＝ステヴァンスや、キュビスムの画家フェルナン・レジェら、そうそうたるアーティストたちが参加した。特にマレ＝ステヴァンスは、イタリア未来派とロシア・アヴァンギャルドから強い影響を受け、直角に交わる明晰な輪郭、一切の装飾性を排した滑らかな白い壁面、左右非対称の構造からなる研究所のセットを設計している［図2］［★1］。

ではソ連ではどうだったのだろうか。

ソ連の劇映画でも、いち早く構成主義のデザインを取り入れた作品があった。それがヤーコフ・プロタザーノフ監督の『アエリータ Аэлита』（一九二四年）である。同作は初期ソ連ＳＦ映画を代表する作品であり、構成主義デザイナーのアレクサンドラ・エクステルやワフタンゴフ劇場で舞台美術を手掛けていたイサーク・ラビノーヴィチが関わったことでも知られている。

まずは簡単にそのあらすじを紹介しておこう。

物語の主人公は無線技士のローシ。彼は新妻のナターシャとともにレニングラードのコムナルカで暮らしている。そんなある日、彼は暗号のような謎の電波を受信し、それを火星からの通信であると思い込む。というのも、彼の趣味は宇宙船の設計で、宇宙旅行こそ彼の夢だったからだ。ローシの空想世界の設定によれば、火星はトゥスクプという厳格な王によって支配されている。彼の家臣のゴールは地球を観測する装置を発明するが、王によってその存在は口止めされていた。しかし若く美しく好奇心旺盛な王女アエリータは、この装置をこっそり用いて、地球にいるローシらの姿を観察していた。

そんな折、ローシと妻の住むコムナルカに、エルリフという女たらしの怪しげな男が引越してくる。

しぶしぶ自身の実験室もとい趣味部屋をエルリフに明け渡したローシだったが、エルリフは彼の愛妻ナターシャまで誘惑しようとする。妻と隣人に対する疑惑は、次第に彼のなかで成長していった。そして長期出張から戻ったその日、ローシは二人が密会しているものと勘違いして妻を拳銃で撃ってしまう（妻の浮気への疑いは、明らかにローシ自身の火星の美女と懇ろになりたいという浮気願望が転嫁されたものなのだが）。プロタザーノフは帝政時代から活動していた映画監督で、このあたりの不倫プロットには革命前のメロドラマ映画との連続性が感じられる。

一度は犯行現場から逃げ出したローシだったが、良心の呵責もあって、彼はそのまま火星の妄想世界へと没入してしまう。妄想のなかで火星に到着したローシは、彼が夢見続けてきたアエリータに歓待され、すぐに相思相愛の仲になる。だが火星の支配者トゥスクプは、ローシら地球人の存在に気づくと、彼らの殲滅を決定する。それに対して、ローシとともに地球から火星にやってきた労働者のグーセフは、奴隷のように地下に閉じ込められていた火星の労働者たちを解放し、火星での革命を先導する。アエリータも当初は労働者たちの側を支持するが、彼女にとっての邪魔者でもあるトゥスクプが労働者たちに倒されると、途端に態度を一変させる。そして王宮の兵士たちに、労働者を殺すよう命じる。それを制止しようとしたローシは、咄嗟にアエリータを階段から突き落とす。この瞬間、ア

★1 ドナルド・アルブレヒト『映画に見る近代建築――デザイニング・ドリームス』萩正勝訳、鹿島出版会、2008年、83–88頁。

エリータの姿はナターシャの姿へと変化する。いわば彼は愛する者を二度にわたって自らの手にかけるのである。

絶望から我に返ったローシは、今までの火星旅行の妄想を振り払い、逮捕されることを承知の上で自宅へと戻る。すると自宅ではなんと妻のナターシャが彼を待っているではないか。実は拳銃の弾は脇に逸れており、彼女は無事だったのだ。二人は愛を確かめ合い、ローシの火星への妄想旅行はかなり無理やり感のあるハッピーエンドに終わる。

実は、火星は革命と縁が深い。レーニンのライバルでもあった革命家・作家のアレクサンドル・ボグダーノフは、地球に先駆けて共産化された火星を舞台とする小説、その名も『赤い星 Красная звезда』を、一九〇八年の時点で発表している。同作は、映画『アエリータ』の原作にあたるアレクセイ・トルストイの小説『アエリータ』(一九二三年)にも影響を与えた。ただし十月革命後に執筆された同作では、両惑星の関係は逆転し、地球で起きた革命が火星に持ち込まれることになる。

映画版『アエリータ』で構成主義の美学がいかんなく発揮されるのは、革命後の一九二一年のレニングラードではなく、この火星で展開される一連の場面である。宮殿のセット[図3][図4][図5]には螺旋を描く階段や三角形状の構造などの幾何学的なモチーフが多用されており、王宮内の空間を抽象絵画のように見せている。安定感をもたらすシンメトリー構造は慎重に排除されており、斜線や鋭角の作り出す不安定なダイナミズムがこれらの空間の主調を形成している。このような動的な空間構成は、これから革命へと向かう火星社会の未来を暗示しているかのようにも映るだろう。

しかし革命前のメロドラマに無理やり革命要素をねじ込んだ感の否めないストーリー同様、『アエリータ』におけるこのような構成主義デザインの利用方法も、その背後にある思想を無視した、非常に表面的な理解に基づいていたと言わざるを得ない。劇中では、構成主義の美学によって生み出された空間は、（社会主義ではなく）火星の専制的な体制と結びつけられている。それはあくまで火星のエキゾティックな文化を表現するために用いられているに過ぎないのだ。実際、『アエリータ』はその興行的成功にもかかわらず、同時代のソ連の文化人や当局からは、イデオロギー的に問題のある作品として厳しい評価を下された。構成主義の空間は、同作では主人公の妄想の中の火星ほどに、非現実的

図3｜『アエリータ』より、火星の王宮と支配者トゥスクプ（右）

図4｜同、火星の王宮の玉座の間（左上に見えているのが玉座）

図5｜同、アエリータの寝室
出典(3–5)=https://www.youtube.com/watch?v=yoROo4Ur49c (Public Domain)

で異質なものとして扱われたのだった。

前衛都市ハルキウとゴスプロム・ビル

建築家が映画作品に関わるケースでは、彼らが設計した建築物がロケに利用される場合と、建築家にセットの設計が依頼される場合がある。前者の場合では、たとえばニュース映画やドキュメンタリー映像などの背景にアヴァンギャルド建築が登場することはままあった。たとえばジガ・ヴェルトフの『カメラを持った男 Человек с киноаппаратом』(一九二九年)には、コンスタンチン・メーリニコフ設計による市バスのガレージ[図6]が登場する。

ただしフィクション映画に関しては、本章の冒頭で述べた理由により、アヴァンギャルド建築がロケに利用されるケースは稀だった。その例外的な存在が、ウクライナ東部の大都市ハルキウ(ハリコフ)に位置する、ゴスプロム・ビル(一九二五―二八年)である。

十月革命後、ウクライナではソヴィエト政権派と反ソヴィエト政権派の間で長らく内戦が続いた。その際にソヴィエト政権派の拠点となり、その後一九三四年まで一時的にウクライナの首都となったのがハルキウだった。そのため、ハルキウには政府機関の施設が相次いで建設された。そのなかでも最も重要かつ最大級の規模を誇ったのが、セルゲイ・セラフィーモフ、サムイル・クラーヴェツ、マ

図6｜『カメラを持った男』より、メーリニコフ設計のバスのガレージ　出典 = https://www.youtube.com/watch?v=IkGPga9nyjg (Public Domain)

ルク・フェリゲルらレニングラードの建築家たちによって設計された、行政の中心となるゴスプロム・ビルだった。社会主義の首都ハルキウには、ウクライナだけでなくソ連全土からアヴァンギャルド建築家たちが続々と集結しており、モスクワ、レニングラードに次ぐ前衛建築の拠点が形成されつつあった。それゆえ一九二八年という早い時期に、構成主義風のオフィス・ビルが実現されたのである［★2］。

ゴスプロム・ビルはハルキウの新しい中心と目されていたジェルジンスキー広場（現・自由広場）に面した三つの棟からなる扇形の構造で、ヴェスニン兄弟の労働宮殿案同様、工場をモデルに設計された。各棟は無装飾の直方体のブロックによって構成され、全長三〇メートルの空中回廊によって接続されていた。最も高い部分は一三階建て六三メートル、総面積は一万平方メートルにも及んだ［★3］。

★2　ちなみに1930年には、ハルキウ音楽堂の設計コンペが行われ、ヴェスニン兄弟らソ連のアヴァンギャルド建築家だけでなく、ドイツのワルター・グロピウス、アメリカのノーマン・ベル・ゲデス、日本からは川喜田煉七郎（グロピウスを凌いで4位に入賞した）など、世界のモダニズム建築家らから144案が寄せられた。これは当時のソ連としては最大規模の国際公開コンペだった。

★3　Авангардстрой. Архитектурный ритм революции 1917 года. М., 2018. С. 128-129.

なお、当時のソ連ではまだ珍しかったラーメン構造（柱と梁のみで強靭な枠組みを作り出す構造）を採用した鉄筋コンクリート造だったため、第二次世界大戦中にドイツ軍に爆破された際も、同ビルは致命的な損傷を免れている。

そんなゴスプロム・ビルは、竣工するかしないかの時点から、既に映画のロケ地として注目されていた。たとえばフリードリフ・エルムレル監督の『帝国の断片 Обломок империи』（一九二九年）では、そのデザインの新規性がさまざまなショットを組み合わせることで強調されている。

物語の主人公フィリモーノフは、革命後の内戦に赤軍兵士として参加するが、負傷によって記憶を失う。しかし内戦終結からしばらくたったころ、断片的ながらも過去を思い出しはじめ、レニングラードにいるはずの妻の許へ戻ろうとする。そんなフィリモーノフの記憶のなかの町と、数年の間に様変わりした現在のソ連の都市とを対比する際に用いられるのが、ゴスプロム・ビルのイメージだ［図7］。この場面では、ゴスプロム・ビルが仰ぎ見るような角度・位置から撮影され、その外観の簡潔さと威容が強調される［図8］［図9］。フィリモーノフが記憶を失っていたわずか数年の間に、社会主義体制下で都市がどれほど劇的に変化したのかを示すために、最先端のゴスプロム・ビルが利用されたのである。ここではアヴァンギャルド建築のイメージが、社会主義やその先進性と直に結びつけられている。

ウクライナ・ソヴィエト社会主義共和国の首都がキーウ（キエフ）に戻ってからも、ハルキウはウクライナ東部の中心、そしてウクライナとロシアの文化の結節点であり続けた。現在もハルキウではロシア出身者が多数を占める。だが二〇二二年にロシア軍による攻撃がはじまってから間もない三月一日には、ゴスプロム・ビルが面している自由広場や、広場を挟んで対面に位置するハルキウ州庁舎がミサイル攻撃を受け、深刻な被害が出た（ゴスプロム・ビル自体の被害の詳細は不明）。このようなロシア軍の行動は、この戦争におけるロシア側のレトリックの矛盾を端的に示しているといえよう。ハルキウのような場所への攻撃は、開戦時に掲げられたロシア系住民を守る、あるいはロシアとウクライナの一体性を守るという理念そのものへの攻撃に他ならないからだ。

図7｜『帝国の断片』より、ゴスプロム・ビル

図8｜同、ゴスプロム・ビルのローアングル・ショット

図9｜同、ゴスプロム・ビルのローアングル・ショット（空中回廊部分）
出典(7–9)=https://www.youtube.com/watch?v=cTmte5RBgm8 (Public Domain)

同じ一九二九年に公開されたエイゼンシテインとグリゴリー・アレクサンドロフの映画『全線(古きものと新しきもの)Старое и новое』にも、やはり社会主義とその先進性を象徴する建物として、ゴスプロム・ビルが登場する[図10]。この『全線』の制作には、構成主義建築家でもあるアンドレイ・ブーロフが参加しており、またソ連映画における建築空間の変化という観点からも重要な作品なので、やや詳しめにその撮影の経緯と内容を見ておきたい。

エイゼンシテインとその弟子であり友人でもあるアレクサンドロフは、一九二六年に『全線』に着手する[★4]。革命後のロシアでは、各地にアルテリ(農業協同組合)などの共同体が組織され、そこからさらに農地・家畜・農機具の共同利用を行うコルホーズ(集団農場)、国家が直接農民を雇用し、農業政策に即して生産を行うソフホーズ(国営農場)へと、段階的に農業の集団化・工業化が進められる予定だった。しかし一九二六年になっても、コルホーズやソフホーズに所属する農業従事者の割合は、一〇パーセントに満たなかった[★5]。エイゼンシテインらは、映画を通じて人びとの注意をソ連農業の集団化・機械化へと向けさせるために、本作に取り組んだのである。

最終的な脚本では、物語は次のように進んでいく。

主人公の貧しい農婦マルファ・ラプキナ(役者の本名がそのまま登場人物の名前になっている)は、馬がいないために土地を耕すことができない。そこで彼女は、みなで団結して農作業を行うことを村人たちに

図10｜『全線』より、ゴスプロム・ビル
出典＝https://www.youtube.com/watch?v=rmW6pPRkNVM (Public Domain)

訴える。だが彼女を待ち受けていたのは嘲笑だけだった。そんなとき、マルファの村にも共産党の農業委員がやってくる。そして彼は村人たちの前でコルホーズの開設を宣言し、手はじめに村に牛乳分離機を導入する。分離機の奇跡のような威力を目のあたりにして、頑迷な農民たちも徐々に態度を軟化させ、コルホーズへ加入しはじめる。彼らは種牛となる子牛や農機具を共同で購入し、コルホーズを拡充していく。そして収穫の時期、コルホーズについに念願のトラクターが導入される。無数のトラクターが、整然と列を組んで畑を進み続ける場面で、物語は幕を下ろす。もちろん最後に登場するトラクターの隊列は、孤立し無力だった農民たちが集団へと組織され、科学技術の恩恵の下に社会主義へと邁進していく姿を象徴している。

劇中では、マルファがトラクターの支給を打診するために向かう先として、ゴスプロム・ビルが映し出される［**図10**］。ロケ当時はい

★4 *Эйзенштейн С. Генеральная линия* // Избранные произведения в шести томах. Т. 6. М., 1970. С. 531.

★5 ソ連の農村では1929年から強制的な集団化が開始され、30年には農業従事者の約半数がコルホーズに所属することになった。しかしこのような急速な集団化の結果、1932–33年にはソ連各地で深刻な飢饉が発生した。ロシアとウクライナの間でその解釈をめぐって問題となっているホロドモールと呼ばれる飢饉は、まさにこの強制的な農業集団化のプロセスで生じたものである。James Goodwin, *Eisenstein, Cinema, and History* (Urbana: University of Illinois Press, 1993), p. 100.

まだ部分的に工事が続いていたため、かなり距離のあるロング・ショットでしか登場しないが、ゴスプロム・ビルは農村の機械化・合理化・社会主義化を推し進める基地として描かれている。物語前半では、農民たちの粗末な住宅［図11］や、家畜と入り混じって床で寝起きする中世のままのような生活が描写されるが、ゴスプロム・ビルはそれらと地続きの世界に存在しているとは思えないほど、新しく異質に感じられる。当時の観客の目には、まさに異世界の、あるいは異星人の建築物であるかのように映っただろう。

一方、実在するゴスプロム・ビルよりも作中で重要な役割を演じるのが、構成主義建築家のブーロ

図11｜『全線』より、農民たちの暮らす家

図12｜同、純白のソフホーズ

図13｜同、別角度から見たソフホーズ
出典（11–13）=https://www.youtube.com/watch?v=rmW6pPRkNVM (Public Domain)

フによって設計された、純白のソフホーズのセット［図12］［図13］だ。装飾をはぎ取られた幾何学的な輪郭、ガラスのはめ込まれた巨大な窓、細い柱で支えられたピロティ——典型的なモダニズム建築が、後進的な農村にまるで蜃気楼のように忽然と姿を現すのである。

問題となるソフホーズは、中盤の物語の転換点、本格的にコルホーズの発展がはじまる前の場面に登場する。村人たちから種牛を買うための資金を集め終えたマルファは、安心して金庫の上でうたた寝をはじめる。その夢のなかに現れるのが、純白のソフホーズだ。

このソフホーズでは、家畜の交配から牛乳や食肉の加工までが、最先端のテクノロジーでもって行われている［★6］。睡眠中のマルファとわれわれ観客は、次々に孵化するヒヨコや、オートメーションで瓶に注がれる牛乳、自動的にこんがり焼かれる豚など、まさに夢のような光景を矢継ぎ早に眺めることになる。しかしさらに驚くべきは、このあとの展開だ。ソフホーズがさまざまな角度から映し出されたのち、画面には突如として「みなさんは、もしかしてこれを夢だと思われるだろうか？」、「決してそうではない」というテロップが表示される。そして続くショットでは、このソフホーズにやってきたマルファ自身が姿を現すのである。

★6 映画からはほとんど読み取れないが、実はこのソフホーズの原型のひとつに、モスクワ近郊アニコヴォの国立遺伝子研究所があった。修正前の脚本では、このソフホーズは遺伝子工学によって牛や豚といった生物を機械のように改良し大量生産する、「工場」として描かれることになっていた。*Эйзенштейн. Генеральная линия.* С. 95.

図14｜ル・コルビュジエの「白の時代」の集大成といわれるサヴォワ邸（1931年竣工） 著者撮影（2016年）

ここではじめて、これまでの先端的なソフホーズの光景は、マルファの夢ではなく、「夢のような」現実だったことが明らかになる。「夢オチ」の展開に慣れた現代の視聴者には、「実は夢だった！」ではなく「実は夢ではなかった！」というこの結末は、受け入れがたく感じられるだろう。実際に最初のシナリオでは、マルファは夢から覚める予定だった。そして覚醒後、夢で見た未来を実現しようと努力するはずだった［★7］。けれども改訂後のシナリオでは、マルファの目覚めの場面が省略されたことにより、夢の世界と現実世界の境界は画定されない。あるいは、マルファは目覚めることなく夢の世界に留まり続けたといえるかもしれない。そのような意味で、この白亜のソフホーズは理想と現実、現在と未来が混交する、まさに白昼夢の空間なのである。

純白の幾何学的形態からなるこのコルホーズのデザインの起源は、フランスのモダニズム建築家ル・コルビュジエが戦前に手掛けた、いわゆる「白の時代」の住宅作品にある［図14］。一九二〇年よりパリで建築家として本格的な活動を開始したル・コルビュジエは、住宅を「住むための機械 machine à habiter」［★8］と呼び、住宅も「住む」という目的に従って機械のように合理的に設計されるべきであると主張した。

このようなル・コルビュジエの作品や思想は、雑誌『事物 Вещь』や構成主義建築家たちの刊行していた建築誌『現代建築 Современная архитектура』などを通して、ロシアでもほとんど時差なしに紹介されていた[★9]。ゆえにエイゼンシテインも、このフランス人建築家の思想や作品は当然知っていただろう。しかし、もちろん映画セットの設計のためだけに、フランスから建築家を招聘することはできない。そこで、いわばル・コルビュジエの代わりに選ばれたのが、ル・コルビュジエに心酔していた当時弱冠二五歳の構成主義建築家、ブーロフだった[図15]。

とはいえ、先に述べたように一九二〇年代のエイゼンシテインは、大規模なセットを映画に導入することに対しては否定的だった。実際、『戦艦ポチョムキン Броненосец «Потемкин»』(一九二五年)のクライマックスは、実際にポチョムキン号が反乱を起こしたウクライナのオデッサで撮影された。十月革命を描いた『十月 Октябрь』(一九二七年)は、実際に革命の蜂起の現場となったレニングラードの冬宮前広場でロケが行われた。場所の真正さが、映画内で描かれる歴史的出来事の真正さを保証す

★7 Anne Nesbet, *Savage Junctures: Sergei Eisenstein and the Shape of Thinking* (London: I.B. Tauris, 2007), p. 106.
★8 ル・コルビュジエ - ソーニエ『建築へ』樋口清訳、中央公論美術出版、2011年、85頁。
★9 エル・リシツキーとイリヤ・エルレンブルグによって1922年に創刊された『事物』には、ル・コルビュジエの論文「現代建築」、「量産された家屋」などが掲載された。『現代建築』では、1929年第5号における7頁にわたるガルシュ邸、サヴォワ邸の特集記事など、ル・コルビュジエの活動がコンスタントに紹介された。構成主義建築家たちはル・コルビュジエの建築理論を熱心に学んでおり、彼らの支持によってル・コルビュジエはモスクワのツェントロソユーズ・ビル設計競技で優勝、モスクワの中心部にこの巨大なオフィス・ビルを実現する。*Коэн, Ж.-Л.* Ле Корбюзье и мистика СССР. Теории и проекты для Москвы 1928-1936. M., 2012. С. 36-37.

ると考えたのだろう。しかし、ではなぜエイゼンシテインは『全線』で、ブーロフという建築家に設計を依頼し、このように大規模かつリアルなセットを建設したのだろうか。

その背景には、映画のスクリーンを通じて、これから実際に建設されるべき理想の建築を示すという意図があったと考えられる［★10］。現に、劇中のソフホーズに感銘を受けた党の幹部によって、ブーロフはロストフ近郊のソフホーズの設計を依頼されている［★11］。通常の映画のセットとは異なり、スクリーンの外へと越境し、現実を変革するモデルとなること――エイゼンシテインやブーロフはそのような意図の下にソフホーズのセットを建設し、彼らの願いは叶えられたかのように見えた。

図15｜訪ソ時のル・コルビュジエ（左）とエイゼンシテイン（中央）、ブーロフ（右）
出典＝Советский экран. 1928. № 46.

けれども、ここで事態はもう一転する。彼らの期待にもかかわらず、このソフホーズの建設計画は中途で頓挫してしまうのだ。以降、同様の企画がもちあがることはなかった。『全線』の虚構のソフホーズが、現実のソフホーズのモデルとなることはなかったのである。ブーロフが設計したセットは、撮影が終わるとそのまま野ざらしになり、やがて朽ち果てていった。

セットが物理的に失われたのちも、そして強制的な農業集団化によりウクライナの農村が荒廃を極め、ホロドモールと呼ばれる飢餓によって一〇〇〇万を超える農民が死亡したのちも、映画のスクリーン上で燦然と輝き続ける白亜のソフホーズ。それは理想の建築であると同時に、建築の亡霊であるともいえよう。ソ連農業の革新と社会主義化の理念を体現するはずだった建築物は、真新しい純白の姿のまま、しかし決して実体化することも大地に根づくこともなく、メディア上で無限に複製されながら、この普遍的な空間を今もなおさまよい続けているのである。

社会主義リアリズムの夢幻空間

ソ連映画研究の泰斗であるオクサーナ・ブルガーコワが指摘するように［★12］、この後ソ連映画はロケからスタジオ撮影へと急旋回することになる。これには、ソ連における唯一の公式の芸術様式、「社会主義リアリズム」が関係している。一九三四年、ソ連全土の作家を集めた第一回作家同盟大会が開催され、社会主義リアリズムとは「現実をその発展的な姿で描く」様式であると定義された。言い換えれば、「リアリズム」を名乗りながらも、眼前の「現実（リアル）」ではなく現実の「発展的な

★10 *Буров* А. Письма. Дневники. Беседы с аспирантами. Суждения современников. М., 1980. С. 6.
★11 Там же. С. 7.
★12 *Булгакова* О. Советское кино в поисках «общей модели» // Соцреалистический канон. / под общ. ред. Х. Гюнтера, Е. Добренко. СПб., 2000. С. 157-158.

姿」、つまり「あるべき理想の姿」を描くことが要請されたのである。人為的に描き出された理想世界が「現実」と呼ばれるようになったことで、『アエリータ』の主人公によって妄想された火星の王宮や、『カメラを持った男』が映し出す孤児や浮浪者だらけの現実のモスクワのような空間は、ソ連の表象から締め出されていった。純粋な虚構も虚飾なしの現実も、社会主義リアリズムの観点からすれば、許容できない表現だった。それらは、虚構を現実と呼ぶ社会主義リアリズムの欺瞞を暴露しかねなかったからだ。

レフ・クレショフの一九四〇年の作品『シベリアの人びと Сибиряки』は、映画における社会主義リアリズムのひとつの完成形とみなせるだろう。同作は、『全線』と同じく文字通りの夢の空間を、ただし構成主義抜きで、セットによって表現する。物語の後半では、シベリアに住む少年ペーチャとセリョージャが、指導者スターリンに会うために、はるばるモスクワへと旅する。少年たちの目的は、革命前に流刑でシベリアに滞在していたスターリンが、現地に置き忘れたパイプを返すこと。問題となるのは、少年たちがクレムリンにいるスターリンにパイプを直接手渡す、まさにクライマックスの場面だ。この場面では、二人が突然姿を現す夜の赤の広場や、レーニンの遺体が安置されているレーニン廟［図16］、そしてスターリンの執務室のあるクレムリン［図17］は、ロケではなくすべてセットと背景画によって生み出されている。もちろん当時のソ連の撮影技術では、夜の都市を撮影するのは困難だっただろう。しかし最大の理由は、おそらくこの場面が、モスクワに行けずシベリアに一人留まっている少女ワーリャが見た夢の世界であり、かつ彼女の願望（理想）の空間でもあったからではな

図16｜『シベリアの人びと』より、赤の広場にあるレーニン廟（手前の2人がペーチャとセリョージャ、奥の2人は衛兵）

図17｜同、クレムリンの城壁と子どもたち（右下）

出典（16, 17）= https://www.youtube.com/watch?v=VAXpqkQUxoY (Public Domain)

いか。

エイゼンシテイン自身も、一九四七年のモスクワ建都八〇〇周年に向けて、モスクワの歴史を巨大なモスクワの模型を用いて撮影するという計画を立てていた。もしこのプロジェクトが実現していたならば、現実の都市モスクワに包含されるように、都市モスクワの模型が作成されていただろう。そして、現実のモスクワではなくこの理想の模型のモスクワの方が、映画の主役を演じることになっていただろう。都市モスクワを映画化するという企画が日の目を見ることはなかったが、戦後のエイゼンシテインは、『全線』の透明で光に満たされたソフホーズとは真逆の、地下迷宮や墓所を思わせる『イワン雷帝 Иван Грозный』（第一部一九四四年、第二部一九四五年）の王宮空間を作り出すことになった［★13］。

こうして一九三〇年代後半以降は、セットで撮影された夢のような現実のイメージが、現実の都市や建築のイメージを駆逐し、スクリー

★13　ちなみにこのモスクワの宮殿の描写は、宮崎駿のマンガ版『風の谷のナウシカ』のトルメキア王宮のイメージにも影響を与えている。

ンを覆っていった。このようなソ連映画の歴史から振り返ってみると、『全線』のソフホーズはまさに二つの対照的な文化――アヴァンギャルドと社会主義リアリズム――の分水嶺にあったと考えられよう。描き出された理想的イメージこそが「現実」と呼ばれる社会主義リアリズムの倒錯した世界では、純白のソフホーズはアンビルトであることによってこそ、眼前の卑小な現実を超える大文字の「現実」となるのだ。次章では、まさにアンビルトであることによってソ連建築の至高のイデアとなった、ソヴィエト宮殿計画について取り上げてみたい。

08 スターリンのソヴィエト宮殿、あるいは増殖する亡霊

ロシア・アヴァンギャルド建築のなかでも最もラディカルな作品は、総じてアンビルトだった。理由は単純だ。それら――カジミール・マレーヴィチの《プラニート》、《アルヒテクトン》などの無重力空間を漂う建築的構造［図1］から、ヴェスニン兄弟による労働宮殿設計案、そしてイワン・レオニドフのガラスの球体からなるレーニン図書館学研究所設計案計画まで――は、建築でありながら、大地への帰属を拒んだのである。もっといえば、これらの建築はアンビルトであることによって、建築物を大地へと束縛する重力や、それによって生み出される空間のヒエラルキー、巨大な質量によって表現される権威といったものからの解放へと、建築を挑発しようとしたのだ。

それでは、これらの建築の「あるべき」場所とは、いったいどこだったのか。そのひとつの答えを示しているのが、前章で紹介したセルゲイ・エイゼンシテインの映画『全線』に登場した、アンドレ

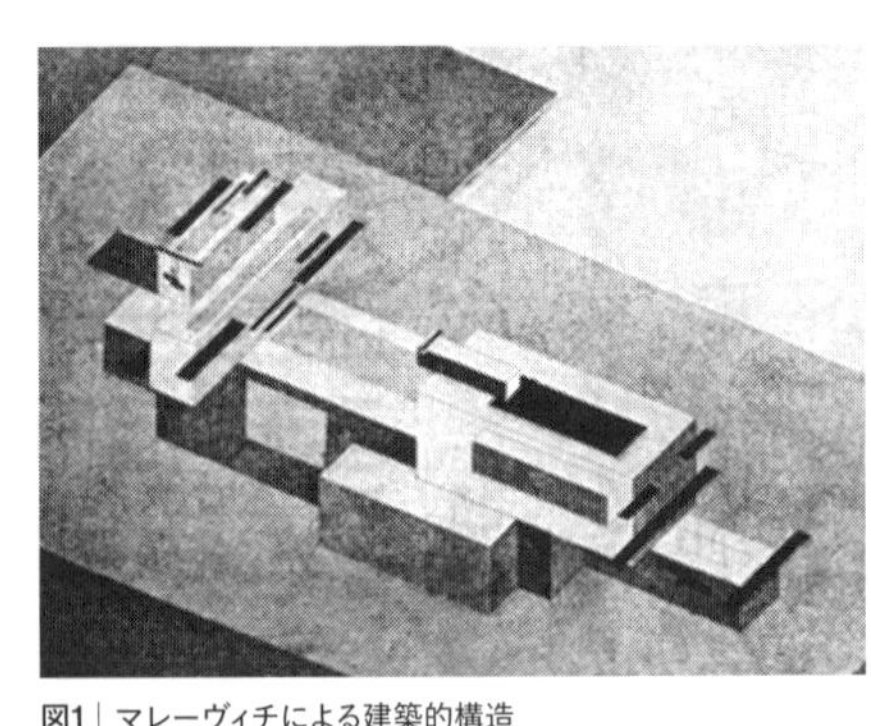

図1｜マレーヴィチによる建築的構造
出典＝Современная архитектура. 1926. № 2.

イ・ブーロフのソフホーズのセットである。この純白のソフホーズのイメージは、映画というメディア空間に建設されることによって、来るべきソフホーズの姿、ひいては社会主義化・機械化された農村のモデルを、ソ連全土に示すことになった。

ただし建築とマスメディアの蜜月は、モダニズム＝アヴァンギャルドに限られたものではなかった。一九三〇年代には、ヒトラーが政権を獲得したドイツにおいても、スターリンが独裁体制を確立したソ連においても、近代建築は排斥され、古典主義をベースとする歴史主義的な建築様式が「公式」化された。実はこれらの一見時代錯誤に思われる建築も、映像メディアと非常に高い親和性を示したのである。

たとえばドイツでは、ヒトラーお気に入りの建築家アルベルト・シュペーアによって設計されたニュルンベルクの党大会会場が、レニ・リーフェンシュタールの記録映画『意志の勝利』（一九三四年）［図2］に最高の舞台装置を提供した。ニュルンベルクの党大会会場の巨大なスケールを、人間の肉眼でとらえることは到底不可能だ。それはカメラという機械の眼の前においてのみ、自らの威容を余すところなく開示することができたのである。ちなみに同時期の日本でも、建国したばかりの満洲国の正当性を内外にアピールするために、同国の首都新京（現・長春）の大規模な開発が進められていたが、やはりその様子が『躍進国都』（一九三七年）［図3］などの記録映画に収められている。

ソ連においても、アヴァンギャルドをしりぞけて唯一の公式の建築様式となった社会主義リアリズムは、記録映画だけでなく娯楽映画とも高い親和性を示した。その最たる例が、スターリン自身の指示によって計画された、ソヴィエト宮殿である。ただしこのソヴィエト宮殿は、ニュルンベルクの党大会会場とは異なり、アンビルトに終わる。アヴァンギャルド建築への批判のなかで誕生した社会主義リアリズム建築、とりわけその頂点を占めるはずであったソヴィエト宮殿計画は、なぜアンビルトに終わったのだろうか。にもかかわらず、なぜそれはメディアの寵児となりえたのだろうか。本章では、モスクワの中心に出現したこのソ連史上最大の建てられざる建築について考えていきたい。

図2｜リーフェンシュタール『意志の勝利』より、シュペーア設計によるルイポルト・アリーナ　出典＝https://archive.org/details/triumphdeswillens_202001 (Public Domain)

図3｜満鉄映画製作所による『躍進国都』より、建設中の国務院　出典＝「躍進国都」、『満洲アーカイブス 満鉄記録映画集［3]』、DVD、クリエーションファイブ、2005年

ソヴィエト宮殿設計競技と社会主義リアリズムの美学

新生国家を象徴し、党大会や各種議会の会場としての役割を果たす建築物の計画は、一九二〇年代から何度も提案されてきた。先に論じた労働宮殿を含め、これらのプロジェクトはさまざまな理由ですべて頓挫し、一九三〇年になっても議論ばかりが空転していた。

この問題に最終的な決着をつけたのは、他ならぬスターリンその人だった。スターリンはレーニンの死後、粛清によって反対勢力を排除し、自らを中心とする新しい体制の建設を進めていた。そこで彼は、全連邦に新体制の正当性を疑問の余地なく示すような、象徴的な建造物を必要としていたのである。こうして一九三一年、スターリンのイニシアチブによってソヴィエト宮殿建設計画が始動する［★1］。

ソヴィエト宮殿のデザインは、ソ連の新しい象徴的中心というその最高度の重要性ゆえに、大規模な国際設計競技によって決定されることになった。またその敷地には、救世主ハリストス大聖堂の地所が選ばれた。このロシア最大の聖堂は、ナポレオン戦争での勝利を記念するため、皇帝アレクサンドル一世の命により、一八三九年から八三年までの間に約一万人を動員して建設された。それは長らくロシアにおける政治と宗教の強固な結びつきを体現する建造物だった。しかしまさにそれゆえに、宗教全般を否定するソヴィエト政権下においては、破壊されねばならなかったのである。こうして大聖堂はわずか四週間のうちに更地と化した［★2］。

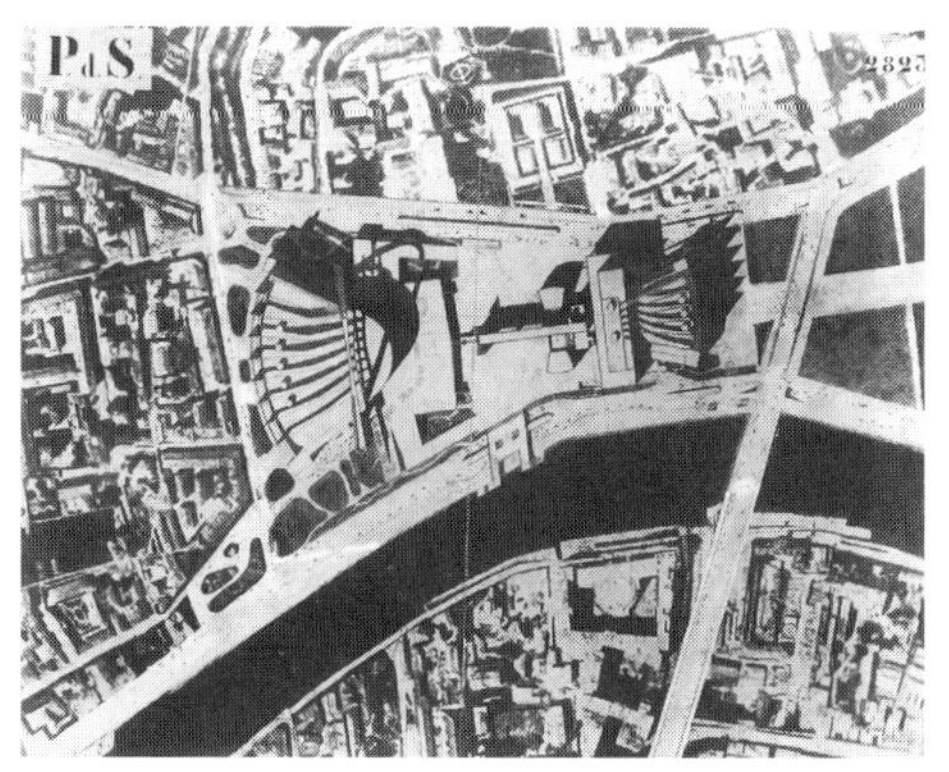

図4｜ル・コルビュジエによるソヴィエト宮殿設計案
出典＝Дворец советов СССР. М., 1939.

そして一九三一年七月一八日、国際公開設計競技が開始された。コンペには最終的に二七二案が寄せられたが、特筆すべきは、国外からの二四案の応募である。これらの案のなかには、フランスのル・コルビュジエ［図4］、バウハウスの初代校長ワルター・グロピウス、同校二代目校長のハンネス・マイヤーなど、モダニズムを代表する建築家たちが綺羅星のごとく名を連ねていた。なかでもル・コルビュジエは、既にモスクワの中心部に位置するツェントロソユーズのオフィス・ビル設計競技で優勝していたこともあって、最初からこのコンペでも優勝する気満々で、規定にはない模型まで準備していた。

だが発表されたコンペの結果は、ル・コルビュジエ含む大方の予想を覆すものだった。最も高い評価を受けたのは、国際的には無名の若手ロシア人建築家ボリス・イオファンの案［図5］、ロシアでは古典主義建築の権威だが国際的な知名度は低いイワン・ジョルトフスキーの案［図6］、そして同じく国際的にはほぼ無名のアメリカの建築家ヘクター・ハミルトンの案［図7］で、優勝は該当なしとされ

★1 ソヴィエト宮殿プロジェクトについての詳細は下記を参照。鈴木佑也『ソヴィエト宮殿――建設計画の誕生から頓挫まで』、水声社、2021年。
★2 なお、2000年には救世主ハリストス大聖堂が同敷地に再建された。

図5｜イオファンによるソヴィエト宮殿設計案

図6｜ジョルトフスキーによるソヴィエト宮殿設計案

図7｜ハミルトンによるソヴィエト宮殿設計案
出典（5-7）＝Дворец советов СССР. М., 1939.

た［★3］。

イオファン案とジョルトフスキー案は、それぞれ円筒形・半円形の会議場と、デモンストレーションなどを行うための広場、そして塔状のモチーフから構成されている。どちらもコロネード（列柱廊）をいたるところに使用している点も共通している。とはいえイオファン案では、装飾性の抑制された簡潔な形態や、タトリンの《第三インターナショナル記念塔》を思わせる（ただし傾いてはいない）タワーなどに、アヴァンギャルドからの影響が感じられる。それに対し、ジョルトフスキー案は古代ローマのコロッセオやクレムリンの尖塔などのモチーフから構成されており、過去の建築様式を寄せ集めたような趣となっている。

一方イギリス出身でアメリカに事務所を構えていたハミルトンは、コロネードではなくサイズの異なる板状の大理石を反復的に用い、モダニズムとも古代の神殿風ともとれるようなイメージを描き出した。ちなみに、アメリカの建築家がソ連のコンペに入賞していることに違和感を抱かれるかもしれないが、この当時のソ連は西欧の国々よりも新興国アメリカと緊密な関係にあり、実際第一次五カ年計画では、アメリカから多岐にわたる技術的支援を受けていた。ソヴィエト宮殿の建設に関しても、ソ連は高層建築の先進国であるアメリカの技術をかなり当てにしていた。

ソヴィエト宮殿の国際公開コンペでは、大方の予想を裏切り、海外のモダニズム建築家たち、国内のアヴァンギャルド建築家たちの設計案は、いずれも入賞を逃した。さらに追い打ちをかけるように、審査結果の公開直後、審査員団による再度のコンペ開催に向けた設計方針が発表された。それによれば、ソヴィエト宮殿には最新の技術だけではなく、「古典建築の最上のもの」[★4]が使用されねばならなかった。新しい社会体制は新しい建築によってこそ築かれると考え、過去の建築様式一般を否定してきたアヴァンギャルド建築家たちにとって、これは受け入れ難い条件だった。

次の段階のクローズ(招待)・コンペは翌年の一九三二年二月に開始され、一二のグループが参加したが、もはやそこに外国人建築家は含まれていなかった(入賞者のハミルトンは招聘されてはいたが、コンペには参加していない)。そしてこの段階になってはじめて、構成主義者のヴェスニン兄弟やモイセイ・ギン

★3 Дворец Советов СССР. М., 1939. С. 8.
★4 Постановление Совета строительства Дворца Советов при Президиуме ЦИК СССР. II. Об организации работ по окончательному составлению проекта Дворца Советов Союза СССР в гор. Москве // Советская архитектура. 1932. № 2-3.

ズブルグ、アカデミストのウラジーミル・シチュコーやウラジーミル・ゲリフレイフら当時のロシア建築界の主立った建築家たち——彼らはこれまで審査員やアドヴァイザーの立場にいた——が参加しはじめる。

厳しい立場に立たされた構成主義建築家たちだったが、ギンズブルグ・チームは敢えてコンペ要綱を無視したガラスの巨大なドームからなる案［図8］で臨んだ。ヴェスニン兄弟案［図9］も基本的には構成主義の文法で設計されているが、ガラスの高層ビルの上にレーニン像を据えるという、優勝案を先取りするかのようなデザインを提出した。しかし、七月の審査結果でも優勝案は選出されず、翌月には再度の競技が設定された。そして一九三三年五月一〇日、最終的に選出されたのがイオファン案［図10］だった。

図8｜ギンズブルグ・チームによるソヴィエト宮殿設計案

図9｜ヴェスニン兄弟によるソヴィエト宮殿設計案
出典（8, 9）= Строительство Москвы. 1933. № 5-6.

図10｜イオファン・チームによるソヴィエト宮殿設計案
出典= Архитектура СССР. 1933. № 1.

同案では、オープン・コンペ時には二つに分割されていたホールは、ウェディング・ケーキを思わせる階段状のひとつの巨大なホールへと統合され、以前よりも垂直性が強化されている。また、基壇部から円筒形の部分までを覆いつくすように円柱と彫刻が立ち並ぶことになっていた。そしてこの階段構造の頂点には、労働者の巨大な像が設置されていた。

けれども、これで終わりにはならなかった。コンペ終了後も、スターリンが「ソヴィエト宮殿はレーニンの記念碑とみなされなければならない」[★5]と発言したことによって、イオファン案の宮殿の頂上に立つ労働者像は、ニューヨークの自由の女神像を大きく凌駕する高さ約一〇〇メートルのレーニン像に置き換えられた[図11]。建物全体の高さも、二五〇メートルから四一五メートルへと引き伸ばされた[図12]。こうして初期案の水平構造は垂直構造へと完全に転換され、その外観からは会議場という本来の機能は感じられなくなった。なお、このレーニン像が付け足されることにより、ソヴィエト宮殿はニューヨークのエンパイアステート・ビルを僅差で抜いて、世界で最も高い建造物となる予定だ

図11｜レーニン像と自由の女神像の比較
出典= Архитектура СССР. 1934. № 5.

図12｜修正後のソヴィエト宮殿設計案
出典= Архитектура СССР. 1937. № 6.

★5 Атаров Н. Дворец Советов. М., 1940. С. 43.

った［図13］。

　修正後のソヴィエト宮殿では、階段状の構造の中央かつ最も高い位置に、この建築物の意味の中心であるレーニン像が設置されることで、上・下、中央・周辺という明確な意味のヒエラルキーが出現している。かつてアヴァンギャルド建築家たちは、建築から一切の不透明で非合理的な要素、すなわち装飾をはぎ取り、建築物の合理的な構造を最大限に可視化しようとした。それによって空間のヒエラルキーや、巨大なヴォリュームが生み出す権威を解体しようとしたのである。しかしここでは、それらは逆に極限まで強化されている。しかも建築＝構造は、後から付け加えられたレーニン像によって、この像のための台座へと格下げされている。それ自体としては何も意味することのできない抽象的な構造は、（指導者や党の望む）任意の意味を表すことのできる具象的な像によって、屈服させられたのである。このような具象性＝意味の覇権こそ、社会主義リアリズム建築の特性に他ならない。

　ちなみに同じ全体主義国家ナチス・ドイツの場合にも、アンビルトに終わっている建造物は少なくない。とりわけベルリンの中心部に建造されるはずだった、シュペーア設計による民族大会堂［図14］［図15］は、ソヴィエト宮殿に匹敵する巨大会議場となるはずだった［★6］。やはり古典主義をベースとしながらも、空想的なまでに巨大化された構造は、ソヴィエト宮殿と共通している。ただし、

図13｜ソヴィエト宮殿とエンパイアステート・ビルの高さの比較　出典＝*Mechanix Illustrated*, September 1939.

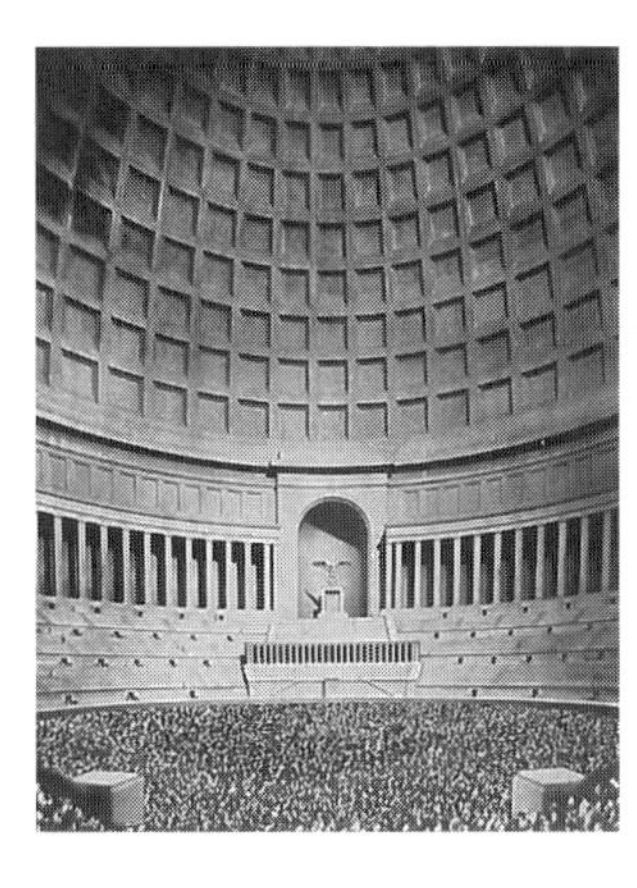

図14（上）｜シュペーア設計による民族大会堂。高さ140メートルの基壇部上に、18万人を収容可能な高さ74メートル、直径250メートルのホールが設置されている
図15（左）｜民族大会堂内部
出典（14, 15）= Léon Krier, *Albert Speer: Architecture 1932-1942* (New York: The Monacelli Press, 2013).

民族大会堂では人びとをひとつの集団へと溶解させる巨大な空間そのものが重視されたのに対して、ソヴィエト宮殿の場合は、集団を代表する具体的なイメージ、つまり巨大なレーニン像が必要とされたことは興味深い。

もっともレーニン像の非現実的なスケールは、当然ながらソヴィエト宮殿の実現可能性を危うくした。実際に設計段階から、数百メートルの高所にかくも巨大な像を設置することの困難や、そもそも高すぎて地上から肝心の像が見えない（!）ことについて、懸念の声が挙がっていた［★7］。それでもスターリンには、世界最大のレーニン像を建造する必要があった。レーニンの忠実な弟子＝後継者としての自らの立場を正当化し、さらにはこの像によって表現された巨大な権威を引き継ぐために、宮殿の頂上には幻

★6 Léon Krier, *Albert Speer: Architecture 1932-1942* (New York: The Monacelli Press, 2013), pp. 77-78.

★7 *Гинзбург М.Я., Веснин В.А., Веснин А.А.* Проблемы современной архитектуры // Архитектура СССР. 1934. № 2. С. 67; *Терновец Б.* Задачи скульптуры // Архитектура СССР. 1939. № 6. С. 22.

想的なまでに巨大なレーニンの像が不可欠だったのである。

このように素人目にも明らかにナンセンスに見えるソヴィエト宮殿とレーニン像のデザインを、しかし現代ロシアの建築史家ウラジーミル・パペールヌィは擁護する。彼によれば、ソ連の中心たる首都モスクワのさらに中心に位置するソヴィエト宮殿と、その頂点に君臨するレーニン像は、まさにその比類ない重要性により、もはや現実の空間ではなくプラトンのイデア界に属していた。それゆえ、レーニン像はそもそも生身の人間の眼でとらえられるようなものであってはならなかったのだ[★8]。パペールヌィによれば、ソヴィエト宮殿とレーニン像がその重要性に反してアンビルトに終わったことには、なんの矛盾も存在しない。ソヴィエト宮殿は、それに託されたあまりにも巨大な意味ゆえに、有限なこの世界に実現されてはならなかったのである。

空虚な中心とスターリンの分身たち

設計上の問題は未解決のまま、ソヴィエト宮殿の工事は見切り発車で開始された。基礎工事が終わり、本格的な建設作業が開始されようとしていた一九四一年、けれども事態は急変する。ナチス・ドイツによるソ連侵攻作戦が開始されたのである。電光石火の勢いでドイツ軍がモスクワに迫ると、ソヴィエト宮殿の工事は中断され、完成していた土台部分も解体されて、鉄やコンクリートはモスクワ

図16｜「七姉妹」の一員、モスクワ大学校舎（1948-53年）著者撮影（2019年）

防衛のために転用された。この独ソ戦、ロシア風にいうなら大祖国戦争は、軍人・民間人含め二〇〇〇万以上ともいわれる膨大な犠牲を出しつつも、ソ連側の勝利に終わった。だがその後もソヴィエト宮殿の建設工事が再開されることはなかった。宮殿の巨大な土台穴が、ぽっかりと口を開けたまま残された。そして戦後のモスクワには、この空虚な中心とは対照的に、ソヴィエト宮殿の面影をもった七つの高層建築が次々に姿を現していった。

第3章で論じた、通称「スターリンの七姉妹」と呼ばれるこれらの高層ビルは、スターリンの命でほぼ同時に設計が開始された。オフィス・ビル、大学［図16］、アパートメントなど全く異なる目的をもっていたにもかかわらず、それらはいずれも階段状にセットバックする似通った構造・外観を有していた。そしてその構造＝意味上の頂点は、レーニン像ではなく、いずれもクレムリンのスパースカヤ塔を象ったモチーフによって占められた。五芒星を戴くこの尖塔こそ、スターリンの建築的表象に他ならなかった［図17］。スパースカヤ塔は現代にいたるまでロシアの指導者の象徴として用いられており、現在のロシア連邦の大統領による新年の演説も、クレムリンのスパースカヤ塔を背景に行われる。

★8 *Паперный. Культура Два*. С. 125.

図17｜1940年に発行されたポスター《クレムリンのスターリンはわれわれ一人ひとりのことを考えてくれている》。背後の窓からのぞいているのがスパースカヤ塔と赤い五芒星　著者所蔵

もしソヴィエト宮殿が実現していたならば、ソ連の象徴的中心はスターリンが執務を行うクレムリンから宮殿へと移行しただろう。だがソヴィエト宮殿計画が未完に終わったために、ソ連の象徴的・機能的中心の座はクレムリンに残された。そしてこのスターリンの象徴としてのクレムリンの尖塔が、モスクワの頂点に文字通り君臨したのである。

こうして戦後のモスクワには、レーニンの記念碑としてのソヴィエト宮殿に代わって、スターリンの象徴としての「七姉妹」が建設された。もしソヴィエト宮殿が建設されていたならば、ソ連政府には七棟もの高層建築を実現する余裕はなかっただろう。戦前はソヴィエト宮殿という世界最大のレーニンの記念碑によって、自らの立場の正当性と権威を示す必要のあったスターリンだったが、対ドイツ戦に勝利した今、もはやレーニンという権威に頼る必要はなくなったのかもしれない。こうしてソヴィエト宮殿は、その発案者によって、この世に生み出される前に葬り去られたのだった［★9］。

だがその一方で、ソヴィエト宮殿の痕跡は、巨大な土台穴としてモスクワの中心部に刻みこまれた。いわばそれは、痕跡だけの建築、欠如の建築として存在し続けることになったのである。先述のパペールヌィであれば、この空虚な穴をイデアとしての宮殿の影と呼んだかもしれない。しかし果たしてこの不可視のソヴィエト宮殿が属しているのは、イデアの世界なのか、それとも亡霊の世界なのか。とりわけソ連映画に時折現れる、実体をもたないにもかかわらず、フィルムには定着可能なソヴィエト宮殿のイメージは、亡霊の写りこんだ心霊写真を思い起こさせる。

映画のなかの未来のモスクワとソヴィエト宮殿

公開設計競技以来、ソヴィエト宮殿のイメージは、新聞や雑誌などのニュースメディアだけでなく、社会主義リアリズム絵画からソ連で最も有名なチョコレート・メーカー「赤い十月」のチョコレートの包み紙に至るまで、あらゆる媒体を通してソ連社会に流通した。その模型はモスクワのトレチャコフ美術館に常設展示されただけでなく、一

★9 ちなみに、2012年公開のロシア映画『スパイ Шпион』(アレクセイ・アンドリアーノフ監督、原作はボリス・アクーニン)では、ドイツによるソ連侵攻が起こらなかったという設定で、ソヴィエト宮殿と「七姉妹」がともに聳え立つ1941年のモスクワが描かれている。この架空のモスクワでは、スターリンはクレムリンではなくソヴィエト宮殿の最上階から、まさに神のように地上を見下ろしつつソ連を統治している。

図18｜ニューヨーク万博に展示された模型、背景の壁画はユーリー・ピーメノフによる《体育パレード》(1939年)
出典＝Агитация за счастье. Советское искусство сталинской эпохи. Дюссельдорф-Бремен, 1994.

九三九年に開催されたニューヨーク万博のソ連館（イオファン設計）にも展示された［図18］。いわばソヴィエト宮殿は、その本来の敷地以外のあらゆる場所に遍在する建築となったのである。

なかでも興味深いのは、当時のソ連において最も強い影響力を有していたメディア、すなわち映画における ソヴィエト宮殿の描写だ。一九三〇年代半ばには、現実を理想化された姿で描くという社会主義リアリズムの公理が、映画においてもヘゲモニーを築きつつあった。その結果、ソヴィエト宮殿は映画のなかで描かれる未来の「ありうべき」モスクワにとって、不可欠の存在となった。あるいは、映画というメディアによって作り出された理念上のモスクワこそ、ソヴィエト宮殿が本来属するべき場所だったのかもしれない。

ソヴィエト宮殿の映画への登場の最も早い例は、一九三六年に公開されたワシリー・ジュラヴリョフ監督のＳＦ映画『宇宙飛行 Космический рейс』である。この作品では、一九四六年のモスクワを舞台に、人類初の月への有人飛行が描かれる。ただし月に向かうのは、予定されていた宇宙飛行士たちではなく、老科学者セドゥイフと若い女性の助手のマリーナ、そして宇宙飛行士に憧れる少年アンドリューシャの三人組だ。彼らはある手違いから、正規の宇宙飛行士たちに代わってロケットに乗る。そしてアメリカのアポロ一一号に先駆けて、月面への到達を果たすのである。なお本作品の脚本の監修を務めたのは、ロケット工学の祖である、コンスタンチン・ツィオルコフスキーその人だった（主人公の老科学者セドゥイフのモデルも、このツィオルコフスキーである）。なので、カタパルト射出式の宇宙船打ち上げには時代を感じるものの、宇宙空間と月における重力の表現などは、今見てもかなりリアリティがある。

さて問題のソヴィエト宮殿は、セドゥイフの自宅の背景や［図19］、他ならぬロケットの発射台の背後［図20］に姿を現す。ソ連の科学技術の粋たるロケットと、個人崇拝の殿堂としてのソヴィエト宮殿という対照的な両者は、ここで奇妙な邂逅を果たすのだ。しかしミニチュアによって表現された未来のモスクワでは、世界最大のソヴィエト宮殿もその頂上のレーニン像も、巨大な発射台やはるかな高みへ飛翔するロケットによって、相対化されてしまっている。政治的権威を象徴する巨大建造物が、宇宙時代にはどうしようもなく時代遅れに映ってしまうことを、この場面は図らずも告げているのである。このように、科学的合理主義や無重力空間への憧れといったアヴァンギャルドのパトスを色濃く残す『宇宙飛行』では、ソヴィエト宮殿が体現する社会主義リアリズムの美学は、いまだ十全には機能していない。

それに対して、ソヴィエト宮殿がその神話的な力をいか

図19｜『宇宙飛行』より、手前のセドゥイフとアンドリューシャを見守るように窓からソヴィエト宮殿が覗いている

図20｜同、手前の巨大なロケット発射台の背後にソヴィエト宮殿が見えている

出典（19, 20）=https://www.youtube.com/watch?v=SHKviXaXZZ4 (Public Domain)

んなく発揮しているのが、アレクサンドル・メドヴェトキンの『新しいモスクワ Новая Москва』（一九三八年）だ。この当時のモスクワは、一九三五年に採択されたスターリンによる包括的な首都再開発総計画、通称ゲンプラン（генплан）によって、ソヴィエト宮殿を中心とする放射円環状のモニュメンタルな都市へと生まれ変わろうとしていた。『新しいモスクワ』では、この急激に変化するモスクワを舞台に四人の若者のコミカルな恋愛模様が描かれるが、タイトルが指し示すように、その真の主人公は首都モスクワに他ならない。いわば、スターリンの新しい首都に捧げられた映画なのである。

物語は、シベリアにある架空の開拓地ヴィピンスカヤからはじまる。この最果ての地で新しい町の建設に携わっている主人公のアリョーシャは、故郷であるモスクワを懐かしんで「モスクワの動く模型 живая модель Москвы」（直訳すると「モスクワの生きている模型」）を制作している。この模型は、スイッチを入れると過去のモスクワの街並みが現在の街並みへと自動的に姿を変えていくという仕組みをもつ。物語冒頭では、アリョーシャらの操作によって、モスクワの中心にあった聖堂や宮殿が更地となり、新しい社会主義リアリズム建築、ホテル《モスクワ》と労働防衛評議会ビル（現・国家院議事堂）が建設されていくさまが映し出される［図21］［図22］。実際には、これらのミニチュアは自動で動いているわけではなく、都市の変化の過程はストップモーション・アニメで作られている。いわば本来は動かない＝死んでいる模型を、アニメーションの力であたかも動いている＝生きているかのように見せかけているわけだ。

アリョーシャらが作った模型は、その精巧な出来栄えが高く評価され、首都で開催される全連邦農

図21｜『新しいモスクワ』より、モスクワ中心部の古い街並みの模型

図22｜同、モスクワ中心部の刷新された街並みの模型

出典（21, 22）= https://www.youtube.com/watch?v=zwd6kERtmFA (Public Domain)

業博覧会で展示されることになる。模型をもって本物のモスクワへたどり着いたアリョーシャは、すったもんだの末にゾーヤという美女と相思相愛の仲になり、博覧会における模型の展示も成功裏に終わる。そしてアリョーシャとゾーヤは再びシベリアの開拓地へと戻り、物語は大団円のうちに幕を下ろす。

注目したいのは、物語のカギを握るモスクワの模型である。シベリアの開拓地でのそれは、持ち運びできるほどコンパクトなサイズであったのが、モスクワの博覧会で展示される際には、模型は展示ホールの舞台全体を占めるほど巨大化している。しかも最終的に博覧会で展示されるのは、正確には模型そのものではなく、その背後のスクリーンに投影された、『今日のモスクワ』『明日のモスクワ』と題された映像なのだ［図23］。物語のクライマックスにあたる博覧会の場面で、なぜか唐突に映画内映画がはじまるのである。

この映画内映画では、過去から現在へと移り変わるモスクワの姿だけでなく、これから出現するはずの未来のモスクワの姿までもが描き出される。そして『明日のモスクワ』のクライマックスを飾るのが、他でもないソヴィエト宮殿とその頂点に君臨するレーニン像なのだ。カメラの視点がソヴィエト宮殿の基壇部分から頂上へと上昇してゆくにつれて［図24］［図25］、アリョーシャやホールに集まった観客の歓喜は絶頂に達し、大喝采のなかで未来のモスクワの映像は終わりを迎える。ソヴィエト宮殿の物理的な頂点＝レーニン像と『新しいモスクワ』という物語の意味上の頂点（クライマックス）は、こうして見事な一致をみるのである。

問題は、ソヴィエト宮殿も含むこの未来のモスクワの動画が、先にも述べたような特撮技術、つまり模型や背景画という、本来静止した＝死んだイメージを組み合わせることによって生み出されているという点だ。これから建設されるはずの輝かしい首都の未来の姿を描いているにもかかわらず、そ

図23｜『新しいモスクワ』より、手前が模型、背後のスクリーンに映し出されているのは映画内映画『今日のモスクワ』

図24｜同、映画内映画『明日のモスクワ』のクライマックスでは、まず宮殿の基壇部が映し出される

図25｜同、そして最後に頂上のレーニン像が映し出される
出典（23–25）＝https://www.youtube.com/watch?v=zwd6kERtmFA (Public Domain)

のイメージは死体を操作して動かすような、一種のネクロマンシーによって形づくられているのである。『明日のモスクワ』の映像内で完全な姿を見せるソヴィエト宮殿は、そこに描かれている空間がより高次のイデア的世界であることを表している。しかしこの来るべき未来のモスクワの姿には、どこか死臭が漂ってはいまいか。

本作は検閲を通過していたにもかかわらず、一九三六年の上映直前のタイミングで、突然公開を禁じられた。現在もその理由は判明していない。ちょうどモスクワは大粛清のさなかにあり、映画界からも逮捕者が相次いでいた。一九三八年には、ソ連の映画製作をつかさどる映画写真産業総局の長であったボリス・シュミャツキーまでもが逮捕・銃殺されている。突然の公開禁止も、おそらくはそのような状況の余波によるものだろう。劇中で描かれる若い男女はひたすら陽気で、建設中のモスクワはどこまでも明るく希望に満ち溢れているが、それが制作された現実のモスクワは、血なまぐさい魔女狩りの渦中にあったことを忘れるわけにはいかない。スクリーン上の壮麗なソヴィエト宮殿、そして輝かしいモスクワのイメージ――それらは、膨大な人命を無作為・不条理に飲み込んでいく大粛清のメカニズムの、もうひとつの貌(かお)なのである。

一九世紀のリアリズム芸術に対するソ連の社会主義リアリズム芸術の新しさは、リアリズムを名乗りながらも現実をそのまま再現するのではなく、対象を(指導者や党の望む)「あるべき姿」として描き出す点にあった。これまで見てきたように、ソヴィエト宮殿は現実には欠如であり続けたが、まさにそれゆえに、社会主義リアリズムの表象空間においては、理想のモスクワの指標となりえたのである。そしてそれは、自らの体現する理想的イメージの実現へと人びとを駆り立てた。

しかしこの現実と理想の間の溝は、果たして埋めることができるのだろうか。作家のアンドレイ・プラトーノフは、小説『土台穴』(一九三〇年)[★10]において、そのような試みを寓意的に描き出した。『土台穴』の世界では、ソヴィエト宮殿を予言するかのような、新しい時代のための巨大な建造物の基礎工事が進んでいる。だが、人びとの懸命な作業によってこの建物の土台穴は次第に拡張されていくものの、そこに何かが建設される様子は一向に見られない。それどころか、この巨大な土台穴は、次第に力尽きていくこれらの人びとの墓穴のような様相を呈していく。この物語でも、理念上の建築はアンビルトとして、あるいは土台穴という虚ろな建築として、現前するのである。

理念の空間にとどまることによって、現実のモスクワにおいては不可視の存在となり、一方メディア空間においては大量複製され遍在するイメージとなったソヴィエト宮殿。その規模においても重要性においても、それはソ連のアンビルト建築の頂点を占める存在であった。しかし同時に、それは一九二〇年代から続く、ソ連建築のアンビルトの時代の終焉を告げる存在でもあった。戦後のソ連では、建築への過剰な意志、あるいは建築に託された過剰な意味は、社会主義体制の成熟と反比例するように、徐々に下火になっていった。そしてスターリンの死と、彼の後継者ニキータ・フルシチョフによるスターリン建築の「過剰性」の批判を経て、建築は建築以上の何ものかであろうとすることを最終的に断念する。

だがスターリンの遺産の清算を目指す後継者フルシチョフには、ひとつの困難な課題が残された。すなわちスターリンのソヴィエト宮殿を、それとは全く別種のソヴィエト宮殿によって凌駕するというアポリアが。次章では、スターリンのソヴィエト宮殿のアンチテーゼとして構想された——そして予定調和のようにアンビルトに終わった——このフルシチョフのソヴィエト宮殿計画について論じてみたい。

★10 邦訳はアンドレイ・プラトーノフ『土台穴』亀山郁夫訳、国書刊行会、1997年。

09
フルシチョフのソヴィエト宮殿、あるいは透明なガラスの不透明性について

一九五三年三月五日、スターリンが死去する。その後巻き起こった党内の苛烈な権力闘争に勝利し、最終的にソ連の指導者の座に就いたのは、ニキータ・フルシチョフだった。彼は一九五六年の第二〇回共産党大会の最終日に行われた秘密会議において、スターリンによって行われた粛清の実態を公けにし、その独裁体制を批判した。この大転換によって、いわゆる「雪解け」と呼ばれる時代がはじまる。

あまり知られてはいないが、この政治上の転換に先立って行われたのが、フルシチョフによるスターリン建築批判だった。一九五四年末に行われた建築家および土木技術者との会合のなかで、フルシチョフは「スターリンの七姉妹」を批判の槍玉に挙げた。なかでもホテル《ウクライナ》とホテル《レニングラード》は、その非経済的・非合理的な「過剰装飾」が社会主義の理念から著しく逸脱し

ているとして、名指しで非難された［★1］。これによって、当時のソ連建築アカデミーの代表で、これらの高層建築の設計者でもあったアルカジー・モルドヴィノフは失脚。後任にはアレクサンドル・ヴラソフ［★2］が選出され、彼の下でソ連建築界の再編成が進められることになった。さらに翌年には、すべてのソ連建築家が参加する建築家同盟大会が早速開催された。そしてそこでは、スターリン時代の建築プロジェクトに対するフルシチョフの言葉をなぞるかのような批判と、自らが手掛けたプロジェクトに対する自己批判が相次いだ。

ただしこれらの批判・自己批判において、スターリン建築の「欠陥」や「失敗」の原因とされたのは、あくまで建築家による「党および政府の路線からの逸脱」［★3］だった。もちろん実際には、これまで見てきたように、一九三〇年代半ば以降のソ連建築界には、建築家たちが自由に設計する余地など残されてはいなかった。彼らは党と政府によって定められた規範に従ったに過ぎない。さらにいえば、フルシチョフ自身も「地下宮殿」と呼ばれる豪奢な地下鉄駅など、装飾過剰なスターリン建築に少なからず関与していた。だが言葉の上では建築家たちにすべての責任を押し付けることによって、

★1 Всесоюзное совещание строителей, архитекторов и работников промышленности строительных материалов, строительного и дорожного машиностроения, проектных и научно-исследовательских организаций. М., 1955. С. 124.

★2 フルシチョフがウクライナ共産党の第一書記であった1947年から49年にかけて、ヴラソフはキーウ復興計画のトップとしてフルシチョフの知遇を得ていた。

★3 *Хмельницкий Д.* Архитектура Сталина. Психология и стиль. М., 2007. С. 315.

党とソ連政府の無謬性は守られたのである。ここからは、「雪解け」期におけるスターリン体制批判の限界が見てとれよう。

こうして完全なるトップダウンにより、ソ連建築界の脱スターリン化が進められていった。だが、まだひとつの難問が残されていた。スターリン建築が「逸脱」であるならば、「本来の」「正しい」ソ連建築とは、どのようなものであるべきか、という問いである。この問いへの回答となったのが、奇しくも再度のソヴィエト宮殿設計競技だった。前章で取り上げたスターリンのソヴィエト宮殿プロジェクトは、フルシチョフによって正式に破棄されたが、彼もまた新たなソヴィエト宮殿プロジェクトを立ち上げるのである。けれども（あるいはやはり、というべきか）、このフルシチョフのソヴィエト宮殿もまた、アンビルトに終わる。したがって本章では、スターリン建築へのアンチテーゼとして計画されたこのフルシチョフのソヴィエト宮殿を取り上げ、それが先の問いに対してどのように答えようとしたのか、そしてなぜスターリンのソヴィエト宮殿計画と同じ運命をたどることになったのかを、考察していきたい。

新ソヴィエト宮殿設計競技──第一フェーズ

モスクワ中心部の過密化は、一九一八年にモスクワが新首都となったときから既に問題視されていたが、党指導部が本格的にこの問題に取り組みはじめたのは、一九三〇年代に入ってからだった。一九三五年に採択されたモスクワ再開発計画では、一部の政府機関や過剰人口の受け入れ先として、それまでほとんど未開拓であったモスクワ南西部が新たにモスクワ市に編入され、教育・研究機関や新しい住宅地の建設が進められた。戦後も南西部では、第4章で論じたノーヴィエ・チェリョームシュキなどの大規模居住地、モスクワ大学校舎や科学アカデミー本部ビル、新しい地下鉄駅などが次々に建設されていった［★4］。さらにスターリンの死の二日後には、レーニンとスターリンの遺体を収めるための霊廟《パンテオン》の建設計画までもがもちあがった［★5］。

フルシチョフはこのような戦前からの流れを、スターリン＝クレムリンを中心とする象徴的なヒエラルキーの解体に利用しようとした。スターリンの再開発計画によって、モスクワはクレムリンを中心に大通りが放射状に延びる、求心的な構造をもつ都市へと整備され、その姿はしばしば太陽とそこから放射される光に喩えられた。だがフルシチョフは権力の座に就くと同時に、一九一八年から閉鎖されていたクレムリンを一般市民に開放し、この「神聖な中心」の脱神秘化を進めた。のみならず、

★4　*Мезенцев Б., Шейнин Е.* Планировка и застройка юго-западного района столицы // Архитектура и строительство Москвы. 1956. № 4. С. 8.

★5　翌1954年に霊廟のデザインを決定するためのコンペは行われたものの、《パンテオン》計画ではレーニンとスターリンの遺体を同等に祀る前提であったためか、フルシチョフのスターリン批判を経て同プロジェクトは実質的に中止された。Программа и условия конкурса на лучший проект сооружения в г. Москве Пантеона – памятника вечной славы великих людей Советской страны // Архитектура СССР. 1954. № 9. С. 23.

彼は新しい行政センターとソヴィエト宮殿を南西部に建設することによって、モスクワの機能的・象徴的中心をクレムリンから移動させ、首都の空間秩序を再編成しようとしたのである。

新たなソヴィエト宮殿設計競技の開催は、一九五六年八月に決定された［★6］。もっともこの時点では、新宮殿は「ソヴィエト社会主義文化の高度な原理に完全に応えるモニュメンタルな施設として、高貴なる単純さの精神に則って設計された、卓越した建築作品であらねばならない」［★7］と定義されるのみで、スターリンの旧宮殿との相違は明確ではなかった。「レーニンの記念碑としてのソヴィエト宮殿」というテーマ、救世主ハリストス大聖堂跡の建設予定地とレーニン像の設置という条件、最大規模の会議場という機能も、旧宮殿計画からそのまま引き継がれていた。

けれども、間もなくレーニン像はコンペのプログラムから除去され、建設規模もスターリンのソヴィエト宮殿最終案の一〇分の一まで縮小される。そして敷地は、先ほど述べたように南西部のレーニン丘（現・雀が丘）へと変更された。こうして、再度のソヴィエト宮殿コンペが開始された。

スターリンのソヴィエト宮殿と同様、新ソヴィエト宮殿設計競技も、当初はオープン・コンペとして開催され、翌一九五七年に応募が締め切られたときには一般応募一一五案、招待二一案が集まった（ただし今回は外国からの応募はゼロだった）。ちなみにコンペの参加者のなかには、スターリンのソヴィエト宮殿設計者だったボリス・イオファンや、国際公開コンペの入賞者イワン・ジョルトフスキーなど、一九三〇年代に行われたソヴィエト宮殿コンペ参加者も少なからず含まれていた。

応募案には全体的に低層化の傾向が見られるが、それ以外ではイオファン案［図1］やゲリフレイフ案［図2］のように、かつてのソヴィエト宮殿案からレーニン像を取り去っただけのもの、折衷的・装飾的な要素を除去しただけもの［図3］が少なくなかった。このことからは、多くのソ連建築家たちがいまだスターリンの旧宮殿を基準として新宮殿を構想していたことがうかがえる。一方で、かつての構成主義建築家ミハイル・バルシチらの案［図4］のように、モダニズムの文法によって設計された案も存在した。だが、まるでスターリン時代のソヴィエト宮殿コンペを繰り返すかのように、優勝者が選出されることはなかった［★8］。

表向きは優勝案なしのまま終わった新宮殿コンペだったが、実のところ、非公式にはそれに相当する案が存在した。新たに建築アカデミーの長となった、ヴラソフの手による設計案である［図5］［図6］［★9］。

一見するとこの結果は、ソ連建築界の新しい勢力図を反映しただけのように思われる。だが

図1｜イオファン・チームによる新ソヴィエト宮殿設計案

図2｜ゲリフレイフ・チームによる新ソヴィエト宮殿設計案

図3｜バルヒン・チームによる新ソヴィエト宮殿設計案
出典（1–3）= Архитектура СССР. 1958. № 11.

★6 В Совете Министров СССР // Архитектура СССР. 1956. № 8. С. 3.

★7 Дворец Советов. Материалы конкурса 1957-1959 гг. М., 1961. С. 199.

ヴラソフ案は、実際にエポック・メイキングな面をもっていた。前章で論じた一九三〇年代のソヴィエト宮殿設計コンペにもヴラソフは参加しており、古典主義建築のパッチワークのような案［図7］を提出している。それに対して彼の新宮殿案は、外面を囲む列柱や左右対称構造などにモニュメンタルな古典主義建築の要素を残しているものの、内部はガラスのカーテンウォールからなる無柱の巨大な単一空間として構想され、水平に広がるこの空間内に大小の会議場が包含されることになっていた。

図4｜バルシチ・チームによる新ソヴィエト宮殿設計案

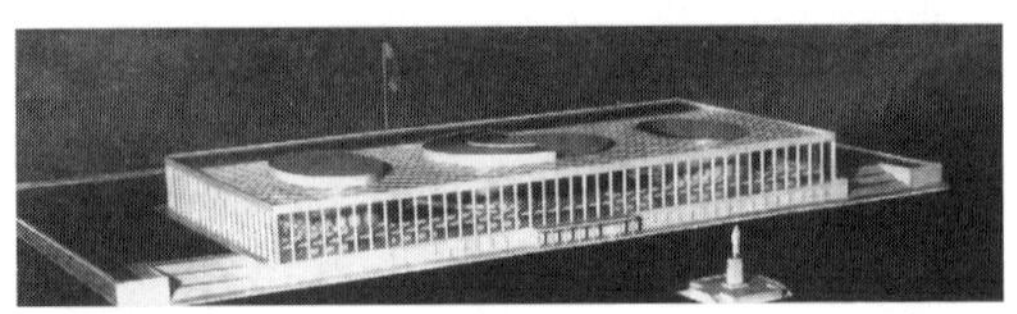

図5｜ヴラソフによる新ソヴィエト宮殿設計案・模型写真（第1フェーズ）

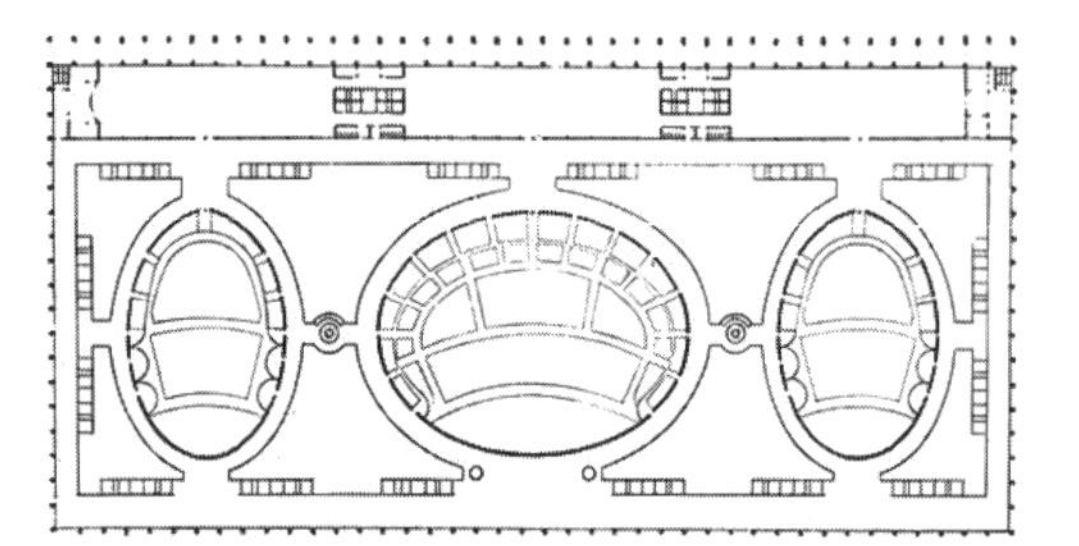

図6｜ヴラソフによる新ソヴィエト宮殿設計案・平面図（第1フェーズ）
出典（4–6）＝Архитектура СССР. 1958. № 11.

図7｜ヴラソフ率いる建築建設大学チームによる旧ソヴィエト宮殿設計案（1932年）
出典＝Строительство Москвы. 1933. № 5-6.

しかもこのガラスの被膜の内部ではさまざまな植物が栽培され、巨大なオランジェリー（温室）として機能することが見込まれていた。

　そしてこの透明な水平の広がりからなる宮殿は、実現されたなかでは最大規模のスターリン建築、「七姉妹」の筆頭にあたるモスクワ大学校舎と直接対峙する位置に配置された[図8]。スターリン時代の美学の結晶というべき、聳え立つ巨大な量塊とその頂点を占めるクレムリンの尖塔のモチーフ――前章で述べたように、それはスターリン自身の建築的シンボルだった――からなるモスクワ大学校舎。指導者崇拝を体現したその垂直のヒエラルキー構造に対して、フルシチョフのソヴィエト宮殿は自らの姿を通して新しい体制の正当性と優越性を示さねばならなかった。そこでヴラソフは、旧宮殿と同じく古典主義をベースとしながらも、構造の低層化と単純化、そしてガラスを用いた空間の可視化によって、新しい体制の平等で民主的

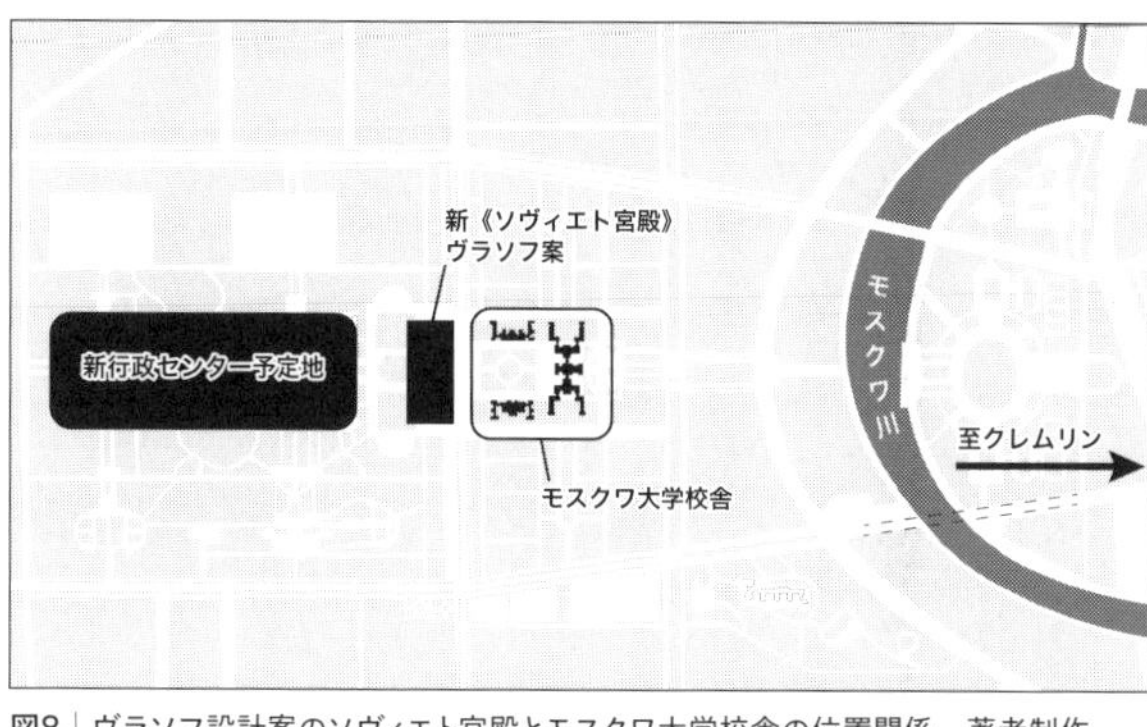

図8｜ヴラソフ設計案のソヴィエト宮殿とモスクワ大学校舎の位置関係　著者制作

★8 Из сообщения государственного комитета совета министров СССР по делам строительства и союза архитекторов СССР // Архитектура СССР. 1958. № 8. С. 8.

★9 *Казакова О. В.* Дворец Советов на Ленинских горах // Эстетика «оттепели»: Новое в архитектуре, искусстве, культуре. / под ред. О. В. Казаковой. М., 2013. С. 208.

な美学を表現しようとしたのである。

新ソヴィエト宮殿設計競技――第二フェーズ

優勝案にこそ選出されなかったものの、ヴラソフのソヴィエト宮殿案に対する高い評価は、新しい時代の建築規範を決定した。その結果、八組の建築家グループに絞ったうえで一九五九年に行われた第二フェーズとなるクローズ・コンペは、奇妙な様相を呈することになった。ヴラソフは第一フェーズに入賞した若手建築家たちとチームを組み、第一フェーズとほとんど同じ案で再度のコンペに臨んだが、他の七組のグループもまた、ヴラソフの第一フェーズのデザインをほとんどそのまま踏襲したような案を提出したのである。スターリンのソヴィエト宮殿コンペの最終フェーズでは、党と政府が求めるデザインを斟酌した結果、ほぼすべての建築家が似たり寄ったりの設計案を提出したが、スターリンのソヴィエト宮殿のアンチテーゼたるべきフルシチョフのソヴィエト宮殿コンペでも、同様の現象が起きたのだった。同年の七月三〇日にコンペは締め切られたが、結局優勝案が選出されることはなかった。

ところで、繰り返されるコンペと、その過程で個別性を失っていく応募案を見ていると、ソヴィエト宮殿設計競技の主眼は果たして最良のデザインを選定することにあったのか、疑わしく思われてく

図9｜ヴラソフ・チーム設計案・模型写真（第2フェーズ）

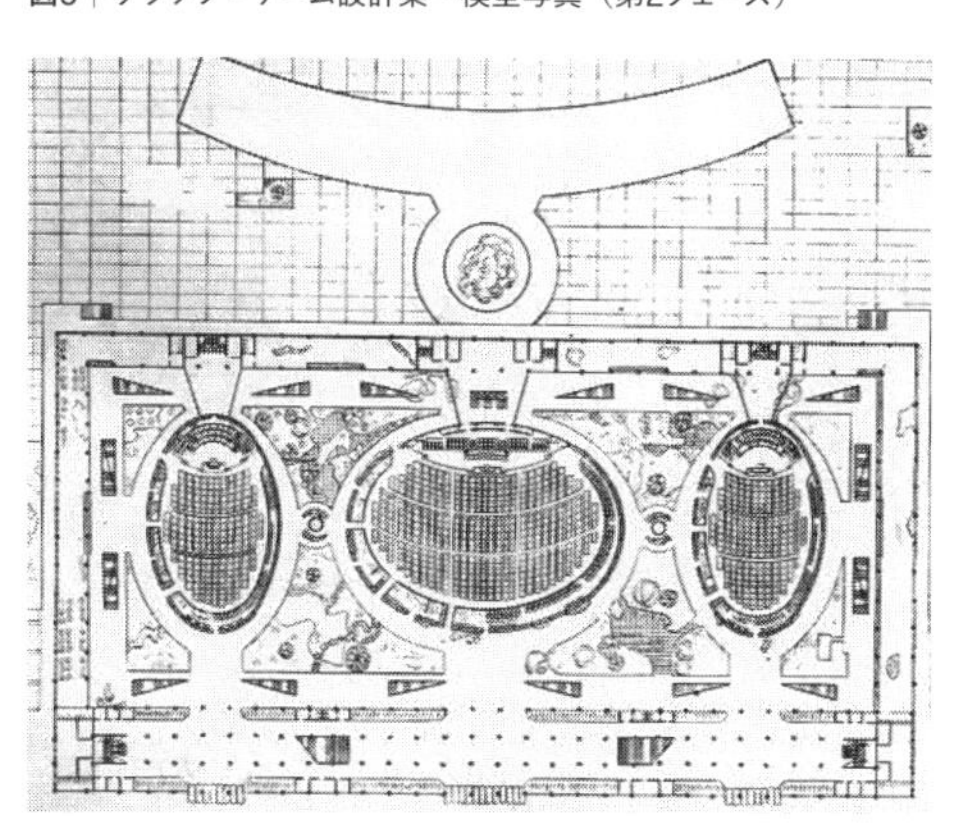

図10｜ヴラソフ・チーム設計案・平面図（第2フェーズ）
出典（9, 10）= Архитектура СССР. 1960. № 1.

る。むしろその真の狙いは、建築家たちの多様なスタイルを、表向きは彼らの自主性によって、しかし実際には党と政府の指導によって、「唯一の」「正しい」様式へと収斂させることにあったのではないだろうか。そうであるならば、新ソヴィエト宮殿コンペの背後で作動していたのは、その透明で水平な構造とは裏腹に、スターリン時代と同質のメカニズムだったということになる。

このように、二度目のコンペも優勝案不在のまま終わった。だが、その一方で非公式ながら以降のソヴィエト宮殿の設計の原案となったのがヴラソフ・チームの案［図9］［図10］だった。そして新宮殿建設に向けて、一九六〇年には国家建設委員会内にソヴィエト宮殿計画局が開設された。代表の座にはもちろんヴラソフが就任し、彼の指揮の下で建設に向けた最終案の作成が進められることになった［★10］。その過程で、インテリアなど細部の具体的なデザインについても検討が行われた。たとえば、スターリン建築における彫刻の

★10　Казакова. Дворец Советов на Ленинских горах. С. 212.

図11｜ポソーヒン他設計による大会宮殿
出典＝Архитектура СССР. 1961. № 12.

濫用への批判から、レーニン像を含めた彫刻は宮殿内より完全に排除され、代わりにディエゴ・リベラやシケイロスなどのメキシコ壁画運動風の壁画が利用される計画が立てられた。また宮殿内の庭園部分については、ソ連の農業を象徴する小麦を植える案、共産党の英知と永続性を表す樹齢三〇〇年の樫を植える案、そのままの自然を残す案、全体を一六のマス目に区切ってソ連邦を構成する各国の紋章を植物で描く案など、さまざまな提案が行われた［★11］。

しかしこの間に、新ソヴィエト宮殿プロジェクトをめぐる状況は急転する。ソヴィエト宮殿コンペ開催中の一九五九年四月、クレムリンの脇に大規模会議場の大会宮殿を建設することが決定された。モスクワの主席建築家であるミハイル・ポソーヒンによって設計されたその外観は、古典主義建築にガラス壁を取り入れた、まさしくヴラソフのソヴィエト宮殿案の縮小版というべきものだった。そして計画局でソヴィエト宮殿の設計が続けられている間に、大会宮殿はあっさりと竣工してしまう［図11］。一九六〇年の工事の開始からわずか一六カ月後、大会宮殿は一九六一年開催の第二二回党大会の舞台として、華々しい落成を迎えたのだった。当然ながらこの大会宮殿の完成は、さらなる予算をつぎ込んで同じ会議場としての機能をもつソヴィエト宮殿を建設する意義を、著しく低下させた［★12］。

一方ヴラソフ率いるソヴィエト宮殿計画局は、クレムリンの大会宮殿の完成を横目に、一九六二年に最終案を完成させる。経済性を最優先するフルシチョフにアピールするため、新たなソヴィエト宮殿案では、宮殿の全長は二二〇メートルから一二〇メートルへと短縮され、オランジェリー計画も撤回され、建設費用の大幅な圧縮が行われた［★13］。だが、それでもすべては遅きに失していた。この六年の間に既に新体制を確立し終えていたフルシチョフからすれば、今さら象徴的な建築物を用いて自らの体制の正当性を訴える必要はなかった。ヴラソフらの尽力にもかかわらず、このように二度目のソヴィエト宮殿プロジェクトもまた、アンビルトに終わったのである。

ソヴィエト宮殿計画の頓挫もあってか、同年の九月二五日、ヴラソフは急逝する。そして翌一九六三年には、ソ連政府によって新ソヴィエト宮殿建設の中止が正式に宣告された。こうして、スターリン時代も含めると三〇年以上の長きにわたって繰り返されてきたソヴィエト宮殿プロジェクトは、最終的に破棄されたのである。二度目のソヴィエト宮殿計画のさなかの一九六一年、ソ連はガガーリンを乗せたボストーク一号を宇宙へと打ち上げることに成功する。前章で取り上げたワシリー・ジュラヴリョフの映画『宇宙飛行』における宇宙船の打ち上げの場面――巨大なソヴィエト宮殿を、ロケットがいとも簡単に飛び越えていく――が密かに予告していたように、体制の正当性や権威を一個の建造物によって表現しようとする行為自体が、宇宙開発競争の時代には、もはや時代遅れになったのだ

★11 Там же. С. 213-214.
★12 Там же. С. 215.
★13 Там же.

った。

不可視化するガラス建築

こうして新ソヴィエト宮殿もまた、生み出される前に葬り去られるという運命をたどったわけだが、その一方でヴラソフの新宮殿案は、同時代の公共建築に対する新たな規範として機能した。スターリン時代の公共建築とは対照的な、このいわば「フルシチョフ様式」は、いったいどこからやってきたのだろうか。

一言でいえば、それはまさしく「雪解け」の賜物だった。第二次大戦以降、ソ連と西側諸国の建築界の交流は一時的に途絶していたが、間もなくソ連は国際建築家連合（UIA）への加盟を果たし、一九五六年にはウィーンで開催された第二三回国際住宅・都市計画会議にも参加する。これらのチャンネルを通じた西側との交流は、欧米の戦後モダニズムの情報をロシアにももたらし、スターリン建築からの脱却を促した。このような刺激から生まれた新しい傾向の最初の例が、一九五八年のブリュッセル万博において建設されたソ連パヴィリオン［図12］だ。一九五六年にソ連国内のコンペで選出された同館のデザインは、ファサードの列柱などにいまだ古典主義の面影を残しているものの、壁面はすべてガラスで覆われた巨大な無柱空間となっており、ミース・ファン・デル・ローエら欧米の戦後モ

図12｜ブリュッセル万博のソ連パヴィリオン
出典＝ Архитектура СССР. 1959. № 2.

図13｜アメリカ合衆国産業博覧会のメイン・パヴィリオン　出典＝ Архитектура и строительство Москвы. 1959. № 5.

図14｜アメリカ合衆国産業博覧会の展示用パヴィリオン　出典＝ Архитектура и строительство Москвы. 1959. № 5.

ダニズム建築からの影響が見て取れる。なお、このソ連パヴィリオンは「アルミとガラスからなるパンテオン」と呼ばれ、万博内でも高い評価を得た[★14]。

とはいえブリュッセル万博のソ連館は、ほとんどのソ連市民にとっては、あくまで遠い外国の出来事に過ぎなかった。しかし、彼らにもこのような新しい建築物に直接触れる機会が間もなく到来する。万博の翌年の一九五九年夏、モスクワ郊外のソコリニキで、ソ連史上初となるアメリカ合衆国の産業博覧会が開催されたのである。アメリカ産の自動車やテレビと並んで、建築家バックミンスター・フラーのジオデシック・ドームを応用した黄金のクーポラを

★14　*Броновицкая А.Ю.* «Оттепель» и холодная война: выставочные павильоны как экспериментальная площадка новой архитектуры // Эстетика «оттепели». С. 218.

図15｜『僕はモスクワを歩く』より、ガラスのカフェ
出典＝https://www.youtube.com/watch?v=vbjs5zfxDMs（モスフィルム公式）

もつメイン・パヴィリオン［図13］や、ガラスのカーテンウォールからなる展示用パヴィリオン［図14］［★15］も、モスクワ市民の注目を集めた。とりわけ後者のインパクトは大きく、博覧会終了後には、ロシア語で「スチェクリャーシカ стекляшка」と呼ばれた同様のガラス建築が、モスクワをはじめソ連各地に出現した。

明るく開放的なスチェクリャーシカは、「雪解け」の時代を象徴する建築的アイコンとしてさまざまなメディアや作品にも登場した。たとえば、ゲオルギー・ダネリヤの映画『僕はモスクワを歩く』（一九六三年）はスチェクリャーシカの宝庫というべき作品である。物語はヴヌコヴォ空港のガラス張りの旅客ターミナルからはじまり、主人公の自宅の隣にもガラス張りのカフェが建っている［図15］。そしてカフェの開け放たれた窓からは、英語のレコードが大音量で流れてくる［★16］。夏の明るい日差しと、モニュメンタリティという呪縛から解き放たれたガラス建築、そしてその脇を軽やかな足取りで通り過ぎていく若者たち――『僕はモスクワを歩く』は、このような「雪解け」の時代の典型的イメージに満ちている。

これら新しい建築の潮流を取り入れ、なおかつそれを国家の公式の建築様式という地位にまで高める役割を果たしたのが、ヴラソフ設計のソヴィエト宮殿だった。そこでは、聖堂、神殿、宮殿といったモニュメンタルな建築をモデルとしたスターリン様式と一線を画するために、元来はパヴィリオンやカフェといった短命でエフェメラルな空間に用いられるはずのスタイルが、敢えて採用されたのである。

フルシチョフ時代のこれらの建築物からは、あるいはガラスのユートピアの残響を聴きとることができるかもしれない。第1章で紹介したニコライ・チェルヌィシェフスキーら一九世紀の空想的社会主義者たちも、第6章で論じたイワン・レオニドフら一九二〇年代のロシア・アヴァンギャルド建築家たちも、ガラス建築に理想的共同体のイメージを投影した。彼らは透明なガラスによって空間を完全に可視化することが、不合理なヒエラルキーを解体し、合理的でフラットな社会を建設することにつながると信じていたのである。果たして、フルシチョフのソヴィエト宮殿や「スチェクリャーシカ」も、このようなユートピア建築の系譜に連なるのだろうか。

新ソヴィエト宮殿計画は、スターリン建築とは対照的な、水平性、透明性、簡潔さ、開放感といった要素からなる、フルシチョフ建築の新しい美学を生み出した。しかしその反面で、イデオロギー的に「正しい」建築様式を決定するシステムは、スターリン時代から驚くほど変わってはいなかった。

★15 Там же. С. 222.

★16 ちなみに監督のダネリヤは、地下鉄建設のエンジニアであった父親の影響でモスクワ建築大学を卒業しており、同時代の建築にも造詣が深かった。たとえば、彼の『僕はモスクワを歩く』と『ナースチャ』（1993年）の2作品では、フルシチョフ時代に建設された地下鉄駅が重要な役割を果たしている。両作品の建築空間の分析については、次の拙著を参照していただきたい。『都市を上映せよ——ソ連映画が築いたスターリニズムの建築空間』、東京大学出版会、2022年、145-194頁。

繰り返されるコンペを通して規範となる様式を生み出し、建築家たちにこの様式に従って設計することを強いる不透明で抑圧的な体制は、そのまま残されたのである。現代ロシアの建築史家ドミトリー・フメリニツキーの表現によれば、フルシチョフは装飾過剰で機能性を欠くスターリン時代の建築様式を批判したが、その背後にある「国家計画のシステム――ソヴィエト建築のメガマシン――に触れることはなかった」[★17]。

そしてヴラソフは、まさしくこのシステムの申し子というべき存在だった。スターリンのソヴィエト宮殿コンペでは、ヴラソフは体制がソ連建築家に求めているものを察知して、モニュメンタルで装飾的な様式をいち早く採用した。同様にフルシチョフのソヴィエト宮殿コンペでも、彼は他の多くの建築家に先駆けて、新しい体制が求めるシンプルで開放的なガラス建築を描き出した。たとえ大理石の重厚な壁から透明なガラスへと素材が変化しても、党と指導者という不可視の中心に依存したヴラソフの創作原理は、変化してはいないのである。

したがって、たとえどれほど外見上類似していようと、一九二〇年代のアヴァンギャルド建築家たちが夢想した平等で透明なユートピアの理念は、ここには存在しないのだ。先に挙げた映画『僕はモスクワを歩く』では、フルシチョフ時代を代表するガラス建築が次から次へと映し出される一方で、直近の過去を示唆するスターリン建築は、入念にフレームから除外されている。フルシチョフ建築のガラスの透明性は、その背後で作動するスターリン時代から継承されたシステムを、逆に隠蔽するのである。真の意味での透明化＝グラスノスチがソ連体制にどのような結果をもたらしたかは、一九八〇年代のミハイル・ゴルバチョフの試みを見てみれば明らかだろう。それはソ連という国家そのものを、瓦解へと導いたのだった。

アンビルトに終わったフルシチョフのソヴィエト宮殿には、奇妙な後日譚が存在する。一九六二年、フルシチョフには見向きもされなかったソヴィエト宮殿の最終案の模型に、強い感銘を受けた一人のアメリカ人がいた。この時期にたまたまソ連を訪れていたアメリカの建設会社の経営者で、億万長者のダウニングという男である。フルシチョフに無視され意気消沈していたであろうソヴィエト宮殿計画局の人びとに、彼は同様の建築物をアメリカで実現することを約束する。そしてこの約束は、一九七一年に果たされた。アメリカの建築家エドワード・ダレル・ストーンによって設計され、ワシントンD．C．のポトマック河畔に建設された、ジョン・F・ケネディ舞台芸術センター［図16］が、それである［★18］。

革命直後からはじまった、ソ連という共同体を建築によって表象する試みは、こうして太平洋をわたり、ソ連にとってはいわば彼岸の世界にあたるアメリカへと逢着したのだった。そしてここで、ユートピア建設の情熱に、あるいはアンビルトの亡霊にとり憑かれたソ連建築の歴史は、いったん幕を

★17 *Хмельницкий.* Архитектура Сталина. С. 337.
★18 *Казакова.* Дворец Советов на Ленинских горах. С. 214.

図16｜ジョン・F・ケネディ舞台芸術センター
出　典　= https://commons.wikimedia.org/wiki/File:Kennedy_Center_for_the_Performing_Arts,_Washington,_D.C_LCCN2011632175.tif（Public Domain）

下ろす。フルシチョフ期以降のソ連は、既に第4章、第5章でみたように、規格化と標準化によって、集合住宅のみならず公共施設までもがプレファブ化され大量生産される、いわばビルトの時代に入るのである。

けれども、ソ連建築のアンビルトの水脈が途絶えることはなかった。一九六〇年代には日本のメタボリズムやイギリスのアーキグラムなどから影響を受け、ソ連でも「新しい居住素」と呼ばれる若手建築家グループを中心に、未来的な建築・都市像が描かれた。さらにソ連体制が停滞から解体へと向かう一九八〇年代には、「ペーパー・アーキテクチャー」と名乗るアンビルト建築の一群が、ソ連建築界のアンダーグラウンドに回帰してくる。これらの作品は、その名が示すように、ソヴィエト宮殿計画とは根本的に異なり、自らのアンビルト性に対して完全に意識的だった。建設されることを自ら拒む、いわば自己否定する建築――次章では、社会主義国家の建設という「大きな物語」の残滓として出現した、これらのアンビルト建築について論じる。

10 ブロツキーとウトキンの建築博物館、あるいは建築の墓所

フルシチョフ時代には、新《ソヴィエト宮殿》こそ実現されなかったものの、（その代わりに、というべきか）第4章で論じた「フルシチョーフカ」と呼ばれるソ連型団地が大量生産された。フルシチョフ時代から次のブレジネフ時代にいたるまで、これらの団地は規模を拡大しつつあらゆる場所に建設され、ソ連の景観を一変させた。第5章で取り上げた映画『運命の皮肉、あるいはよい湯気を！』がやや単純化しつつも端的に示したように、全国一律の住宅、全国一律の通り、全国一律の都市が出現したのである。

住宅から商店や映画館まで、あらゆる建物が規格化され、あたかもカタログから商品を選ぶように建設することが可能となったこのソ連の大量建設時代――そこで不要の存在となったのは、皮肉にも建築家たちに他ならなかった。『運命の皮肉』が公開された一九七〇年代には、建築家の仕事は設計

することではなく、設計書に署名することだ、といったジョークが語られるようにすらなっていた。このような状態にあった一九八〇年代のソ連建築界に登場したのが、意識的にアンビルトを目指した一群の若手建築家たちだった。彼らは、一九二〇年代のアヴァンギャルド建築を批判・侮辱するために用いられていた「ペーパー・アーキテクチャー」（紙上建築）という呼び名を敢えて自分たちの運動に用い、建てることを前提としない建築の「イメージ」を描き出していった。

しかし、そもそもなぜ彼らはこのような、いわば建築家にとっての一種の自己否定ともいえる道を選んだのだろうか。そして彼らは、自らの作品を通じて、同時代の都市とどのような批評的関係を結ぼうとしたのだろうか。本章ではこのペーパー・アーキテクチャー運動の中心にいた二人組の建築家、アレクサンドル・ブロツキーとイリヤ・ウトキンの作品を中心に、ソ連が停滞から解体へと向かう時期に出現した、この奇妙な運動について考えていきたい。

アヴァンギャルド再燃

ブロツキーとウトキンは、ともに一九五五年にモスクワで生まれる。時代はおりしもスターリンの死（一九五三年）からフルシチョフによるスターリン批判（一九五六年）へと大きく揺れ動いていた。建築の領域においても、スターリン時代の装飾過剰でメガロマニアなスタイルは否定され、一転して合理性と経済性が重視されるようになった。それに対して彼らが一〇代を過ごした一九六〇年代から一九七〇年代は、フルシチョフの「雪解け」の時代からブレジネフの「停滞」の時代へと、再び極端な揺り戻しが生じた時期だった。

レオニード・ブレジネフは政権を握ると、言論を含めた社会のあらゆる分野に対する統制を再び強めた。ブレジネフ時代の抑圧にはスターリン時代のような苛烈さはなく、また最低限の生活水準も保障されていたが、それでも一九七〇年代から一九八〇年代にかけての後期ソ連社会では、経済は停滞し、文化面でも閉塞感が強まった。当時ソ連のアンダーグラウンドで活動していたアーティストたちは、自由に活動するために国外に亡命するか、あるいはより地中深く潜るかの選択を迫られた。大多数の市民は、党や政府に異論を抱いたり批判したりするわけではなかったが、公的言説を信じて積極的に支持するわけでもなく、ソ連体制の権威の形骸化が進んだ。

このような後期ソ連社会の状況に対して、しかし建築分野に関しては深刻な言論弾圧は行われず、むしろ一九六〇年代から七〇年代初頭には、短期的ではあるがユートピア的傾向が復活した。

たとえば、モスクワ建築大学の学生が組織したグループ「新しい居住素 Новый элемент расселения」(以下NERと表記)は、一九六〇年代初頭から本格的な活動を開始し、生物のように可変的で新陳代謝可能な都市システムを描き出した。[図1]はそのようなシステムの居住セクションで、コミュニケーション・センター(図書館や映画館、クラブ、カフェ、教育・研究機関、スポーツ施設などを含む)を中心に、それを取り囲むように住宅地(黒い馬蹄状の部分)、さらにその外側には広々とした公園が配置されている。

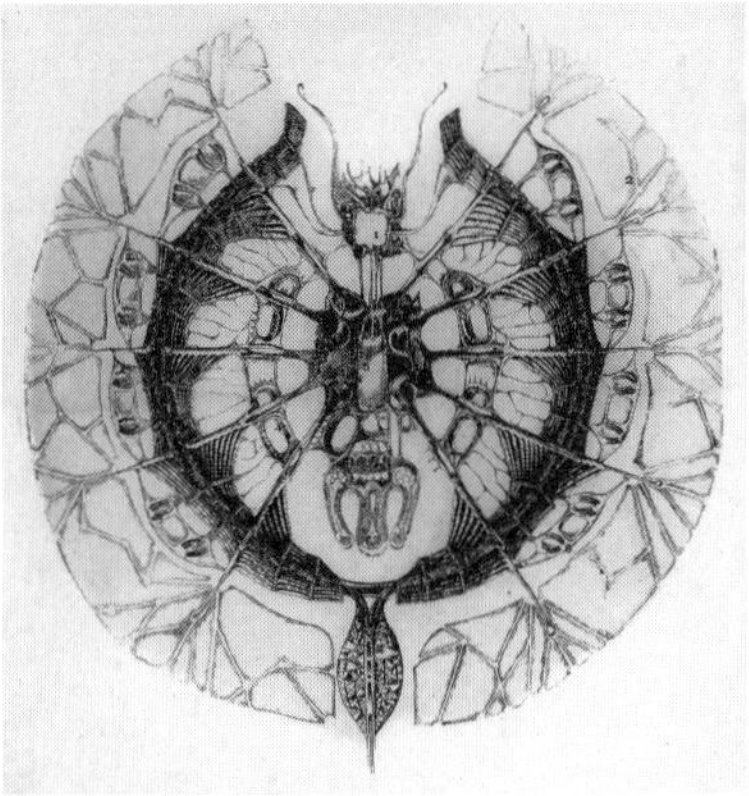

図1｜1968年のミラノ・トリエンナーレに出品された10万人規模の居住区《新しい居住素》

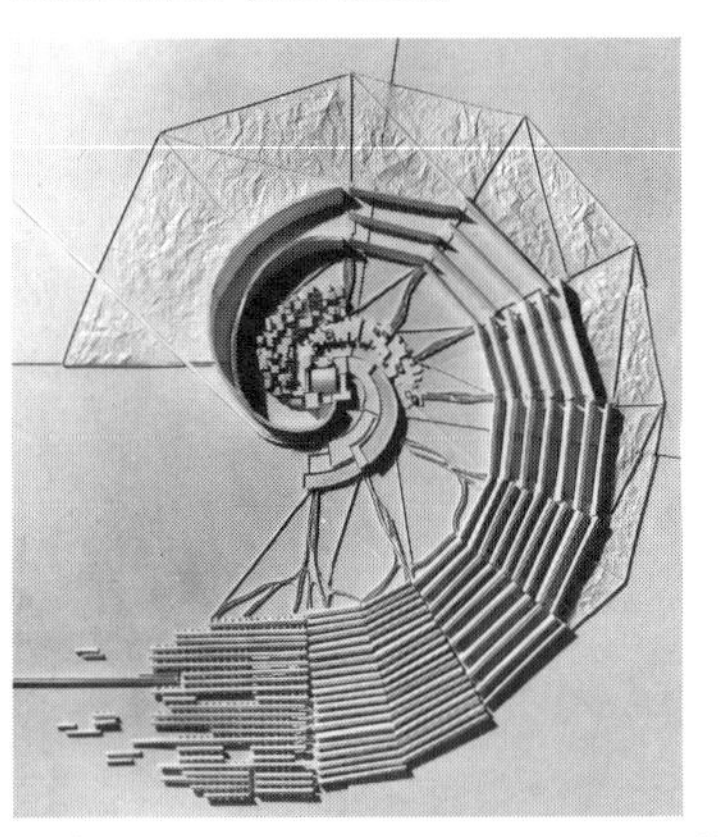

図2｜大阪万博で展示されたNERによるカタツムリ状の都市《大阪》。中心に都市の基幹機能を担う高層建築が、周辺に中心部分と交通網で結ばれた低層の集合住宅が配置されている
出典（1, 2）＝*Гутнов А. Э., Лежава И. Г.* Будущее города. М., 1977.

これらの居住素は人口の増加に合わせて容易に新設することができ、既存の都市や工業、農業、研究、休息、行政ゾーンなどと幹線道路で結ばれることになっていた［★1］。

イギリスのアーキグラムや日本のメタボリズムが活動していたのとほぼ同時期に、鉄のカーテンの向こう側のソ連でも、このように若手建築家たちは成長し変化する都市モデルに熱中していた。ソ連建築家にとって国外への移動は困難だったが、実は海外の建築雑誌や出版物を手に入れることはさほど難しくはなく、それらを通して彼らは海外の動向を学んでいた。その結果、このように西側とよく似た動向が、戦後のソ連建築界でも生じたのである。

特にＮＥＲのリーダーだったアレクセイ・グトノフは、当時としては例外的に、西側の建築家や建築界と緊密な関係を築いた。彼はＮＥＲを代表して一九六八年のミラノ・トリエンナーレに参加したり（これがきっかけとなって磯崎新とも知り合っている）、一九七〇年の大阪万博のソ連パヴィリオンで都市の模型［図2］を展示したり、一九七九年にはパリのポンピドゥー・センターでソ連の都市計画に関わる展示を指揮したりなど、国際的な活動を展開した。

実験的な都市構想の再燃は、同時代の西側建築家たちの活動への関心のみならず、アヴァンギャルド建築に対する再評価も促した。とりわけ、かつて構成主義建築家としてドム・コムーナの設計にも携わっており、戦後モスクワ建築大学の学長となったイワン・ニコラエフや、第5章で言及したナターン・オステルマンらの影響は大きかった。彼らは、グトノフやイリヤ・レジャワ、アンドレイ・バブーロフ、ゾーヤ・ハリトーノワら、まだ学生だったNERメンバーの背中を押し、新しい観点から都市を発想することを促した。NERの描き出した未来都市は、基本的にはコンセプチュアルなものだったが、グトノフによるモスクワ中心部の車歩分離計画などに具体化されもした。

停滞の時代の子どもたち

NERの主要メンバーは、間もなくモスクワ建築大学で教鞭をとるようになる。その教え子たちの

★1 *Гутнов А.Э., Лежава И.Г. Будущее города.* М., 1977. С. 41-47.

世代から登場したのが、ここで問題にするブロツキーやウトキンら「停滞の時代の子どもたち」だった。一九七〇年代後半には、六〇年代にはまだあった未来都市への期待は萎み、ソ連建築界の閉塞感は強まりつつあった。そのため、NERの一員のレジャワは、自身の指導するこれらの学生たちに、より自由に創造力を発揮することのできる海外の建築コンペティションへ参加することを勧めた。

とはいえ、海外渡航が厳しく制限されている状況下で、若い無名のソ連建築家たちが参加できるコンペは限られていた。建築家自身が直接現地に赴いてプレゼンを行う必要があるコンペは、もちろん論外だった。設計図や模型を海外に送ることすら、当局から妨害される可能性があった。そこで彼らは、作品を友人知人に託してコンペの開催国に運んでもらい、そこで直接作品を投稿してもらう、という戦略をとる。もちろん巨大な模型を運んでもらうことは不可能だ。依頼できるのは、せいぜい数枚の図面のみ。このような厳しい条件ゆえに、彼らの参加できるコンペは、建設を前提とせず、一枚の図面でコンセプトを競うタイプのものに限られた。

けれども、結果的にはこれが有利に働いた。西側世界の建築教育では既に時代遅れとなりつつあった、デッサンなどの表現力を高める訓練を嫌というほど受けてきたソ連建築家たちの作品は、海外では新鮮な驚きとともに受け入れられた。ブロツキーとウトキン、ミハイル・ベロフ（一九五六年生まれ）、ミハイル・フィリッポフ（一九五四年生まれ）、ユーリー・アヴァクーモフ（一九五七年生まれ）ら「停滞の時代の子どもたち」は、日本の建築雑誌『新建築』やセントラル硝子株式会社、ユネスコなどが主催する国際競技で、次々に入賞を果たしていったのである［★2］。

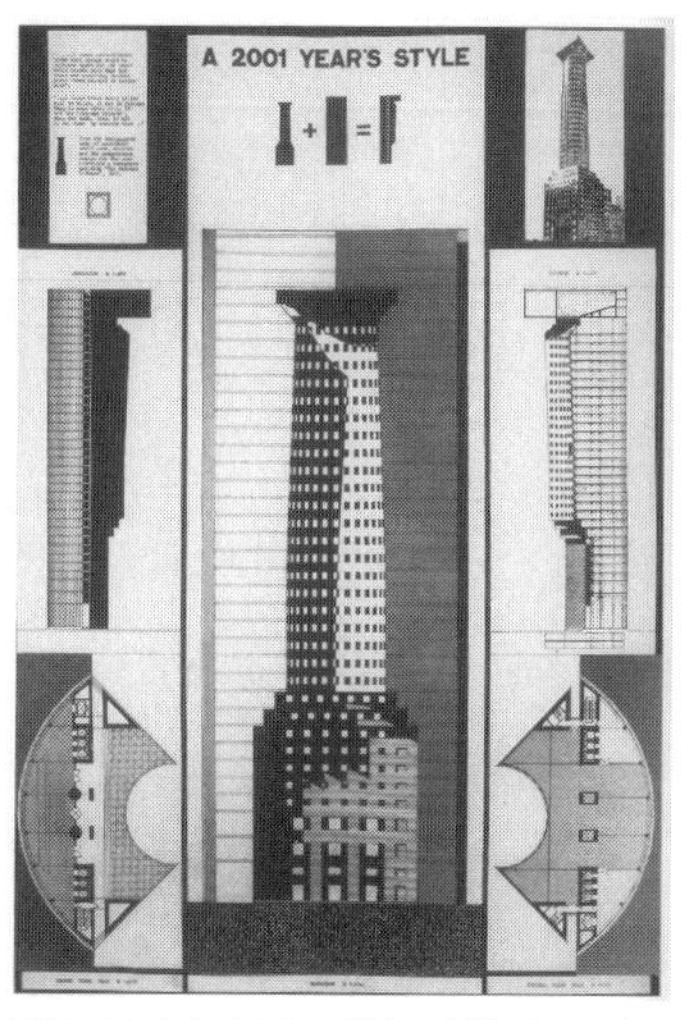

図3｜アレクセイ＆セルゲイ・バヴィキンによる《2001年の様式》（1985年）
出典＝『新建築』1985年7月、臨時増刊号

ただし、これらペーパー・アーキテクトたちの間に、表現上の共通点はほとんど見られなかった。ベロフはカートゥーンのようなデフォルメされた表現を好んだが、フィリッポフは水彩やエッチングによる繊細な表現を、ナジェージュダ・ブロンゾワは絵本のような温かみのある表現を得意としていた。もし彼らの作品の共通点を強いて挙げるならば、寓話的でユーモアのある表現（ロシア人が得意とする大喜利っぽいネタ）や、古今東西の過去の建築からの引用を頻繁に行う点だろうか。

たとえば『新建築』誌主催による「二〇〇一年の様式」と題されたコンペに入賞したアレクセイ＆セルゲイ・バヴィキンの作品［図3］では、一九二二年にアメリカで開催されたシカゴ・トリビューン新聞社の社屋コンペに、ウィーンの建築家アドルフ・ロースが投稿した作品——図の右上の、ドーリス式の柱を模した構造が基壇部の上に聳え立つというもの——が面白おかしく、しかも少々風刺的に用いられている。

ロースはモダニズム建築の祖の一人だが、このコンペでは新聞のコラム（柱）に引っ掛けて、古典主義の

★2　『新建築』やセントラル硝子のコンペの審査員には、大高正人、槇文彦などメタボリズム運動に直接関わりのある建築家が加わっていた（他にも安藤忠雄や原広司らがいた）。海外から招聘された審査員にも、アルド・ロッシやヘルムート・ヤーンなど、ポストモダン建築のそうそうたる顔ぶれが揃っていた。

柱を模したビルという奇特な案を提出した。つまり単なるダジャレなのだが、実は台座の上に巨大な円柱を載せるというロースの構想は、スターリンらが抱いていた初期のソヴィエト宮殿構想にかなり近かったりもする［★3］。そのことを知っていたのかどうかはわからないが、バヴィキンらは二一世紀にも（スターリン時代のように？）古典回帰が起こるだろう、という意味で、ロースのシカゴ・トリビューン設計案を引用したのだ。ただし彼らが構想したのは、巨大な筒にロースの同ビルを入れて型抜きしたような、中央に柱形の空洞のある高層建築である。

一方、ロシア・アヴァンギャルドからの引用も少なくなかった。『新建築』の住宅設計競技「三〇〇／三〇〇／三〇〇」では、一辺三〇〇フィート（約九〇メートル）のキューブを使って住居を組み立てるというお題が出され、ドミトリー・ブーシュ、ドミトリー・ポジャポリスキー、アレクサンドル・ホミャコフの三人組の案が入賞している。

彼らが描いたのは、混沌とした現代都市でも快適に暮らすための住まい、外界を完全に遮断することのできる、外に対して完全に閉じたガラスのキューブからなる集合住宅である。その外観は、あたかも都市のなかに生じた空虚（無）のように見える［図4］。ロシア・アヴァンギャルドの文脈を参照するならば、それはカジミール・マレーヴィチの、いかなる再現的イメージでもない無対象のキューブにも見えるだろう。この一切の表現を拒絶する沈黙のキューブの内部は、しかし対照的に饒舌だ。内側は鏡張りになっており、完全に閉ざされた有限な空間であるにもかかわらず、鏡の反映によって内部のグリッド構造は無限に反復され、空間はどこまでも際限なく広がっていく［図5］。

図4｜ドミトリー・ブーシュ、ドミトリー・ポジャポリスキー、アレクサンドル・ホミャコフによる《立方体の中の無限》（1986年）外観

図5｜《立方体の中の無限》の内部

出典（4, 5）＝『新建築』1987年1月号

このように海外コンペで突然の入賞を果たしたペーパー・アーキテクトたちだったが、海外でどれほど高く評価されようと、ソ連建築界では彼らは依然として無名の存在に過ぎなかった。そんな彼らに、一九八四年、転機が訪れる。西側のコンペで入賞したペーパー・アーキテクトたちの作品を、モスクワで一堂に集めて展示する「ペーパー・アーキテクチャー展」が企画されたのである。ただしその実現までの道のりは、決して平坦ではなかった。というのも、ソ連最大の建築家団体である建築家同盟がこの企画に反対し、展示会場の提供を拒んだからだ。開催は絶望的に思われた。

だがそこでペーパー・アーキテクトたちの窮地を救ったのが、雑誌『青春 Юность』の編集部だった。リベラルな傾向で知られる同誌は、急遽自社オフィスを展覧会会場として提供し、これによって展覧会は無事開催された。そしてこの会場で行われた議論のなかでは、ソ連建築界の問題点、とりわ

★3 鈴木佑也『ソヴィエト宮殿』、234頁。

けその閉鎖性がざっくばらんに論じられた。この展覧会の翌年、つまり一九八五年には若きミハイル・ゴルバチョフが書記長の座に就任し、ソ連体制のペレストロイカが開始される。彼らの議論は来る時代の予兆でもあった。

このように一九八〇年代初頭まで、ペーパー・アーキテクトたちの存在や彼らの作品は、その「建設」への消極性やアイロニーに満ちた態度から、ソ連建築に対するアンチテーゼとみなされ、排斥の対象とされてきた。しかし彼らの作品は非常にソ連的であると同時に、ちょうどイリヤ・カバコフのコムナルカのインスタレーション（第2章参照）のように、欧米や日本でも受容される普遍性を有していた。たとえばブロツキーとウトキンの二人組による、都市における記憶と忘却、保存と喪失をテーマとする一連の作品は、一面ではソ連における強権的な都市開発への批判的応答でもあるのだが、現代都市に暮らすすべての人びとにとって理解・共感可能だろう。そのような彼らの作品の中から、ここからは特に建築物を収集した博物館＝墓所というモチーフを中心に、彼らの同時代の都市に対する姿勢を読み解いていきたい。

建築博物館、あるいは建築の墓所

まず注意しておきたいのは、収集、保存、記憶といったテーマは、決してブロツキーとウトキンに、あるいはペーパー・アーキテクチャー運動に限られたものではなく、同時代のソ連の非公式芸術においても広く共有されていたという点だ。たとえば当時既にコンセプチュアリズムのアーティストとして活躍していたカバコフは、コムナルカの生活にまつわる、取るに足らない日用品を収集・展示するインスタレーションを繰り返し組織していた。そこではレディメイドの匿名的な大量生産品は、カバコフによって使用者の思い出や存在の痕跡（カバコフが作り出したフィクションのこともある）を刻印されて、唯一無二のオブジェへと変貌する。これらの主題の背景には、指導者や英雄、あるいは彼らの偉業ばかりが描かれ記念されてきたソ連の公式芸術へのアンチテーゼが読み取れよう。それはまた、指導者が変わるたびに不都合な過去を抑圧し、人為的に集団的な記憶喪失を引き起こしてきたソ連社会への皮肉のようでもある。

同様の観点からブロツキーとウトキンによって制作されたのが、「消えゆく建築物の博物館」という副題をもつ、銅版画《建築の墓所》（一九八四年）［図6］である。画面下段に示された博物館＝墓所の全く開口部のないファサードには、おそらく既にこの町から姿を消したと思われる一軒の家の断面図が描かれている。横町からこの博物館＝墓所の内部に入ると、そこは巨大な吹き抜けの一室空間で、天井はなく、青空を直接仰ぎ見ることができる。

この空間を特徴づけるのは、壁を埋めつくす壁龕（ニッチ）だ。それぞれの壁龕の枠のなかには、無数の建築物のミニチュアが収められ、その下にはその建築物の名前と、それが建設された年、そして破壊された年が刻まれている。これはロシアにおける典型的な集合墓地の形式――本来であれば建築

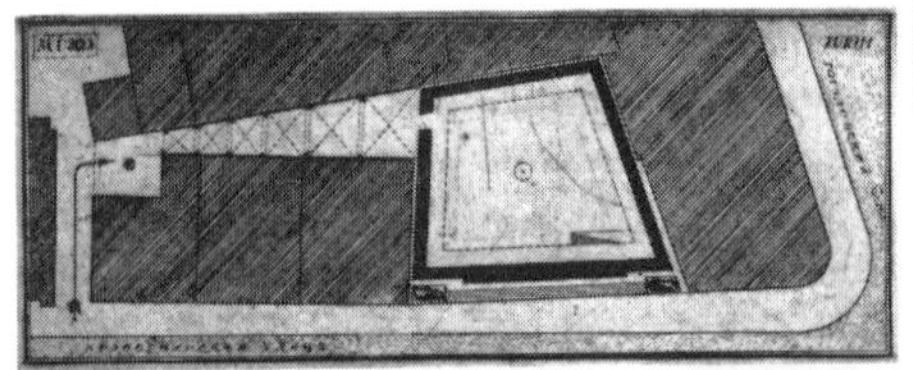

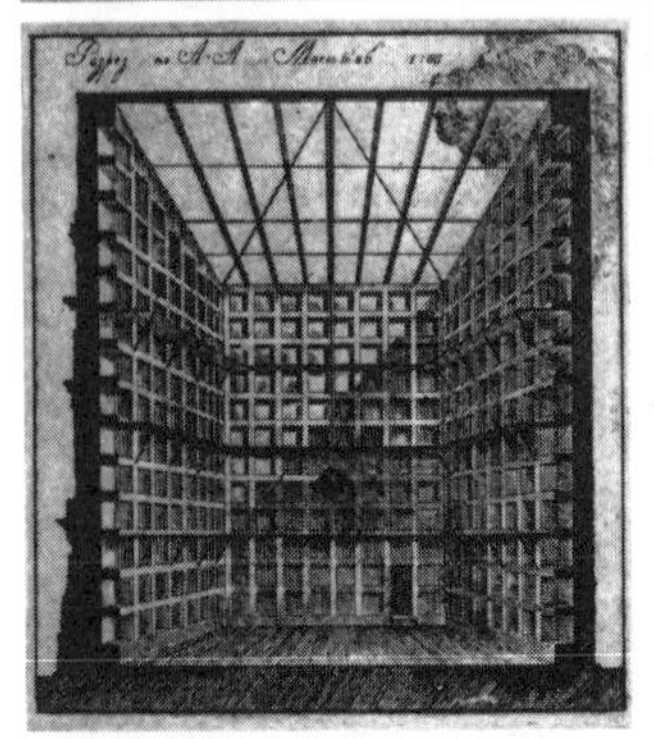

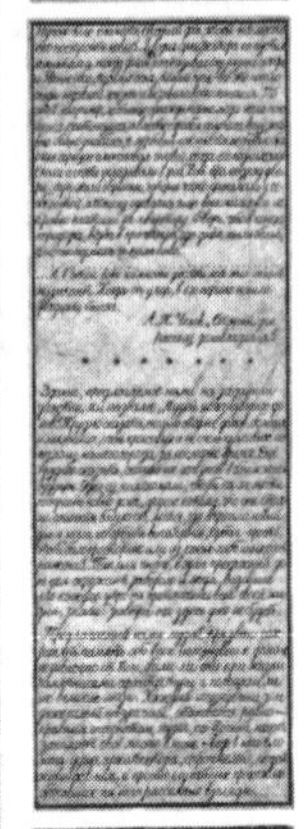

図6｜アレクサンドル・ブロツキー、イリヤ・ウトキン《建築の墓所》（1984年）
Ⓒ1984 Alexander Brodsky, Ilya Utkin

物の場所には故人を記念する碑文やレリーフが設置される——を踏まえている。つまりブロツキーとウトキンは、この空間を都市のなかでさまざまな理由で破壊された建築物のための墓所として想定しているのである。

さらに中段右端のコマには、アントン・チェーホフの短編小説「古い家」の冒頭部分、取り壊された古い集合住宅について、かつての家主が思い出を語る場面が引用されている。

もとの場所に新しく家を建てるには、古い家を取りこわさなければなりませんでした。建築家を、がらんとした部屋部屋を案内して歩きながら、用事のひまひまに、いろんな話をして聞かせましたよ。破れた壁紙、薄暗い窓、まっ暗な暖炉——こういったものがみな、ついこのあいだまでの生活の痕跡をとどめていて、さまざまなことを思い出させます。［★4］

既に失われた建築物に対する哀切な感情は、中段中央のコマに描かれた、帽子をとって壁龕の前で首を垂れる男の姿によっても強調されている。活発な新陳代謝を繰り返す現代都市において、《建築の墓所》は破壊された建築物の面影を収集・保管する建築博物館として、さらにはかつての家主や住人たちの追憶のための記念碑として機能しているのである。

★4 チェーホフ「古い家——家主の話」、『チェーホフ全集4』松下裕訳、ちくま文庫、1994年、366頁。

図7｜ブロツキー、ウトキン《住宅の墓所》（1986年）

この《建築の墓所》を反復するように一九八六年に発表されたのが、『新建築』誌主催のコンペに出品された《住宅の墓所》[図7]だ。四方の壁を棚状の構造が覆っている点は《建築の墓所》と共通しているが、建物自体のスケールはこちらの方がはるかに大きい。というのも、ここでひとつひとつの棚のなかに収められているのは、ミニチュアではなく実物の家なのである。この作品には、「人の住んでいる納骨堂、あるいは巨大な近代都市における古く小さな住宅とその住人たちの保留地」という副題が与えられており、都市計画によって取り壊しを余儀なくされた家をめぐる、以下のような短い物語が添えられている。

家は二度死ぬ。最初は人びとがそこから去ったときであり(もしも彼らが戻ってくれば、その家は救われる)、二度目はそれが破壊されるときである。

[……]このような家の住人たちが住まいを守るための可能性は、ただひとつ。すなわち家を本来の土地から引き離し、都市の中心にある巨大なコンクリートの立方体からなる墓所へと収納することである。しかしながらそれが可能であるのは、持ち主と家族たちがその家——今はコンクリートの箱のなかに建っている——に住み続ける限りにおいてである。彼らがそこに住み続けているあいだは、家もまた生きている。しかし彼らがこのような状況で生活することにもはや耐えられなくなり、それを拒絶するならば、彼らの家は破壊される。

そして空になったその場所は、次の住宅が訪れるのを待つのである……。[★5]

《建築の墓所》が建築物の遺影を展示しているのに対して、《住宅の墓所》に保管されているのは、大地から切り離され、いわば既に半分死体となった家である。ひとつひとつの家屋は影に沈み、《建築の墓所》のような細部の描写も省略されている。この空間における収集と保管の基準は、客観的で自明な建築物の価値ではなく、住人の建築物への主観的で個人的な愛着のみなのだ。現代ロシアの思想家ミハイル・エプシテインは、博物館や美術館が依拠してきたコレクションの「一貫した」、「客観的な」、「自明な」価値体系が崩壊したポストモダンの時代に、それに代わる新しい基準として、コレクターと対象物との「親密さ」を提案する。個人の記憶を帯びた品々を収集・展示するカバコフのがらくたのインスタレーションや、住人の記憶を帯びた家そのものが収集・展示の対象となる《建築の墓所》、《住宅の墓所》は、エプシテインのこのような「リリカルな美術館」の理念をまさしく体現しているといえるだろう［★6］。

ただし気をつけねばならないのは、ブロツキーとウトキンの二つの博物館＝墓所は、都市開発が不可避的に伴う破壊への単なる批判［★7］ではないという点だ。そこで注目したいのが、これらの博物館＝墓所の空間の中心に垂れ下がっている球体である。実のところ、《建築の墓所》では建築物を悼むために訪れる人が絶え果てたときに、《住宅の墓所》では住人たちが棚の中の家に住み続けることを断念したときに、この球によってそこに保管された建築物は破壊されてしまうのだ。《住宅の墓所》の下段のキャプションの中央には、破壊された直後の、瓦礫と化した家が描かれている。保管と記憶のための空間は、こうして喪失と忘却の空間へと裏返る。言い換えれば、個々の建築物を平等かつ効率的に保管するシステムは、同時にそれらを効率的に破壊する装置としても機能するのだ。これらの空間は、したがって、現代都市において何かを記憶し保存しようとすることの両義性そのものを描き出しているのである。

快適な住まいを求めて

ブロツキーとウトキンの作品では、住宅はもはや外部世界から人びとを守るシェルターではありえない。絶え間のない都市の変化によって、それらは容易に根扱ぎにされ、破壊されてしまう。彼らが念頭に置いていたのは、おそらくソ連体制下における強権的な都市開発や、資本主義体制下における都市のジェントリフィケーションだったと思われるが、その究極の形が戦争であることを、われわれ

★5 Lois E. Nesbitt ed., Alexander Brodsky, Ilya Utkin, *Brodsky & Utkin: The Complete Works* (New York: Princeton Architectural Press, 1991), p. 18.

★6 Mikhail Epstein, *After the Future: The Paradoxes of Postmodernism and Contemporary Russian Culture* (Amherst: The University of Massachusetts Press, 1995), pp. 258-261.

★7 Lois E. Nesbitt, "Man in the Metropolis: The Graphic Projections of Brodsky & Utkin," *Brodsky & Utkin*, p.4.

は二〇二二年に目撃したばかりだ。ロシア軍とウクライナ側との激戦地となったマリウポリでは、ロシア軍による占領後、破壊の痕跡を隠蔽し忘却を促そうとするかのように、新しい集合住宅が速やかに建設されつつある。

NERの建築家たちは、絶え間ない変化を都市の生命力ととらえ、その新陳代謝を都市計画に取り込もうと試みた。しかし彼らの下の世代にあたるペーパー・アーキテクトたちの態度は、もっと懐疑的だ。ブロツキーとウトキンの作品では、それはしばしば商品や情報の奔流として、都市住人を呑み込む洪水や巨大な河として表現される。このような流動する都市に、果たして人はどのように住めばいいのだろうか。

もし巨大な河と化した都市で快適に暮らそうと考えるならば、当然ながら都市の流動性に適合した住まいを選ばねばならない。そこでブロツキーとウトキンが提案するのが、街路を自由に移動することのできる住宅である。たとえば《ウィニー・ザ・プーの住まい》（一九八三年）［図8］は、八角形の筒状の構造で、住人が内部も外部も自由にカスタマイズできるプレファブ住宅なのだが、自動車などに曳かせることで簡単に場所を移動することができる。たとえ周囲で再開発がはじまったとしても、この住まいであればすぐに別の場所へと逃れ、破壊を免れることが可能なのだ。

また船としての建築物というモチーフも、しばしば登場する。たとえば一九八九年に制作された《阿呆船、あるいは愉快な仲間たちのための木造の摩天楼》［図9］では、都市を航行する船を思わせる木造の高層建築と、その屋上で饗宴に興じている若者たち（ブロツキーとウトキンの姿もある）が描かれて

図8｜ブロツキー、ウトキン《ウィニー・ザ・プーの住まい》(1983年)

図9｜ブロツキー、ウトキン《阿呆船、あるいは愉快な仲間たちのための木造の摩天楼》(1989年)

図10｜ブロツキー、ウトキン《ヴィラ・ノーチラス》（1985年） ©1985 Alexander Brodsky, Ilya Utkin

いる。作中にはロシアの詩人アレクサンドル・プーシキンの詩「悪疫さなかの酒宴」の一節が引かれており、ペストが蔓延する都市と、大洪水に見舞われた現代都市とが重ねあわされていることがわかる。彼らの建築＝船はいかにも脆弱そうで、（コロナ禍を経験したわれわれからすると）感染症のさなかに集まって酒盛りをする住人たちも、かなりダメな感じがする。もっとも、異様に細長いテーブルとそれを囲む人びとの姿は、明らかにダ・ヴィンチの《最後の晩餐》を意識しているので、実際この住まい＝船と住人の先はあまり長くないのかもしれない。しかし、いずれにせよ現代都市に適合するためには、人びとは進んで根無し草となり、この巨大な流れに身を任せるしかないのだ。

同じ航行系の住宅でもより挑戦的なのが、一九八五年に制作された《ヴィラ・ノーチラス》［図10］である。作中のキャプションによれば、現代の隠者は人里離れた荒野に隠れ住むのではなく、大都市の中心にある巨大な道路の中央に住むことを決意する。この隠者のための住まいが、《ノーチラス》（もちろんジュール・ヴェルヌの小説『海底二万里』に登場する潜水艦の名にちなんでいる）である。道路の中央に出現した眼のようにも見えるこの住宅の地上部分は、壁も屋根もない吹きさらしの空間で、テーブルやベッドなどのわずかな家具が置かれているのみ。ここで生活するということは、都市という奔流に直接身をさらすことを意味する。しかもこの潜水艦＝住宅は、一見したところ街路という河の中央に停止しているかのように見えるが、実際には流れに逆らって一定の場所にとどまろうと、休むことなく航行し続けている。巨大な流れに身を浸しながらも、それに逆らって航行するノーチラス号は、まさしく「世界中で膨大な数の人びとを呑み込みつつあるノンセンスな虚無へと抵抗する」［★8］ための

図11｜ブロツキー、ウトキン《穴のあいた丘》（1987年）
©1987 Alexander Brodsky, Ilya Utkin

砦なのだ。

しかしこの過酷な戦いは、住人のなかに対照的な欲求、すなわち外界から完全に遮断された場所に隠れ住みたいという願いを生み出しもする。このような住人の欲求を反映して、実は《ノーチラス》の地上部分の住まいの下には、全く同じ家具の配置された、地下の住まいが存在する。地上での戦いに疲れた隠者は、この閉ざされた地下空間で休息することができるのだ。言い換えれば、この地上と地下に分裂した二重の住宅は、大都市に住まう人びとの分裂した欲望——大量の情報や商品を享受したいが、同時にそれらから完全に遮断された場所へ引きこもりたい——を表現しているのである。

流れに乗るにしろ逆らうにしろ、安息からは程遠いこれらの住宅に対して、ブロツキーとウトキンはより希望に近いと思われる住まいの可能性も提示している。それが、「明日のための街」という副題をもつ《橋の街》（一九八四年）や、《穴のあいた丘》（一九八七年）［図11］において描かれる、橋の形をした都市である。この橋は、同時にそこに住むことのできる街でもあり、他の都市に対しては、それを囲い込んで切り取る枠（フレーム）の役割を果たす。つまりここでは、あらゆるものを虚無や忘却へと押しやる流れに身を任せるのではなく、この河に橋を渡し、さらにはこの流れを切り取って対象化する試みが行われているのだ。

ブロツキーとウトキンによれば、都市を浸す巨大な河は、記憶や保存を不可能にし、過去と未来を分断する［★9］。それに対して、《穴のあいた丘》に描かれた橋状都市は、過去と未来の間の橋とも呼ばれている。ここでもう一度参照したいのが、博物館という形象だ。なぜなら、「博物館は橋の別の形態なのであり、つまりそれは時間にかけられた橋」だからだ［★10］。

博物館と橋の形象は、《現代建築美術館》（一九八八年）［図12］において完全に一致する。この美術館は、聳え立つ高層ビルの谷間に橋

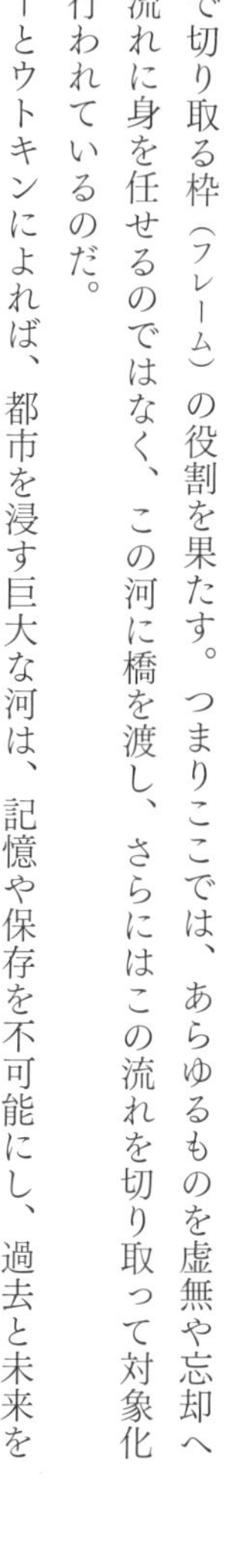

図12｜ブロツキー、ウトキン《現代建築美術館》（1988年）

★8 *Brodsky & Utkin*, p. 66.
★9 *Ibid*, p. 50.
★10 Alexander Rappaport, "Paper Architecture: A Postscript," in Alexey Yurasovsky and Sophie Ovenden eds., *Post-Soviet Art and Architecture* (London: Academy Editions, 1994), p. 139.

を渡すように架けられた、巨大なドーム部分のみからなる。来館者たちは、このドームからその下に広がる都市の街路と、そこを行きかう人や車の流れを見下ろすことになる。この美術館における唯一の展示物は、したがって、この都市の流動性そのものなのだ。橋状都市と同じく、現代建築美術館もまた、フレーム（ここではドームが作り出す枠）によって都市を浸すこの流れを切り取り、客観的・意識的に提示しようとするのである。

もちろんこの美術館も都市の一部である以上、都市の新陳代謝からは逃れられず、いつかは破壊され、忘れ去られる運命にあるだろう。だが、先に見た絶えず忘却と虚無へと向かう都市の流れに身を任せた建築に対して、現代建築美術館は同じ流れのなかに身を置きながらも、同時にこの果てしないサイクルを枠によって囲い込み、そこから身を引き離そうとする。この「枠に入れる」身振りこそが、ブロツキーとウトキンの都市においては、辛うじて希望へと続く細い道なのである。

反復する棚、壁龕、街路、ブロック——ブロツキーとウトキンの、あるいは彼らの同僚であるペーパー・アーキテクトたちの作品には、フレームが繰り返し出現する。わけてもブロツキーとウトキンにとって重要なのが、フレーミングという行為そのものだ。彼らの作品においては、このフレーミングこそが、ほとんど強迫的にも見える収集行為と結びついているのである。棚や壁龕といった無数のフレームの連なりは、彼らの建築博物館においては、終わりのない、まさにシーシュポス的な収集行為を意味する。保管の対象は尽きることなく、それらすべてを収集することは、明らかに不可能だ。

図14｜同、タイトル

図13｜『運命の皮肉、あるいはよい湯気を!』のオープニング

出典（13, 14）＝https://www.youtube.com/watch?v=lVpmZnRIMKs（モスフィルム公式）

しかも《建築の墓所》や《住宅の墓所》で見たように、この記憶と保管のシステム自体が忘却と破壊を内包しているために、収集の試みはそもそも失敗する運命にある。そのような意味で、ブロツキーとウトキンの博物館＝墓所は、記憶と保存の場である以上に、忘却と喪失の場なのである。

映画『運命の皮肉、あるいはよい湯気を!』の冒頭でも、オープニングのテーマ曲を背景に、高層団地ブレジネフカの外観、とりわけ窓枠というフレームが繰り返し執拗に映し出される［図13］［図14］。これら反復される無数のフレームは、同作では大量建設時代を体現するものであると同時に、場所から固有性を奪って均質化・抽象化し、住民を根無し草にするシステムの象徴として機能する。

しかしながら、これらのフレームの反復構造は、ブロツキーとウトキンの手によってそれ自体もまた枠に入れられ、一個の紙上建築作品となる時、「忘却の記憶」の判じ絵へと逆転する契機を秘めてもいる。たとえ個々の対象を記憶し保管することが不可能であっても、彼らの博物館＝墓所を通してフレーミング＝収集という行為そのものが主題化されることで、われわれはわれわれが不断に忘却しつつあること、常に喪失しつつあることを自覚できるからだ。これこそが、ブロツキーとウトキンの二人組がペーパー・アーキテクチャーという形式を通して行った、ソ連社会における、あるいは現代都市における、忘却と喪失への抵抗の試みなのである。

11 ガラスのユートピアとその亡霊

二〇世紀のユートピア・イメージは、しばしばガラスという素材と密接に結びつけられてきた。ガラスの家、ガラスの集合住宅、ガラスの都市——空間を可視化する透明なガラスには、人びとを分断する不透明な壁を打ち破り、互いを可視化し、彼らをひとつの共同体へと結びつけることが期待された。とりわけ社会主義のコミューンの理念には、その最初期からガラス建築のイメージがつきまとっていた。革命後のソ連においても、新しい社会主義共同体とアヴァンギャルドのガラス建築は、ごく短い期間ではあったが、固く結びついていた。

しかし同時に、ガラスという素材は常に両義性を孕んでもいた。ガラスのユートピアは、容易にディストピアへと裏返りもするのだ。透明なガラスを通じて「見る」ことは、時に搾取や支配を生み、あるいはその背後で作動する抑圧的なシステムを不可視化する。「亡霊建築論」では、折に触れガラス建築のシンボリズムについて論じてきたが、本章では、改めてソ連におけるガラス建築とユートピア・イメージの関係を振り返っていく。そしてソ連という共同体の末期に、まるで亡霊のように廃墟の姿で蘇ってくるガラス建築のユートピアについて、考えてみたい。

社会主義とガラス建築

建材としてのガラスの大量生産が可能になったのは、一九世紀半ばだった。一八五一年には、ジョセフ・パクストンの水晶宮がロンドン万博でお目見えしている。この先進的な素材に早速目をつけたのが、当時やはり台頭しつつあった社会主義者たちだった。第1章で論じたフランスのシャルル・フーリエは、「ファランステール」と呼ばれる自給自足のコミューン住宅構想に、いち早く鉄とガラスを取り入れていた。ロシアでも、実際に水晶宮を見たニコライ・チェルヌィシェフスキーが、自身の小説『何をなすべきか』(一八六三年)のなかで、ユートピア的なガラスのファランステールを描いている。これらのガラスの建築空間は、いわば技術と社会改良によってもたらされるはずの第二のエデンの園だった。十月革命後に大量発生したガラス建築のイメージの起源のひとつは、このような一九世紀の空想的社会主義のガラスのユートピアに見出すことができる。

このように最初にガラス建築を社会主義と結びつけたのは、非建築家たちだった。ソ連の建築家たちがこの新しい素材に夢中になるのはもう少し後、一九二〇年代後半からである。第6章で取り上げた構成主義建築運動のリーダー、アレクサンドル・ヴェスニンらは、同運動の機関誌の役割を果たしていた『現代建築』のなかで、ガラス壁の出現は「不可欠な支えとしての壁という古い概念を根絶やしにし、壁を必要に応じて隔離する膜へと変えた」と述べている。彼らにとってガラスは、単なる新しい素材以上のもの、「新しい社会主義的生活様式の物理的フォルム」だった［★1］。光や視線を透過させ、建築物の構造を剝き出しにするガラスの壁に、合理的で開放的な来るべきソ連社会の姿が投影されていたのである。

しかし興味深いのは、アヴァンギャルド建築家たちが実際にガラス建築を設計・建設しはじめるよりも前から、社会主義のガラスのユートピアを裏返しに描く試みが既に存在していたという点だ。第1章でも紹介した、エフゲニー・ザミャーチンの小説『われら』である。

同作の舞台は社会主義の実現された未来世界で、労働者たちはガラスの集合住宅に住み、その生活は他人の視線や監視カメラの視線に常時さらされている。もっとも主人公のD-503はじめ、完全に平準化された社会で育ち、所有という概念をもたない住人たちが、このような空間を疑問に感じることはない。そんな彼らが唯一不可視性を求めるのが、性行為の際だった。この未来社会には夫婦という概念も既に存在せず、男女はそれぞれ行政の窓口にセックスの許可を申請し、それが受理される

★1　Стекло в современной архитектуре // Современная архитектура. 1926. № 3. С. 64.

と、指定の日時にガラスの個室にブラインドを下ろすことが許される。このように、不可視性は性愛という最もプライヴェートな行為と結びつけられるのである。

だが主人公D‐503の前に、彼のファム・ファタールとなる女I‐330が出現したことによって、この透明なユートピアのディストピア性が、徐々に明らかになっていく。体制の転覆を狙うI‐330に主人公は欲望を抱くが、それはまさに彼女の「見通せなさ」——たとえばI‐330は、D‐503の前で何度となく瞼という「ブラインド」を下ろし、文字通り彼の視線を遮断する——のためだ。I‐330は優秀なエンジニアである主人公を誘惑し、自らの陣営に引き入れようとする。しかし彼女らの反乱は失敗に終わる。連座して捕えられたD‐503は、頭蓋という密室にまでメスを入れられ、彼の「反逆的思想」という不透明性は物理的に摘出される。このように『われら』のどこまでも透明性を追い求める社会は、最終的には人間を人間たらしめる部分、つまりその精神までも破壊してしまうのである。

一九二〇年代後半に映画監督セルゲイ・エイゼンシテインによって着想された未完の脚本『ガラスの家』でも、ガラス建築の透明性と可視性が問題となる[★2]。物語の舞台となるのは、『われら』とは対照的に、近未来の資本主義社会に建設されたガラスの集合住宅。すべての壁がガラスからなるこのアパートメントでは、もちろん隣人同士の私生活は、些細な点まで見通すことができる。しかし住人たちは、あたかもそれが不可視のものであるかのように振舞う。たとえば彼らは、隣の部屋で夫が妻を殴っている光景が見えていても、見えないふりをする。飢えに苦しむ子どもたちの姿が見えていても、見えないふりをする。このガラスの家は、資本主義社会のエゴイズム、とりわけ他者の苦しみに対する無関心を、寓意的に表現するための舞台装置なのである。

けれどもやがてこの集合住宅に、「詩人、キリスト、あるいは技術者」［★3］と呼ばれる人物が闖入し、本当は壁の向こうが見えていることを暴露する。これを契機に、住人たちはいわば視力を獲得し、ガラスを通して隣人たちを意識的に眺めはじめる。

だがこの視力は、共同体の構成員としての共感を高めるわけではない。間もなく住人たちは、ヌーディストの組織と仕立屋たちの組織（身体を可視化する組織と、それを覆って不可視化する組織）に分かれ、抗争を開始する。そして両者の争いの末に、「唯一の人間的存在」［★4］と呼ばれるロボットによって、ガラスの集合住宅は粉々に破壊されてしまう。

エイゼンシテインからすれば、ガラス壁やヌーディストのような表面的な意味での可視化は、資本主義体制下においては、決して共同体意識の基礎とはならない。透明なガラス壁はあたかも隣人との境界を無化するかのように見えるが、しかしそこには依然として心理的・社会的障壁がそびえている

★2　エイゼンシテインは、1930年にハリウッドのパラマウント映画との映画制作の契約に基づき、この『ガラスの家』の脚本を書いた。しかし脚本が完成することも、契約が実現することもなかった。『エイゼンシュテイン全集　第2部　映画——芸術と科学　第6巻　星のかなたに』エイゼンシュテイン全集刊行委員会訳、キネマ旬報社、1980年、291-293頁。

★3　"Стеклянный дом" С. М. Эйзенштейна. К истории замысла // Искусство кино. 1979. № 3. С. 107.

★4　Там же. С. 108.

のだ。そのような意味で、『ガラスの家』における透明な壁面は、その向こうにある対象を可視化することによって自らを不可視化し隠蔽する、ある種の欺瞞の装置なのだといえるだろう。

さらにこのガラスの集合住宅では、「見る」「見られる」関係は均等ではない。普通に考えれば、ガラス壁を通して隣人同士は等しく互いを見ることができるはずだが、この物語では、弱い立場に置かれた住人は、他の住人たちから一方的に見られ、娯楽のように消費される。たとえば、自分の部屋で自殺しようとしている男に対し、隣人たちは彼を止めに入るどころか、透明な壁越しにかぶりつきで見物する。より正確にいえば、この作品におけるガラスの壁面とは、何もかもをスペクタクルに変えてしまう装置、つまり映画のスクリーンに他ならないのだ。対象を見世物として搾取するガラスのスクリーンは、「見る」欲望をどこまでも昂進させ、それが極点に達したとき、暴力によって破壊される。まさにそれゆえに、映画の終わりとガラスの住宅の倒壊は一致するのである。

暴力を誘発するガラス建築に対して、第7章で論じたエイゼンシテインの映画『全線』のガラスとコンクリートからなるソフホーズは、対照的な位置を占める。構成主義の建築家アンドレイ・ブーロフによって設計されたこのソフホーズのセットは、工業化・社会主義化された未来の農村の象徴として描かれていた。ル・コルビュジエ風のガラスの水平連続窓をもつモダンなソフホーズでは、研究者たちが遺伝子交配の実験を行い、肉や牛乳が出荷のために加工されていく。社会主義体制下では、ガラス建築は見る＝消費する装置ではなく、科学的で合理的な生産システムの一部となるのである。

ガラスのユートピアの回帰

このようなアヴァンギャルドのガラスのユートピアは、スターリンの独裁体制と指導者への個人崇拝が強化された一九三〇年代半ば以降、社会主義リアリズムと呼ばれる様式によって取って代わられた。過去の建築様式の批判的引用を肯定する社会主義リアリズムの下、建築物は再び重厚な壁で覆われ、装飾とモニュメントによって埋めつくされていった。そして指導者の絶対的な権威を生み出すために、不可視性が建築へ再導入されることになった。

その最たる例が、第8章で論じたスターリンのソヴィエト宮殿プロジェクトである。計画によれば、モスクワの中心かつ頂点を占める地上約三〇〇メートルのソヴィエト宮殿の頂には、一〇〇メートルのレーニン像が設置される予定だった。多くの専門家がこの高さと構造ではレーニン像を地上から眺めることができないとしてソヴィエト宮殿の設計を批判したが、彼らの声は無視され、建設は開始された。

もちろんこれらの批判は正論である。しかしスターリン文化においては、像が「見えない」ことは設計上の失策ではなかった。都市の日常空間ではなくイデアの世界に属する指導者の像は、街路からは不可視であるべきなのだ。いずれにせよ、ナチス・ドイツの侵攻によってソヴィエト宮殿はアンビルトに終わり、レーニン像だけでなくこのソ連史上最大の建築プロジェクト自体もまた、理念＝不可視の領域にとどまることになった。

スターリンの死後、彼の後継者となったフルシチョフは、このような非合理的で経済性を度外視したスターリン建築を激しく非難した。これによって、再びガラス建築の時代が到来する。第9章で取り上げたフルシチョフの新たなソヴィエト宮殿計画や大会宮殿は、ガラスのカーテンウォールを全面的に取り入れることによって、スターリン時代とは異なる新体制の透明性や水平性をアピールしようとした。しかしながらこの透明な壁面の背後で作動していたのは、スターリン時代と大差ない抑圧的なシステムだった。党指導部によって承認されたこれら「合理的」で「経済的」な新しい建築様式は、それ以外のスタイルを政治的誤謬としてソ連建築界から排斥しようとした。ガラスの透明性は、その背後にあるものを隠蔽し不可視化するために利用されたのである。この「雪解け」の時代に、ガラス建築はソ連でも一般化していったが、皮肉にもというべきか、一九世紀から続く理想の共同体とガラス建築の結びつきは、むしろ弱まっていった。

それでは、フルシチョフ時代以降のソ連では、ガラスのユートピアはもはや過去の遺物となったのだろうか。確かに、ポストモダン以降の社会において、ガラス建築に理想社会を投影することは、決定的に時代遅れとなったように思われる。けれどもガラスのユートピアのイメージは、ソ連解体直前のソ連建築界にひっそりと舞い戻ってくる。前章で紹介した、建築することを目指さずペーパー・アーキテクトと呼ばれた建築家たち、なかでもアレクサンドル・ブロッキーとイリヤ・ウトキンは、ガラスのユートピアを繰り返し執拗に描いた。

一九七八年にモスクワ建築大学を卒業したブロッキーとウトキンは、閉塞したソ連建築界に飽き足らず、一九八〇年代前半より西側世界の設計コンペティションに秘密裏に参加しはじめる。特に彼らの「得意先」となったのが、日本の企業セントラル硝子が主催する、実現を前提とせずコンセプトを競うタイプのガラス建築のコンペだった。ブロッキーとウトキンは、一九八二年に開催された「クリスタル・パレス」を主題とするセントラル硝子のコンペで最優秀賞を受賞し、以降同様の設計コンペで次々に入賞を果たしていく。

ブロッキーとウトキンのペーパー・アーキテクチャー作品の特徴としてまず挙げられるのが、寓話的形式だ。たとえば彼らの《クリスタル・パレス》［図1］には下記のような物語が添えられている。

《クリスタル・パレス》は美しいが実現不可能な夢であり、その蜃気楼は視界の端から常にあなたに呼びかける。［……］

そこを訪れようとする者は、周辺の街やスラム、ゴミの山を抜け、長い道のりを歩かねばならない。しかし最終的に宮殿に到達してみると、彼はそれが屋根も壁ももたない、砂場に突き刺さった巨大なガラスのプレートであったことを発見する。たとえ触れることができても、蜃気楼は単なる蜃気楼に過ぎない。ガラスの隙間から隙間へと歩を進めながら、訪問者は宮殿を通り抜け、そして風景の始点となる小さな広場の端へとたどり着く。果たして彼は《クリスタル・パレス》の本質を学んだのだろうか？　彼はもう一度ここを訪れたいと思うだろうか？　それは誰にも分からない……。［★5］

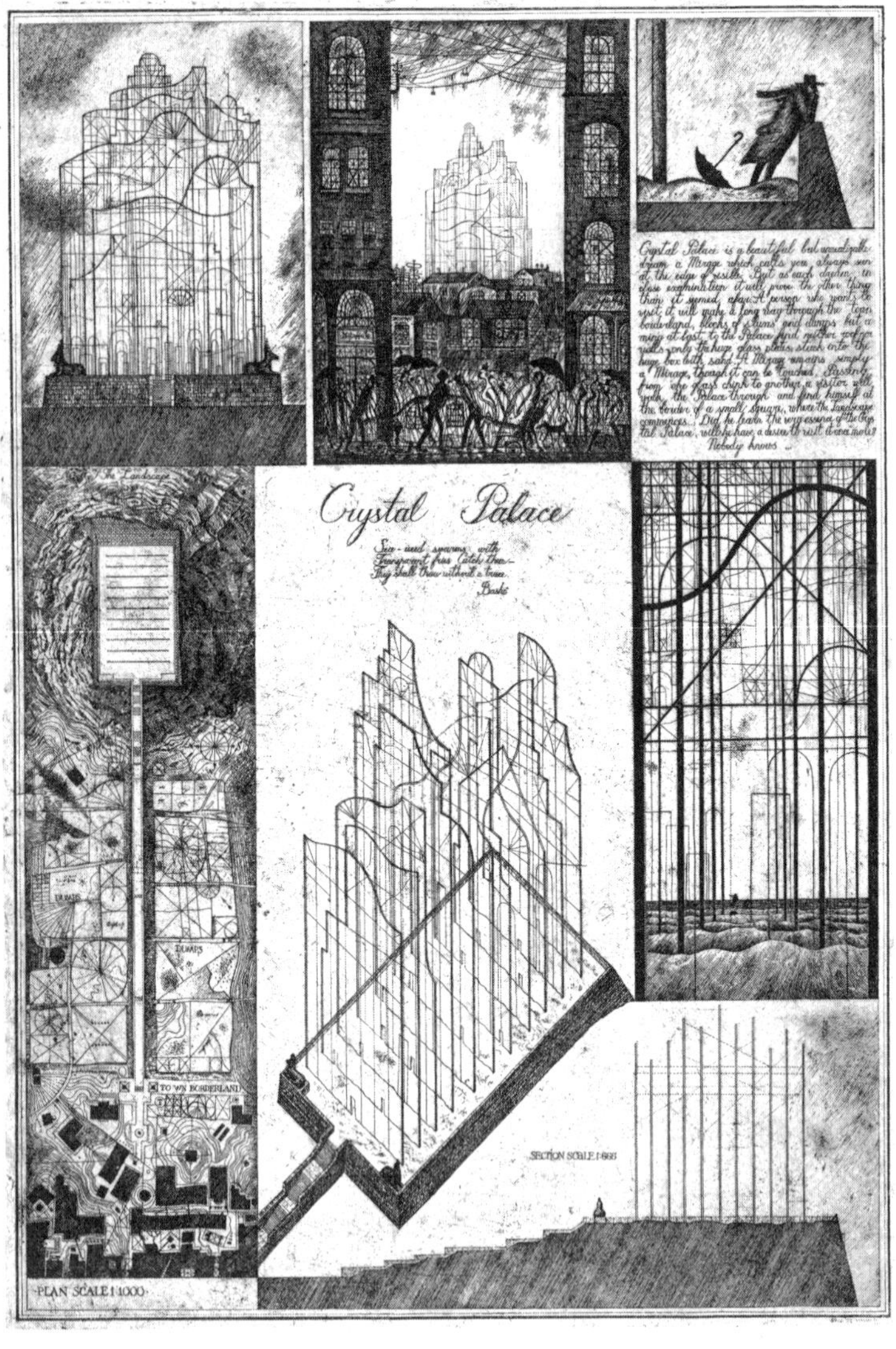

図1｜アレクサンドル・ブロツキー、イリヤ・ウトキン《クリスタル・パレス》(1982年)

猥雑で混沌とした都市の上に超然とそびえる、ガラスの高層建築。それは人を惹きつけてやまない。だが実際には、それらのタワーは蜃気楼のような平面的なイメージ、つまりはただのガラスの板に過ぎない。この二次元のガラス建築は、紙の上のイメージの域を出なかった一九二〇年代のアヴァンギャルド建築、一九三〇年代のスターリン建築を筆頭に、ソ連の無数の建築プロジェクトを、ひいてはユートピア建築一般を示唆していると考えられる。ブロツキーとウトキンは、ガラスのユートピアを、平面上に描かれたガラス板の平面として、つまりは建築的奥行を二重に欠いた平坦なイメージとして、描き出したのである。

一九八四年のセントラル硝子のコンペに入選した作品《ガラスの塔》［図2］では、物語はさらに錯綜している。画面いっぱいに描かれた、崩れ落ちたガラスの塔。ここにはバベルの塔からモダニズムのガラスの高層建築、タトリンの《第三インターナショナル記念塔》、さらにはスターリンのソヴィエト宮殿まで、古今東西のユートピアとしての塔のイメージを読み取ることができるだろう。この塔は海浜から内陸部へとまっすぐに倒れているために、真上からの鳥瞰視点で描かれているにもかかわらず、まるで立面図のようにも見える。そして作品には、次のような短い物語が挿入されている。

★5 *Brodsky & Utkin*, p. 24.

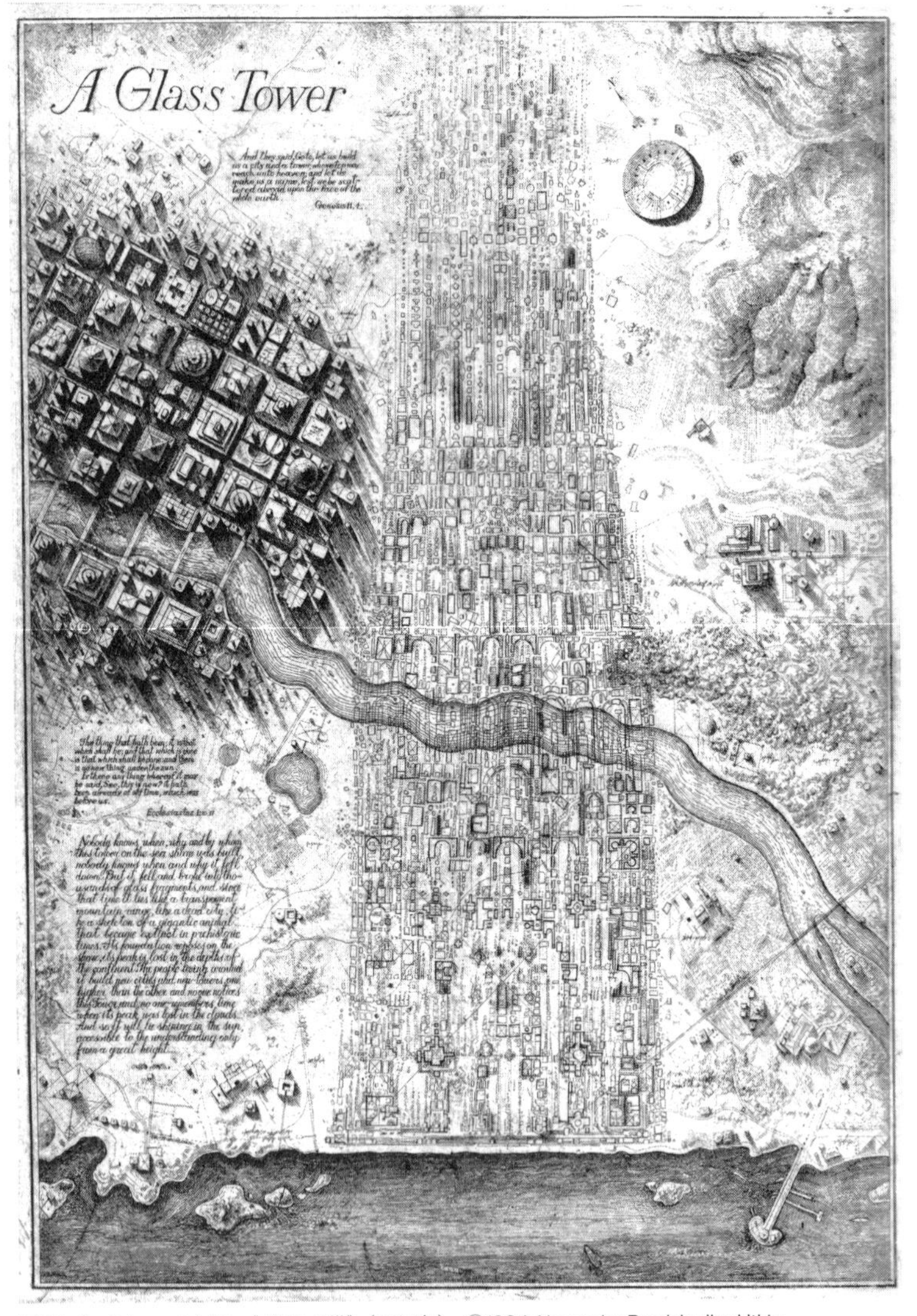

図2｜ブロツキー、ウトキン《ガラスの塔》（1984年） ©1984 Alexander Brodsky, Ilya Utkin

この海辺の塔が、いつ、なぜ、誰によって建設されたのか、そしてそれがいつ、なぜ崩れ落ちたのか、知る者はいない。しかしそれは倒壊して、無数のガラスの破片となり、透明な山脈、死んだ街、あるいは先史時代に絶滅した恐竜の化石のように横たわっている。その基礎は浜辺に置かれ、その頂は大陸の奥深くへと消えている。周辺に暮らす人びとは、そこに再び新しい街や塔を築き、その高さを競っており、この破壊されたガラスの塔の存在に気づく者も、その頂が雲に隠れるほどであった時代を思い出す者もいない……。

はるかな高みから眺めた時にのみ、太陽の光に輝きながら横たわっているであろうそれに、気づくことができるのだ。［★6］

留意しておきたいのは、この塔はまるで亡霊のように、通常は「見えない」ということだ。アヴァンギャルド建築家たちがあれほど重視した透明なガラスの可視性は、建築物自体が粉々となったことにより、そもそもの見通すべき内部を失って、完全にその意義を喪失している。ガラスの破片は、その透明性ゆえに自らを不可視化し、ひいてはガラスの塔の存在までも不可視化してしまう。

この《ガラスの塔》は、《クリスタル・パレス》と同じく、内部や奥行をもたない平面化された建築だが、一方で《クリスタル・パレス》のように人びとの眼を惹きつけ、魅了することはない。塔の

★6　*Ibid.*, p. 40.

残骸の周囲に暮らす人びとは、塔の存在に気づきもしない。そしてまさにそれゆえに、人びとはこのガラスの塔の倒壊から教訓を得ることなく、この塔の亡霊にとり憑かれたかのように、その周りに新たな塔を築こうとするのである。当然ながら、そこでは倒壊のモメントもまた、何度でも繰り返されることになる。

ユートピアへの郷愁

現代ロシアの建築批評家グリゴリー・レヴジンは、ペーパー・アーキテクトたちの作品に回帰する曖昧なユートピア・イメージを指摘し、ここに同時代の西側のポストモダニズム建築との相違を見出している。レヴジンによれば、「建築の分野におけるポストモダニズムは、到達すべきユートピアにおける対立の解消の正当性よりも、『複雑性と相互対立』を、建築に内在する固有のポジティヴな性質として主張した」[★7]のであり、その点で、西側のポストモダニズムは基本的に「反ユートピア」なのである。対照的に、ロシアのペーパー・アーキテクチャー運動では、「引用の遊戯、文学性、歴史の多層性は、簡単にユートピア性と結びつく」[★8]。確かにペーパー・アーキテクトの作品には、エデンの園からタトリンの《第三インターナショナル記念塔》まで、過去のユートピア的イメージが頻繁に引用される。それでは、果たしてブロッキーとウトキンの《ガラスの塔》にも、過去のガラスのユートピアへのノスタルジーを読み取ることは可能だろうか。

セントラル硝子が主催するコンペは、今すぐ建設可能であることよりも、ガラスのポテンシャルを開拓するような問題提起的かつ未来志向の性質をもつ。けれどもブロッキーとウトキンの《ガラスの塔》では、将来建設されるはずの対象が過去の遺物として、重力に抗して建ち上がるべきものが倒壊した姿で描かれている。つまり未来へ、建設へと向かうベクトルは、ここでは過去へ、破壊へと向かう等しい力によって打ち消されているのだ。ブロッキーとウトキンのガラスのユートピアは、廃墟の設計図でもある。それは「いまだなく」、「既にない」という意味で、あらかじめ二重に失われているのである。

したがって彼らの作品には、このような喪失に対するノスタルジーの感覚が常に漂っている。フランスの思想家ウラジーミル・ジャンケレヴィッチは、自身のノスタルジー論のなかで次のように述べる。「郷愁は不合理だ。[……]郷愁がそれ自体、その原因の原因なのだから。[……]郷愁は同時に原因であり結果だからだ」[★9]。あるいは「郷愁の対象点はいたるところのほかだ。《あの世》のようにいたるところよりほか、つまりどこでもないところだ」[★10]と。この言葉に従うならば、ノスタ

★7 *Ревзин Г. И.* Бездомный архитектор // Михаил Белов. М., 2006. С. 11.
★8 Там же.
★9 ウラジミール・ジャンケレヴィッチ『還らぬ時と郷愁』中澤紀雄訳、国文社、1994年、380頁。

ルジーの対象とはそもそも存在しない、ノスタルジーそれ自体によって作り出された虚構の場所、まさしくユートピアに他ならない。ノスタルジーとは対象をもたない、より正確には、「対象の欠如」によって成立する感情なのだ。とすれば、ブロッキーとウトキンの描く廃墟が、失われたユートピアへのある種の郷愁のようなものを漂わせているのも理解できるだろう。

ただし気をつけねばならないのは、彼らのガラスの廃墟は、過去のユートピアへのノスタルジーを掻き立てると同時に、当のノスタルジーの対象そのものがもつ虚構性も明らかにするという点だ。寓話の中の、塔の存在に気づかない人びととは異なり、鳥瞰的視点からこの作品を眺めるわれわれ鑑賞者は、ガラスの塔の存在を認識することができる。そしてそれが廃墟の設計図、つまりこれまで存在したこともなければ、これから建設されることもない、二重に存在しない虚構の建築物であると気づくことができる。確かにブロッキーとウトキンのガラスの廃墟は、ザミャーチンの『われら』のような、ガラスのユートピアに対する直接的で痛烈な批判を含まない。しかしこのように自らの虚構性をあらわにすることによって、失われた理想郷へのノスタルジーに耽溺することも許さない。現代ロシアの建築批評家エフゲニー・アスは彼らの作品の性格を、「激しいパトスも、破壊的なアイロニーも欠いた」、「批判的センチメンタリズム」と評している[★11]。彼らの《ガラスの塔》は、過去のユートピアへと人びとを誘いながらも、決してその建設へと彼らを駆り立てたりはしない。むしろそれは、ユートピアを決定的にアクセス不可能なものとして示すのだ。

チェルヌィシェフスキーやアヴァンギャルド建築家たちによって夢見られた社会主義のガラスの楽

園は、こうして一度も実現されることなく、ガラスの廃墟となった。おそらくガラスは、彼らが信じていたような対象を可視化する透明な板であるよりも、欲望を映し出す鏡に近かったのだろう。ゆえにこのガラスの鏡面には、一九世紀このかた、理想の建築の、ひいては理想の社会のイメージが投影され続けてきたのだ。

だがこれらの美しい鏡像は、あくまで平坦なイメージに過ぎない。だからこそ、それらを空間へと翻訳しようとする試みは、総じて失敗に終わってきたのではなかったか。それに対してブロツキーとウトキンは、ユートピアをアンビルトの廃墟として描き、このイメージの平面性・虚構性を暴露する。そうすることで、彼らはこの透明なユートピアの亡霊を可視化し、その力を紙の上に封じ込めようとしたのである。

ソ連建築史家のセリム・ハン゠マゴメドフは、ソ連建築の歴史において真にユニークな活動といえるのは、一九二〇年代のアヴァンギャルド、一九三〇年代の社会主義リアリズム、そして一九八〇年代のペーパー・アーキテクチャー運動のみであると述べたことがある［★12］。奇しくもこれら三つの

★10 同書、390頁。強調は原文。
★11 *Асс Е.* Проект архитектора и [или / как] художника // Проект Россия. 2006. № 41. С. 73.
★12 *Ревзин Г.* К 20-летию бумажной архитектуры: 20 лет спустя // Проект классика. 2004. С.110.

時期は、紙上建築が盛んに生み出された時代と一致する。だがこれは、おそらく偶然ではない。ヴェスニン兄弟の労働宮殿設計案以来、ソ連は自らの理想像を建築によって具現化しようとし、常に失敗し続けてきた。しかし裏返してみれば、紙上建築という形によってこそ、ソ連という共同体は正しく表象されてきたのではないだろうか。

ただし、建設を前提として描かれた一九二〇年代、一九三〇年代のプロジェクトと、一九八〇年代に描かれた紙の上のイメージは、もちろん根本的に異なっている。一九二〇年代、三〇年代の建築プロジェクトは、そのユートピア性ゆえにアンビルトに終わった。一九八〇年代のペーパー・アーキテクトたちは、そのようなユートピア建設の歴史をいわば物語の枠に入れて示そうとした。だからこそ、われわれは《ガラスの塔》の寓話に描かれた、ガラスの塔を繰り返し建設しようとする人びとの行為の愚かさを、客観的な距離をもって眺めることができる。そして同時に、われわれは自分たちもまた、不可視の廃墟の傍らに暮らす住人であるということに気づくのだ。

《ガラスの塔》が描かれてから四半世紀が経ったモスクワから改めてこの作品を振り返ってみると、それがいかに予言的であったかに驚かされる。ソ連という神話的な建造物が倒壊してから十数年後、モスクワ河岸に築かれた新しい経済の中心、通称「シティ」には、資本主義の権化のようなガラスの高層建築が次々に建設されていった。モスクワの中心部に、ロンドンのシティのような国際的な経済センターを建設するという野心的な計画は、ソ連解体の最終局面が進行していた一九九一年から開始され、モスクワ市と有力企業の協力の下、開発が行われてきた。計画ではひとつひとつ色や形態の異

図3｜建設途中の連邦タワー
著者撮影（2007年）

図4｜2019年時点のモスクワ・シティ
出典＝https://commons.wikimedia.org/wiki/File:Moscow_City2019.jpg (CC BY 4.0 Mos.ru)

なるガラスのオブジェのような摩天楼が出現する予定だったが、開発の中途でリーマン・ショックの直撃を受けたため、そのうちのいくつかは建設の中断・撤回を余儀なくされた。それでも当時としてはヨーロッパで最も高い建築物だった連邦タワー（二〇一七年竣工）［図3］をはじめ、螺旋状にねじれた構造が特徴的なエヴォリューション・タワー（二〇一四年竣工）など、二〇〇メートルを超えるロシアの超高層建築のほとんどがこの場所に集結している［図4］。

《ガラスの塔》の物語そのままの建築ブームに沸く二〇〇〇年代前半のロシアにおいて、多くのペーパー・アーキテクトたちもまた、普通の建築家へと転身していった。ブロツキーとウトキンもコンビを解消し、別個にスタジオを構えて活動を開始した。とはいえ、ソ連解体とともにペーパー・アーキテクチャー運動が有していた建築への批評的眼差しが、すべて忘れ去られたわけではない。ペーパー・アーキテクチャー運動で中心的な位置を占めていたユーリー・アヴァクーモフは、建築家というよりはアーティストとして活動する一方で、展覧会のキュレーションや出版企画も

図5｜ギャラリー《ワイン工場》の外観　著者撮影（2014年）

図6｜同、内部　著者撮影（2014年）

手掛けている。二〇一九年には、ペーパー・アーキテクチャー運動の主要な作品二五〇点を集めた巨大なカタログ、『ペーパー・アーキテクチャーのアンソロジー Бумажная архитектура. Антология』も刊行した。

　他方ブロツキーは、建築家として活動しながらも、今でも一貫して建築へのニヒリズムを表現し続けている。二〇〇〇年以降に彼が手掛けたレストラン《オギ通り Улица ОГИ》（二〇〇二年、現在は閉店）やカフェ《アプシュー Апшу》（二〇〇三年、現在は閉店）、ギャラリーの複合体《ワイン工場 Винзавод》（二〇〇七年）［図5］［図6］は、いずれもモスクワ市内の既存の廃墟化した建築物を、最小限の改修のみで（つまりはほとんど廃墟のまま）、別の用途をもつ施設へと転用したものだ。これらの作品は、いわば《ガラスの塔》の透明な廃墟を、現実の都市において可視化したものに他ならない。ブロツキー自身のアトリエも、モスクワの中心部にあるモスクワ建築博物館に隣接する「廃墟」と呼ばれる棟に位置している。

　紙上から現実のモスクワへと活動の場を移しても、ブロツキーはこのように意識的に「建てない」建築家にとどまっている。ソ連時代の残滓というべき廃墟に身を置き、「廃墟の建築家」を名乗る建築家は、今もなおロシアをさまようユートピアの亡霊と、対峙し続けているのである。

おわりに

本書の冒頭で、ソ連建築は常に過剰であり、かつ過少であったと述べた。ソ連の建設期にあたる一九二〇年代から一九三〇年代にかけての過剰な理想の時期には、建築という物理的な空間を通して新たな国家を作り出すという希望に燃えた建築家たちが、既存の建築や都市の規範を解体するような大胆なプロジェクトを描きあげた。しかし、イワン・レオニドフの虚の建築も、ソヴィエト宮殿のようなメガロマニアな建築も、さらには一般労働者のための集合住宅ドム・コムーナも、大部分はアンビルトに終わることになった。逆に、フルシチョフ時代からブレジネフ時代には、ソ連型団地の大量供給が進んだが、物理的空間を通して人びとの心身やその生活を変革し、新しい共同体を作り出すというソ連建築の理念は、大幅に後退した。

それではソ連崩壊後のロシアでは、このようなアンバランスは解消されたのだろうか。

少なくとも二〇〇〇年代半ばには、ソ連建築界はユニークな活況を呈していた。ノーマン・フォスターやレム・コールハースら世界的な知名度を誇る建築家たちとロシアの大手ディベロッパーとが手を組み、大規模な建築事業や都市開発に乗り出す一方で、ペーパー・アーキテクチャー運動出身のアレクサンドル・ブロツキーやトタン・クゼムバエフらは、小規模だが興味深いレストランやダーチャ（別荘）などを設計していた。とりわけ二〇〇七年にまだ建設途中のモスクワの「シティ」で開催された第二回モスクワ・ビエンナーレは、強く印象に残っている。会場のひとつに指定されたのは、工事中の高層ビル。われわれ観客は、舗装されていないでこぼこの砂利道や泥道を歩き、作業員が行きかう建設現場を通り抜け、這う這うの体で展示会場にたどり着くことになった。日本では地域芸術祭でもなかなか見ないラフな環境だったが、会場は活気にあふれており、何よりコンクリートが剝き出しのままの展示空間自体［図1］が、圧倒的な迫力を放っていた。

ただしシティの景観が映し出すのはロシアという広大な国の、最もリッチな上澄みの部分に過ぎない。大多数の一般的なロシア人の生活に直に関わる部分、とりわけ結局ソ連が解決できなかった住宅問題は、市場経済への移行後も有効な対策を欠き、深刻さを増している。第5章で述べたように、ほとんどの市民は新規住宅の購入も、現在住んでいる住宅の大規模な修繕も困難なまま、老朽化したフルシチョーフカやブレジネフカ（場合によってはコムナルカ）などのソ連時代の住宅に取り残されている。政治や経済のシステムががらりと変わっても、これらの人びとにとっての住空間は、社会主義時代のまま変わっていない。あるいは、一層悪化している。

とりわけ地方の状況は厳しい。筆者は二〇一八年のサッカー・ワールドカップ開催から数カ月後に、ロシアの地方都市サマーラ（ワールドカップの試合が行われた都市のひとつだった）を訪問したが、美しく整備された大

図1｜2007年の第2回モスクワ・ビエンナーレの会場　著者撮影（2007年）

通りから少し離れると、壁面のひび割れや剝落が目立つ、文字通り崩壊しつつある集合住宅が次々に姿を現した。

もちろんロシア内部でも、専門家から一般人まで、危機的な状況を指摘する声は決して少なくない。たとえば二〇一四年に公開されたユーリー・ブィコフ監督の映画『愚か者 Дурак』では、まさにそのような地方都市にある、倒壊の危険に瀕したブレジネフカが物語の舞台となる。ただし作中で描かれる集合住宅の状況は、建築物の物理的な老朽化にとどまらず、貧しく相互不信に満ちた住人たちの問題や、腐敗した地方政府の問題とも絡み合っている。いわばミクロからマクロまでの共同体の荒廃が、住宅の荒廃として可視化されるのである。このように既に崩壊の瀬戸際にある住宅や生活インフラの状況を、二〇二二年に開始されたウクライナ侵攻がさらに悪化させるだろうことは明らかだ。資金も物資も人的リソースも枯渇するなか、ロシアの郊外や地方都市では、ソ連時代に築かれた団地全体が、今まさに巨大な廃墟と化しつつある。

とはいえ、これは決して地方都市のベッドタウンに限られた現象ではない。モスクワ中心部の真新しいシティにおいても、実は密かに廃墟化が進行している。二〇〇八年のリーマン・ショックの余波もあるが、これらガラスの超高層ビル群は、二〇一〇年代に入っても空きテナントが目立つ。竣工からワンフロアがほぼ空っぽのままという事例もある。また、建設中からシティの摩天楼では火事が相次いだが、その高さゆえに消火が遅れ、二〇一二年のビルの火災では、フロア全体が焼け落ちるという惨事が生じた。そして二〇二三年の夏には、これらの超高層ビルがドローン攻撃のターゲットとなった。このように最先端の超高層ビルですら、最新の廃墟へと裏返る危険性を秘めているのだ。戦争による経済の停滞がこのような状況に拍車をかけるだろうことは、想像に難くない。

アレクサンドル・ブロツキーとイリヤ・ウトキンが一九八〇年代に描いたガラスの塔の廃墟［第11章図2］を、このような現在の時点からもう一度振り返ってみると、ひときわ感慨深く感じられよう。もちろんこの塔の姿は、何よりもまずソ連の廃墟に見えるだろう。ブロツキーとウトキンが作り出した寓話によれば、人びとがこの廃墟の存在に気づくことなく、なぜそれが崩壊したのかを省察しないままでいるならば、同様の破壊は何度でも繰り返される。歴史家のドミニク・リーヴェンは、現在ウクライナで起きている戦争をソ連という帝国の解体の最終段階、つまり帝国の崩壊によって屈辱を味わったロシアのエリート層による、「遅れてきた復讐」の段階とみなしている［★1］。眼前に広がる廃墟を無視しつつ、栄光の大祖国戦争を再現し、ソ連時代の影響圏を取り戻そうとするロシアの為政者らの動きは、ブロツキーとウトキンの寓話が描く、もう一度ガラスの巨塔を建設しようとする試みに重なりはしまいか。ガラスの塔は、遅かれ早かれ崩壊する。もしかすると、われわれは再びガラスの塔が崩れ落ちる、その過程を目撃しようとしているのかもしれない。

★1 「『侵攻』が変えた世界 『大国』の過去、露執着 ソ連崩壊後30年の屈辱晴らす?」」、毎日新聞、2023年2月6日。URL = https://mainichi.jp/articles/20230206/ddm/003/030/110000c

あとがき

二〇二二年二月以来、ロシアは随分と遠い場所になってしまった。

私のようなロシア研究者の端くれにとって、世間や大学生の間でのロシアへの関心の低さはなかなか頭の痛い問題だったのだが、こんな形でロシアやウクライナ、ベラルーシが連日ニュースに登場するようになるとは。ましてや、スターリン時代に関する知識が、遠い過去のトリビアではなく、眼前の現実を理解するのに「役立つ」ものになってしまう日が来るとは。

現在から振り返ってみると、危機の兆候はさまざまなところに現れていたような気がする。たとえば、侵攻の前に近年のロシア映画における地下鉄イメージを論じる機会があったのだが、一九九〇年代の映画には顕著だったスターリン時代の不条理な暴力の痕跡が、二〇一〇年代には消え去っていた。スクリーンから消滅したのは、現実の世界にそれらが再び回帰しつつあるからではないか。当時はそんな感じで、なんだか分析すればするほどロシアの未来が暗く見える気がして、嫌だなあ、くらいに思っていたのだが、現実ははるかに悲惨だった。

本書は基本的に『ゲンロンβ』に連載していた文章から構成されているが、今回の戦争によってソ連時代の文化をめぐる文脈や、私自身の解釈も変化を余儀なくされた。それらを反映して、かなり修正や加筆を行っている。

本書前半の「革命と住宅」は、コロナ禍の始まる少し前から温めていたテーマだった。それまでスターリン時代の権威主義の権化のような巨大で装飾過剰なモニュメント建築を追っていて、それらとは真逆の建築、つまりソ連の合理性と経済性の極致と言っても過言ではない労働者住宅についても論じてみたくなった。ただ見切り発車でスタートしたため、資料収集と並行しながら執筆を進めざるを得ず、議論や検証の不十分な点もまだまだ多い。版権の関係で泣く泣く紹介をあきらめた、かなり狂気高めな住宅映画もある。それらについては今後またどこかで触れてみたい。

ちなみに当初の目論見では、新型コロナの収束後に、まだモスクワに残っているコムナルカや、一九六〇年代の実験団地を訪れ、ソ連時代に建設された住宅の現在の姿も紹介する予定だった。ちょうどロシアでも団地研究が注目を集めつつあり、うまくいけば日露で共同研究もできるかも、などと夢を膨らませていた。だが「革命と住宅」の第5章を執筆しているさなかに突然武力侵攻が始まり、結局今にいたるまでロシアに行くことすら叶わないでいる。もちろん私の研究計画の頓挫など、この戦争で住まいや仕事、家族や友人を失った方々に比べれば、本当に些細な苦痛なのだが。いずれにせよ、一刻も早くロシア側が撤兵し、平和が実現される日が来てほしい。

そんなわけで、ブレジネフ期のソ連型団地を論じた第5章は、奇しくもまさにその典型であるウクライナの団地がロシア軍の砲撃によって破壊されたというニュースを聞きながら、非常に重苦しい思いで執筆した。「革命と住宅」では、ソ連時代に安住の地としての住まいを獲得することがいかに困難だったかを論じたが——そもそも革命はそのような意味での住宅への攻撃と否定から始まった——、どこに・いかに住むかという問題が人びとの意識や生き方に作用するならば、現在まで続く「住む」ことの困難は、今のウクライナやロシアの悲劇にも繋がっているはずだ。

一方、本書後半の「亡霊建築論」は、「紙上建築」と呼ばれたりもする、いわゆるアンビルトの建築を研究テーマにしていた大学院生時代・ポスドク時代に細々と書きためた文章が土台になっている。一九二〇年代のロシア・アヴァンギャルド建築や三〇年代のスターリン建築に関しては既にかなりの先行研究があるが、本書の第10章、第11章では、知名度ほぼゼロのペーパー・アーキテクチャー運動についても取り上げた。同運動の中心となったのは、一九八〇年代にソ連から日本の設計コンペへ密かに作品を投稿していた、無名の若手ロシア人建築家たち。彼らの一部は、今ではロシアでも名の知れた建築家やアーティストとして活躍している。本書でアレクサンドル・ブロツキーをはじめとする彼らの機知に富んだ魅力的な作品を紹介することができて、これほど嬉しいことはない。そして何より、東西世界がいわゆる「鉄のカーテン」によって分断されていた困難な時代に、その間隙を縫うようにして投稿された彼らの作品が、全くの異国であった日本で高い評価を受けていたことは、再びロシアと世界が分断されつつある今、ひとつの希望を示しているように思う。

この本は多くの方々の尽力と、幸運によって誕生した。そもそも本書は、ゲンロンの東浩紀さんと上田洋子さんの、ロシアという決して日本では人気が高いとは言えない国に対する、真摯な関心あってのものである。ゲンロンカフェに最初に呼んでいただいたときから今日まで、すでに存在しない国の実現されなかった建築などという超ニッチなテーマに本当に需要なんてあるのか、ずっと半信半疑のままなのだが、あれよあれよという間に連載が始まり、とうとうこのような本にまでなってしまった。ここまで到達することができたのは、お二人が長年にわたってロシア文化のおもしろさを伝え続けてこられたおかげである。特にロシア研究者としての先輩でもある上田さんには、恐れ多くも連載の段階からロシア語のスペルまでチェックしていただいている。彼女の広範な知識と情熱、そしてロシア語能力によるサポートなしに、本書がこのような形で成立することはなかっただろう。改めてお礼を申し上げたい。

最後に、いつも私の原稿の最初の読者にして最初の校正者でもある西山幸紀と、このあとがきを書いている私の周りで、そんなことよりも早くご飯を出せと騒いでいる五匹の猫たちにも感謝を捧げたい。学生時代から三〇代にかけて根無し草のように各地を転々とし、もっぱら研究室で生活し、住まいなど顧みたことのなかった私に、文字通り「家につく」猫たちは住宅というテーマの重要さを教えてくれた。

なお、本書の執筆にあたっては、日本学術振興会科学研究費助成事業若手研究（二〇一八年四月～二二年三月）、北海道大学スラブ・ユーラシア研究センターの客員研究員制度（二〇二一年度）を利用している。末尾ながら関係各位への謝意を表したい。

二〇二三年八月

ソ連社会主義住宅年表

年	指導者	●社会主義住宅 ◎その他の社会主義建築	▼ソ連（ロシア）および世界の出来事 ○作品
1785		●スコットランドでニュー・ラナーク工場村の建設開始	
1808		●フーリエが共同住宅ファランステールの理念を発表	
1851			▼ロンドン万博で水晶宮建設
1863			○［文学］チェルヌィシェフスキー『何をなすべきか』
1872		●エンゲルスが『住宅問題』を発表	
1908			○［文学］ボグダーノフ『赤い星』
1914			▼第一次世界大戦勃発
1915			○［美術］マレーヴィチ《白地の上の黒の方形》
1917	レーニン	●主要都市における住宅の接収開始 ●共同住宅コムナルカの誕生	▼二月革命、ロマノフ王朝滅亡 ▼十月革命 ▼レーニンを首班とする人民委員会議発足、反革命派（白衛軍）との内戦勃発
1918		●「圧縮」政策開始	▼ブレスト・リトフスク条約による対独単独講和 ○［映画］パンテレーエフ『圧縮』 ▼戦時共産主義（食料拠出の強制や配給制の導入など）開始（-21年）
1919			▼ヴェルサイユ条約締結 ▼ドイツでバウハウス設立 ○［美術］リシツキー《プロウン》シリーズ

共同住宅コムナルカのキッチン

1920

◎国立高等芸術技術工房（ヴフテマス、ВХУТЕМАС）設立
◎タトリン《第三インターナショナル記念塔》
◎ガスチェフらによる「労働の科学的組織化」（НОТ）研究

▼ル・コルビュジエらが雑誌『エスプリ・ヌーヴォー』創刊

1921

▼新経済政策（ネップ、-28年）採択
○［文学］ザミャーチン『われら』

1922

スターリン

●モスクワで最初のドム・コムーナ設計コンペ開催
◎労働宮殿の設計コンペ開催

▼スターリンが書記長就任
▼内戦終結、ソヴィエト社会主義共和国連邦樹立

1923

◎労働宮殿設計コンペでヴェスニン兄弟による設計案が第3等に入選し、構成主義建築運動が始まる

▼マヤコフスキーらが雑誌『レフ』創刊
○［美術］マレーヴィチ《アルヒテクトン》シリーズ

1924

◎プラウダ新聞社モスクワ社屋の設計コンペ開催、ヴェスニン兄弟らが参加

▼レーニン死去
○［映画］プロタザーノフ『アエリータ』

1925

●モスクワ市・モスクワ建築協会によるドム・コムーナ設計コンペ開催
◎構成主義建築家のグループ現代建築家協会（オサ、ОСА）結成
◎ハルキウのゴスプロム・ビルの設計コンペ開催
◎パリ万博開催、ソ連パヴィリオンの設計をメーリニコフが担当

○［映画］エイゼンシテイン『戦艦ポチョムキン』
○［文学］ブルガーコフ『犬の心臓』

1926

◎国立高等芸術技術工房、高等芸術技術大学（ヴフテイン、ВХУТЕИН）に改組

▼バウハウス、デッサウに移転
○［建築］グロピウス、バウハウス・デッサウ校舎

1927

◎レオニドフ、レーニン図書館学研究所設計案を発表
◎メーリニコフ設計によるルサコフ記念労働者クラブ建設開始（-29年）
◎メーリニコフの自邸建設開始（-29年）
◎ヴィクトル・ヴェスニン設計によるドニプロ水力発電所の建設開始（-39年）

▼ドイツ工作連盟主催によりヴァイセンホーフで実験住宅の展示が行われる（ミース、グロピウス、ル・コルビュジエらが参加）
○［映画］エイゼンシテイン『十月』

1928

●ギンズブルグらの設計によるドム・ナルコムフィンの建設開始（-30年）
◎ツェントロソユーズ・ビルの設計コンペ開催、ル・コルビュジエが優勝

▼シャフティ事件裁判、見世物裁判始まる
▼CIAM（現代建築国際会議）創設
▼第一次五カ年計画開始

ドム・コムーナ「ドム・ナルコムフィン」

1929	● 都市派・非都市派らによる社会主義都市（ソツゴロド）論争開始（-30年） ◎ コロンブス・モニュメントの設計コンペ開催、レオニドフらが参加 ◎ 全ロシア・プロレタリア建築家同盟（ヴォプラ、ВОПРА）結成	▼ 世界恐慌 ▼ 第一次五カ年計画に基づき、農業の集団化・機械化開始 ○ [映画] ヴェルトフ『カメラを持った男』 ○ [映画] エイゼンシテイン&アレクサンドロフ『全線（古きものと新しきもの）』 ○ [映画] エルムレル『帝国の断片』 ○ [建築] ミース、バルセロナ・パヴィリオン
1930	● 共産党中央委員会が生活の共同化・集団化を有害なユートピア主義として批判 ◎ 文化宮殿の設計コンペ開催、ヴェスニン兄弟やレオニドフらが参加 ◎ レオニドフに対する批判キャンペーン激化 ◎ ハルキウ音楽堂の設計コンペ開催、ヴェスニン兄弟、日本人建築家の川喜田煉七郎らが参加 ◎ シチューセフ設計によるレーニン廟完成	▼ マヤコフスキー自殺 ○ [文学] プラトーノフ『土台穴』
1931	● カガノヴィチがドム・コムーナやソツゴロド論争を有害なユートピア主義として批判 ◎ ソヴィエト宮殿の設計コンペ（国際公開コンペ）開催 ◎ ソヴィエト宮殿建設のため、救世主ハリストス大聖堂が爆破解体される ◎ ソヴィエト宮殿の国際公開コンペは優勝案なしのまま終了するも、講評で過去の建築様式の使用が奨励される ◎ ヴェスニン兄弟設計による文化宮殿建設開始（-37年）	○ [建築] ル・コルビュジエ、サヴォワ邸
1932	◎ 各建築団体が統合され、建築家同盟が発足する ◎ ソヴィエト宮殿の設計コンペ（1回目のクローズ・コンペ）開催、優勝案なし ◎ ソヴィエト宮殿の設計コンペ（2回目のクローズ・コンペ）開催	▼ ニューヨークのMoMAで「モダン・アーキテクチャー：インターナショナル」展覧会開催 ▼ ウクライナなどを中心にソ連の農村で飢饉が広がる（ホロドモール）
1933	◎ ソヴィエト宮殿の2回目のクローズ・コンペでボリス・イオファンのチームが優勝	▼ ナチス政権発足 ▼ バウハウス閉鎖
1934	● 第17回共産党大会においてコミューン批判が行われる ◎ 重工業人民委員部ビルの設計コンペ開催、レオニドフやメーリニコフらが参加 ◎ 建築アカデミー創設	▼ ソ連の作家同盟が発足、社会主義リアリズムが唯一の公式の創作方法として認められる ○ [映画] リーフェンシュタール『意志の勝利』

年	モスクワ	世界・文化
1935	●モスクワのゴーリキー通りなどを中心に、エリート向け集合住宅スターリンカの建設進む ◎モスクワ再開発計画採択 ◎モスクワでソ連初の地下鉄開通	▼スタハーノフ運動開始 ○［映画］ジュラヴリョフ『宇宙飛行』
1936		▼大粛清開始 ○［戯曲］ブルガーコフ『イワン・ワシーリエヴィチ』
1937		▼ヒトラー、シュペーアにベルリン改造計画（民族大会堂含む）の作成を指示 ○［建築］シュペーア、パリ万博ドイツ・パヴィリオン ○［映画］満鉄映画製作所『躍進国都』
1938		○［映画］メドヴェトキン『新しいモスクワ』
1939	◎モスクワで全連邦農業博覧会（ＢＣＸＢ）開催、ソ連を構成する各共和国のパヴィリオンが建設される	▼独ソ不可侵条約 ▼ドイツ軍によるポーランド侵攻、第二次世界大戦勃発 ▼ソ連軍によるフィンランド侵攻、ソ連は国際連盟から除名
1940		▼メイエルホリド処刑 ○［映画］クレショフ『シベリアの人びと』
1941		▼大祖国戦争（独ソ戦）開始（–45年） ▼ドイツ軍によるウクライナ、ベラルーシ他地域の占領、レニングラード包囲戦開始
1942		▼スターリングラード攻防戦開始
1944		○［映画］エイゼンシテイン『イワン雷帝第一部』
1945		▼第二次世界大戦終結 ○［映画］エイゼンシテイン『イワン雷帝第二部』
1946		▼ジダーノフ批判による文化統制再開
1947	◎モスクワ建都800年を記念し、スターリンがモスクワに8棟の高層ビルの建設を宣言	

スターリン住宅
「コチェリニーチェスカヤ河岸通りのアパートメント」

年		ソ連	世界
1948		●コチェリニーチェスカヤ河岸通りのアパートメント、38-40年に一部建設していた建物のプランを変えて建設再開（-52年） ●クドリンスカヤ広場のアパートメント建設開始（-54年） ◎モスクワ大学校舎建設開始（-53年）	▼ベルリン、東西に分断
1952			○［建築］ル・コルビュジエ、ユニテ・ダビタシオン
1953	フルシチョフ		▼スターリン死去 ▼フルシチョフが第一書記就任
1954		●フルシチョフによるスターリン建築批判	
1956		●国家建設局の建築家たちがフランスのカミュ社を視察 ●ノーヴィエ・チェリョームシュキ第9地区で大規模開発開始（-58年）、集合住宅フルシチョーフカの建設の本格化 ◎ソ連、ウィーンで第23回国際住宅・都市計画会議に参加 ◎新ソヴィエト宮殿の設計コンペ開催（オープン・コンペに-57年）、優勝案なし	▼第20回共産党大会における秘密報告でフルシチョフがスターリン批判を展開、「雪解け」の到来
1957			▼スプートニク打ち上げ成功 ○［映画］クリジャーノフ&セーゲリ『僕が住む家』
1958		●フルシチョフ、七年計画として1500万の新規住宅建設を宣言 ◎ソ連、ブリュッセル万博に参加、ソ連パヴィリオンを建設 ◎旧ソヴィエト宮殿の土台の跡地に公営プール《モスクワ》の建設開始（-60年）	○［戯曲］ヴォロディン『五夜』 ○［建築］ミース、シーグラム・ビルディング

5階建てフルシチョーフカ

1959		◎全連邦農業博覧会が国民経済達成博覧会（ВДНХ）へと名称を変更し再開 ◎新ソヴィエト宮殿の設計コンペ（クローズ・コンペ）開催、優勝案なし ◎クレムリン大会宮殿の建設決定	▼モスクワでアメリカ産業博覧会開催、ニクソンとフルシチョフの「キッチン論争」
1960		◎ヴラソフを代表としソヴィエト宮殿計画局開設 ◎ポソーヒン設計のクレムリン大会宮殿の建設開始（－61年）	▼川添登、菊竹清訓、黒川紀章、槇文彦らを中心にメタボリズム運動開始 ○［建築］磯崎新、空中都市：新宿計画 ○［建築］ニーマイヤー、ブラジル国会議事堂
1961		●第22回共産党大会で新しい党綱領採択 ●新綱領に基づく「新しい生活様式」の導入と、それを可能にする集合住宅ドム・コムプレクスの開発が進められる ◎グトノフ、レジャワらモスクワ建築大学の学生によるグループ「新しい居住素」（НЭР）が卒業制作としてクリトヴォ計画を発表、本格的な活動を開始	▼ガガーリンを乗せたヴォストーク1号が世界初の有人宇宙飛行に成功 ○［映画］ライズマン『もしそれが愛なら？』
1962		◎新ソヴィエト宮殿の最終案が完成するも、同計画は翌年白紙撤回に	▼キューバ危機 ○［映画］ラッパポルト『チェリョームシュキ』 ○［美術］ピーメノフ《明日の道での結婚式》 ○［文学］ソルジェニーツィン『イワン・デニーソヴィチの一日』 ○［建築］黒川紀章、東京計画1961：Helix計画
1963			○［映画］ダネリヤ『僕はモスクワを歩く』 ○［建築］菊竹清訓、海上都市1963
1964	ブレジネフ		▼フルシチョフ失脚 ▼ブレジネフが第一書記に就任 ○［建築］アーキグラム、ウォーキング・シティ
1965		●ノーヴィエ・チェリョームシュキ第10地区でオステルマンらの設計による《新しい生活様式の家》建設（－71年）	
1966		●高層化・巨大化した団地ブレジネフカの建設が本格化、70年までに約4400万人が新居へ移住	

年	指導者	建築・都市	社会・文化
1968		◎「新しい居住素」のグトノフ、レジャワら、ミラノ・トリエンナーレに参加	▼チェコスロヴァキアの改革「プラハの春」に対するソ連軍の介入 ○[文学]ソルジェニーツィン『収容所群島』(ソ連での発表は89年)
1970		●ソ連型団地の統一カタログ完成 ◎「新しい居住素」、大阪万博に参加	▼ソルジェニーツィンがノーベル文学賞受賞
1972			▼ブロツキーの国外追放 ○[建築]黒川紀章、中銀カプセルタワービル
1975		●最初の住宅建設コンビナートが完成 ●ポソーヒンによる北チェルタノヴォ開発計画開始(-82年)	▼レム・コールハースらによってOMA設立 ▼サハロフがノーベル平和賞受賞 ○[映画]リャザーノフ『運命の皮肉、あるいはよい湯気を!』
1977			○[建築]ピアノ&ロジャース、ポンピドゥー・センター
1979		◎パリのポンピドゥー・センターで「ソ連の都市空間1917-1978」展開催	▼ソ連軍のアフガニスタン侵攻 ○[映画]メニショフ『モスクワは涙を信じない』
1980			▼モスクワ五輪が開催されるも、アフガン侵攻を受けて西側の多くの国が参加をボイコット ▼ポーランドで「連帯」活動開始
1981		◎ベロフが日本の建築雑誌『新建築』主催のコンペで第1等を受賞、以降ロシアの若手建築家による国際コンペへの参加が活発化し、ペーパー・アーキテクチャー運動と呼ばれるようになる	
1982	アンドロポフ	◎ブロツキー&ウトキン《クリスタル・パレス》	▼ブレジネフ死去 ▼アンドロポフが書記長に就任 ○[映画]カザコフ『ポクロフスキエ門』

16階建てブレジネフカ

年	指導者	住宅・建築	出来事
1984	チェルネンコ	◎モスクワで「ペーパー・アーキテクチャー」展開催 ◎ブロツキー&ウトキン《建築の墓所》 ◎ブロツキー&ウトキン《ガラスの塔》	▼アンドロポフ死去 ▼チェルネンコが書記長に就任
1985	ゴルバチョフ		▼チェルネンコ死去 ▼ゴルバチョフが書記長に就任
1986		◎ブロツキー&ウトキン《住宅の墓所》	▼チェルノブイリ原発事故
1987		●年間の住宅建設数がソ連史上最多に	▼ゴルバチョフ、ペレストロイカ、グラスノスチを推進 ▼ブロツキーがノーベル文学賞受賞 ○[映画]リャザーノフ『フルートのための忘れられたメロディ』
1988		●国有・公有住宅の販売を認可	○[美術]カバコフ《一〇の人物》
1989			▼ベルリンの壁崩壊 ▼マルタ会談、米ソ首脳による冷戦終結宣言
1990			▼リトアニア、独立を宣言 ▼ゴルバチョフが大統領に就任 ▼東西ドイツ統一 ▼ゴルバチョフがノーベル平和賞受賞
1991	エリツィン	●国有・公有住宅の居住者への払い下げ(無償私有化)を認可 ◎モスクワ・シティ建設計画開始	▼エリツィンがロシア共和国大統領に就任 ▼保守派による8月クーデター失敗 ▼独立国家共同体(CIS)設立、ソ連解体 ○[美術]カバコフ《共同キッチン》 ▼ロシア連邦発足、エリツィンが初代大統領に就任

イラスト=大橋慶子

本書に登場する建築家

イワン・ジョルトフスキー

Иван Жолтовский｜1867-1959

マホヴァヤ通りのアパートメント、モスクワ

帝政期より建築家としてのキャリアを開始し、古典主義およびルネサンス建築の大家として知られた。代表作にモスクワのマホヴァヤ通りのアパートメント（1934年竣工）など。

セルゲイ・セラフィーモフ

Сергей Серафимов｜1878-1939

レニングラードの建築家。マルク・フェリゲル、サムイル・クラーヴェツとともに、ハルキウ（ハリコフ）のゴスプロム・ビルの設計コンペティション（1925年）に参加、優勝する。

ウラジーミル・シチュコー

Владимир Щуко｜1878-1939

古典主義を得意とする建築家。代表作にレーニン図書館（1958年竣工、ウラジーミル・ゲリフレイフらとの共作）など。ボリス・イオファンのソヴィエト宮殿計画案に共同設計者として参加する。

レオニード・ヴェスニン

Леонид Веснин｜1880-1933

ヴェスニン三兄弟の長兄。弟のヴィクトル、アレクサンドルと共同で設計を行った。

マルク・フェリゲル

Марк Фельгер｜1881-1962

レニングラードの建築家。セルゲイ・セラフィーモフ、サムイル・クラーヴェツとともに、ハルキウ（ハリコフ）のゴスプロム・ビルの設計コンペティション（1925年）に参加、優勝する。

セルゲイ・チェルヌイショフ
Сергей Чернышев｜1881-1963

帝政期より建築家としてのキャリアを開始し、十月革命後もモスクワの再開発計画に携わる。1934年から41年にかけてモスクワの主席建築家を務め、1935年から開始されるスターリンの首都再開発総計画、通称「ゲンプラン」の指揮をとった。

ヴィクトル・ヴェスニン
Виктор Веснин｜1882-1950

ヴェスニン三兄弟の次男。兄のレオニード、弟のアレクサンドルと共同で設計を行った。工業建築の設計に秀でており、1936年にはソ連建築アカデミーの初代代表に就任。代表的なプロジェクトに、ウクライナのドニプロ（ドニエプル）水力発電所（1939年竣工）など。

アレクサンドル・ヴェスニン
Александр Веснин｜1883-1959

レオニード・ヴェスニン、ヴィクトル・ヴェスニンの弟。十月革命後はしばらくアーティストとして活動していたが、1923年の労働宮殿コンペティションに兄ヴィクトルとともに参加し、その斬新なデザインで注目を集めた。ドイツのバウハウスのような先進的な芸術教育機関であった国立高等芸術技術工房（ヴフテマス ВХУТЕМАС）で教鞭をとり、合理性と機能性、反装飾を旨とする構成主義の建築思想を広めた。1925年には、彼をリーダーとしてロシア・アヴァンギャルド建築のなかでも最大勢力となる現代建築家協会（オサ ОСА）が組織される。代表的な作品に、百貨店《モストルグ》（1928年竣工、レオニード&ヴィクトル・ヴェスニンとの共作）、モスクワの文化宮殿（1937年竣工、レオニード&ヴィクトル・ヴェスニンとの共作）など。

モストルグ、モスクワ

ウラジーミル・ゲリフレイフ
Владимир Гельфрейх｜1885-1967

古典主義を得意とする建築家。代表作にレーニン図書館（1958年竣工、ウラジーミル・シチュコーらとの共作）、ソ連外務省ビル（1953年竣工、ミハイル・ミンクスとの共作）など。ボリス・イオファンのソヴィエト宮殿計画案に共同設計者として参加する。

コンスタンチン・メーリニコフ
Константин Мельников｜1890-1974

ロシア・アヴァンギャルド建築の代表者の一人だが、構成主義など特定のグループに属することはなかった。1925年のパリ万博でソ連パヴィリオンの設計を担当し、高い評価を受ける。国内でもモスクワの6つの労働者クラブを筆頭に、1930年代前半にかけて多数のプロジェクトを実現。自ら設計した自邸（1929年竣工）は、現在ミュージアムとして一般公開されている。

ルサコフ記念労働者クラブ、モスクワ

ボリス・イオファン

Борис Иофан｜1891-1976

イタリアの建築家アルマンド・ブラジーニの下で学ぶ。1920年代にソ連に戻ってからは、党幹部や高級官僚のためのアパートメント、通称《河岸通りのアパートメント》（1931年竣工）などを設計。1931年に開始されたソヴィエト宮殿コンペティションで最終的に優勝を収め、以降はパリ万博（1937年）やニューヨーク万博（1939年）のソ連パヴィリオンなど、ソ連という国家を象徴するような重要なプロジェクトを次々に手掛ける。しかしスターリンはソヴィエト宮殿計画に対して次第に冷淡になっていき、さらに彼の死後はフルシチョフによるスターリン建築批判の矢面に立たされ、実質的に失脚した。

パリ万博ソ連パヴィリオン、パリ

モイセイ・ギンズブルグ

Моисей Гинзбург｜1892-1946

アレクサンドル・ヴェスニンと並ぶ構成主義建築運動のリーダー。執筆活動も盛んに行い、『建築におけるリズム』（1923年）、『様式と時代』（1924年）などを刊行。また現代建築家協会（オサ OCA）の機関誌『現代建築』を創刊してその編集長を務め、ソ連国内外に構成主義の思想や作品を紹介した。1920年代後半にはドム・コムーナと呼ばれる共同生活を前提とした集合住宅の開発に取り組んだ。1920年代末から30年にかけては、社会主義都市論争に参加、非都市派と呼ばれる陣営を築いて既存の都市を根本から解体する、離散的な都市像を描き出した。

ニコライ・コリ

Николай Колли｜1894-1966

構成主義建築家。ル・コルビュジエのツェントロソユーズ・ビル（1936年竣工）の共同設計やモスクワ地下鉄の文化公園駅やチーストゥイエ・プルドゥイ駅（いずれも地上パヴィリオン部分、1935年開設）の設計で知られる。

ノイ・トロツキー

Ной Троцкий｜1895-1940

レニングラードを中心に活動。モスクワの労働宮殿設計コンペティション（１９２２-23年）で優勝を収めた。

アルカジー・モルドヴィノフ

Аркадий Мордвинов｜1896-1964

全ロシア・プロレタリア建築家同盟（ヴォプラＢОПРА）の主要メンバーの一人。１９５０年からはソ連建築アカデミーの代表を務め、ヴャチェスラフ・オルタルジェーフスキーとともに「スターリンの七姉妹」のひとつ、ホテル《ウクライナ》（１９５７年竣工）の設計を手掛けた。

サムイル・クラーヴェツ

Самуил Кравец｜1891-1966

レニングラードの建築家。セルゲイ・セラフィーモフ、マルク・フェリゲルとともに、ハルキウ（ハリコフ）のゴスプロム・ビルの設計コンペティション（１９２５年）に参加、優勝する。

アンドレイ・ブーロフ

Андрей Буров｜1900-1957

構成主義建築家の第二世代にあたる。ル・コルビュジエの訪ソの際には通訳を務め、映画『全線（古きものと新しきもの）』（１９２９年）のためにル・コルビュジエの白の時代の住宅を彷彿とさせる白亜のソフホーズのセットを設計。１９３０年代には、モスクワのトヴェルスカヤ通りにネオ・ルネサンス風のアパートメント（１９４０年竣工）のような復古的様式の集合住宅を設計する一方で、パネル工法による住宅建設にもいち早く着手し、レニングラード大通りのアパートメント（１９４０年竣工）などを設計している。

レニングラード大通りのアパートメント、モスクワ

アレクサンドル・ヴラソフ

Александр Власов｜1900-1962

１９２９年にカロ・アラビヤンらとともに全ロシア・プロレタリア建築家同盟（ヴォプラＢОПРА）を創設。構成主義建築家らと論争を繰り広げた。１９３０年代にはモスクワ計画局第二スタジオの代表となり、戦後はキーウ（キエフ）の再建計画を指導した。１９５０年代にはモスクワの主席建築家に任命されるも、間もなくフルシチョフのスターリン建築批判に連動して解任される。それでもフルシチョフとの友好関係によって完全な失脚は免れ、ソ連建築アカデミー代表の座に就き、ソ連建築界の刷新に取り組んだ。１９５６年に開始された新たなソヴィエト宮殿設計コンペティションでは、実質的な優勝者となったが、同プロジェ

ルジニキのスタジアム、モスクワ

クトは実現されることなく終わった。代表作にルジニキのスタジアム（1956年竣工、イーゴリ・ロージンらとの共作）など。

イワン・ニコラエフ

Иван Николаев｜1901-1979

ヴィクトル・ヴェスニンの薫陶を受け、構成主義建築家として活動。戦後はモスクワ建築大学の学長に就任し、アヴァンギャルド建築の思想を次世代に引き継いだ。

ドミトリー・チェチューリン

Дмитрий Чечулин｜1901-1981

1930年代よりモスクワ計画局で地下鉄駅の設計に取り組み、1945年にはモスクワの主席建築家に就任。コチェリニーチェスカヤ河岸通りのアパートメント（1952年竣工）の設計を手掛けるも、建設中に不正行為の疑惑をかけられ失脚する。

イワン・レオニドフ

Иван Леонидов｜1902-1959

構成主義建築家の第二世代を代表する存在。国立高等芸術技術工房（ヴフテマスBXYTEMAC）でアレクサンドル・ヴェスニンに出会い、建築家を志した。幾何学的な建築フォルムを用いた、抽象的でコズミックなドローイング・スタイルで異彩を放つ存在であり、ヴェスニンやモイセイ・ギンズブルグらから多大な期待をかけられていたが、1920年代末から30年代にかけて構成主義批判の槍玉にあげられ、建築家としての活動の機会を奪われる。しかし彼の作品は、OMAのレム・コールハース（1960年代に訪ソし、レオニドフの未亡人

重工業人民委員部オフィス・ビル設計案、モスクワ

と面会している）や磯崎新を筆頭に、今でも世界の多くの建築家に影響を与え続けている。代表的な作品に、重工業人民委員部オフィス・ビル設計案（1934年）など。

ミハイル・バルシチ

Михаил Барщ｜1904-1976

構成主義建築家の第二世代にあたる。モイセイ・ギンズブルグとともにロシア共和国のストロイコム（ロシア建設委員会）で働き、ドム・コムーナの実験や非都市派の社会主義都市の開発に取り組んだ。

ニコライ・クジミン

Николай Кузьмин｜1905-1985

構成主義建築家。主としてシベリア、特にノヴォシビルスクで活動した。ドム・コムーナをさらに先鋭化させた住宅コンビナートの設計などで知られる。

アショット・ムンドヤンツ

Ашот Мндоянц｜1910-1966

ミハイル・ポソーヒンとともに「スターリンの七姉妹」のひとつ、クドリンスカヤ広場のアパートメント（1954年竣工）を設計した。

ボリス・ルバネンコ

Борис Рубаненко｜1910-1985

戦後、さまざまな機関で集合住宅の設計や都市開発の指揮をとる。特に1963年から85年にかけては、住宅・公共建築に関する学術調査・計画中央研究所（ЦНИИЭП жилища）の代表を務め、集合住宅の規格化とプレファブ化を推し進めた。

ミハイル・ポソーヒン

Михаил Посохин｜1910-1989

アレクセイ・シチューセフの下で学び、1930年代から本格的に建築家としての活動を開始。戦後はアショット・ムンドヤンツとともに「スターリンの七姉妹」のひとつ、クドリンスカヤ広場のアパートメント（1954年竣工）を設計する。一方で早くから住宅のプレファブ化に関心をもっており、フルシチョフ時代にも重用された。1960年代から70年代にかけてはモスクワの主席建築家として首都再開発を指揮。新アルバート通りの整備や北チェルタノヴォをはじめとする衛星都市の建設など、その活動は多岐にわたった。またソ連を代表する建築家として、1967年のモントリオール万博、1970年の大阪万博のソ連パヴィリオンの設計も手掛けた。

新アルバート通り、モスクワ

大阪万博ソ連パヴィリオン、大阪

ナタン・オステルマン

Натан Остерман｜1916-1969

モスクワ建築大学在学中にロシア・アヴァンギャルドの住宅設計や社会主義都市の実験に興味をもつようになり、卒業後は特別建築設計局（САКБ）、モスクワ市標準設計研究所（МИТЭП）などで集合住宅の設計と都市計画の研究に取り組む。1956年からはモスクワのノーヴィエ・チェリョームシュキ第9地区、1962年からは同第10地区の実験住宅の建設を指揮。特に後者では、《新しいブィトの家》と呼ばれるドム・コムプレクスを設計し、新しい社会主義住宅のモデルを示そうとした。

アレクセイ・グトノフ

Алексей Гутнов｜1937-1986

1954年にモスクワ建築大学に入学。他の学生とともに「新しい居住素」（ネール НЭР）と呼ばれるグループを組織し、成長・変化するダイナミックな都市のコンセプトを描き出した。1968年のミラノ・トリエンナーレや

1970年の大阪万博では同コンセプトを作品として展示。また1962年からはモスクワ計画局の第一スタジオに勤務し、首都の整備計画に携わった。彼の都市計画の思想は、『都市の未来』（1977年、イリヤ・レジャワとの共著）、『都市計画の進化』（1984年）などの著作にもまとめられている。

イリヤ・レジャワ

Илья Лежава｜1935-2018

アレクセイ・グトノフの盟友で「新しい居住素」（ネール НЭР）グループのリーダーの一人。1960年代から母校モスクワ建築大学に戻って教鞭をとり、アレクサンドル・ブロツキーらのちのペーパー・アーキテクト世代を育てた。ソ連建築家としては例外的に、諸外国での展覧会や講演など、国際的な活動を活発に行った。

トタン・クゼムバエフ

Тотан Кузембаев｜1953-

ペーパー・アーキテクチャー運動に参加。1990年代以降はダイナミックな構造の木造建築を多数発表している。

ミハイル・フィリッポフ

Михаил Филиппов｜1954-

ペーパー・アーキテクチャー運動に参加。一九九〇年代以降は主にアーティストとして活動している。

アレクサンドル・ブロツキー

Александр Бродский｜1955-

ペーパー・アーキテクチャー運動の中心人物の一人。イリヤ・ウトキンとコンビを組んで、さまざまな国際設計コンペティションに応募し、次々に入賞を果たした。1993年には自身のスタジオを立ち上げ、2007年にオープンしたギャラリー《ワイン工場》のような、廃墟化した建築物をコンヴァージョンした作品や、ニコラ・レニーヴェッツ公園の《ロトンダ》（2009年）のようなパヴィリオンやオブジェの設計・制作を行っている。なお本人のスタジオも元廃墟をコンヴァージョンしたもので、しばしば「廃墟の建築家」と呼ばれている。

《ロトンダ》、ニコラ・レニーヴェッツ

ナジェージダ・ブロンゾワ

Надежда Бронзова｜1955-

ペーパー・アーキテクチャー運動に参加。しばしばミハイル・フィリッポフと共作し、おとぎ話の世界のような都市や建築を描いた。

イリヤ・ウトキン

Илья Уткин｜1955-

モスクワ建築大学でアレクサンドル・ブロツキーと知り合い、ともにペーパー・アーキテクチャー運動に参加。国際的な建築コンペティションで多数の入賞を果たす。1993年にブロツキーとのコンビを解消。その後は自身の設計スタジオを開設し、独自に活動している。

アレクセイ＆セルゲイ・バヴィキン

Алексей и Сергей Бавыкины｜1956-, 1958-

兄弟でモスクワ建築大学に学び、ペーパー・アーキテクチャー運動に参加した。

ミハイル・ベロフ

Михаил Белов｜1956-

ペーパー・アーキテクチャー運動のリーダー的存在。1990年代後半以降はモスクワにスタジオを構えて設計活動を行いつつ、モスクワ建築大学でも教鞭をとっている。2006年に竣工したモスクワの《ポンペイの家》など、集合住宅の設計で知られる。

ユーリー・アヴァクーモフ

Юрий Аввакумов｜1957-

ペーパー・アーキテクチャー運動のキーパーソンの一人。現在はアーティスト、キュレーターとしても活発に活動しており、2019年にはペーパー・アーキテクチャー運動を回顧する『ペーパー・アーキテクチャーのアンソロジー』を刊行。

ドミトリー・ブーシュ

Дмитрий Буш｜1958-

アレクサンドル・ホミャコフ、ドミトリー・ポジャポリスキーらとともにペーパー・アーキテクチャー運動に参加し、国外のコンペティションで多数の入賞を果たした。現在はロシアだけでなくドイツでも建築家として活躍している。

初出一覧

本書は電子批評誌『ゲンロンβ』に連載された「亡霊建築論」（2019年4月-2020年4月）および「革命と住宅」（2021年1月-2022年4月）に大幅な加筆を施し、書き下ろしの「はじめに」「おわりに」「あとがき」と付録を加えて1冊の本にまとめたものである。

はじめに　書き下ろし

「革命と住宅」

第1章　ドム・コムーナ——社会主義的住まいの実験
『ゲンロンβ57』（2021年1月）／『ゲンロンβ58』（2021年2月）

第2章　コムナルカ——社会主義住宅のリアル
『ゲンロンβ60』（2021年4月）／『ゲンロンβ61』（2021年5月）／『ゲンロンβ62』（2021年6月）

第3章　スターリン住宅——新しい階級の出現とエリートのための家
『ゲンロンβ65』（2021年9月）

第4章　フルシチョーフカ——ソ連型団地の登場
『ゲンロンβ68』（2021年12月）／『ゲンロンβ69』（2022年1月）

第5章　ブレジネフカ——ソ連団地の成熟と、社会主義住宅最後の実験
『ゲンロンβ71』（2022年3月）／『ゲンロンβ72』（2022年4月）

「亡霊建築論」

第6章　ロシア構成主義建築とアンビルトのプログラム
『ゲンロンβ36』（2019年4月。「ロシア構成主義建築と、アンビルトのプログラム」より改題）

第7章　ソ連映画のなかの建築、あるいは白昼の亡霊
『ゲンロンβ38』（2019年6月。「エイゼンシテインの『全線』とソフホーズの亡霊」より改題）

第8章　スターリンのソヴィエト宮殿、あるいは増殖する亡霊
『ゲンロンβ40』（2019年8月。「《ソヴィエト宮殿》、あるいは増殖する亡霊」より改題）

第9章　フルシチョフのソヴィエト宮殿、あるいは透明なガラスの不透明性について
『ゲンロンβ42』（2019年10月。《ソヴィエト宮殿》、あるいは透明なガラスの不透明性について」より改題）

第10章　ブロツキーとウトキンの建築博物館、あるいは建築の墓所
『ゲンロンβ44』（2019年12月）

第11章　ガラスのユートピアとその亡霊
『ゲンロンβ48』（2020年4月）

おわりに　書き下ろし

あとがき　書き下ろし

Розанов Н. Типовые проекты крупнопанельных жилых домов серии 1-464А // Архитектура СССР. 1962. №8.

Рубаненко Б. Архитектура высотного здания на Котельнической набережной в Москве // Архитектура СССР. 1952. №6.

—— Основные направления индустриального строительства жилых домов и массовых общественных зданий // Архитектура СССР. 1963. №8.

Сабсович Л. М. Города будущего и организация социалистического быта. М., 1929.

—— Новые пути в строительстве городов // Строительство Москвы. 1930. №1.

—— Социалистические города. М., 1930.

Стекло в современной архитектуре // Современная архитектура. 1926. №3.

"Стеклянный дом" С. М. Эйзенштейна. К истории замысла // Искусство кино. 1979. №3.

Стройком РСФСР // Современная архитектура. 1929. №1.

Терновец Б. Задачи скульптуры // Архитектура СССР. 1939. №6.

Трапезников К. Социально-экономические предпосылки планировки и застройки жилых районов // Архитектура СССР. 1964. №11.

Федоров Е. Из опыта эксплуатации экспериментальных жилых домов // Архитектура СССР. 1963. №4.

Хан-Магомедов С. О. Александр Веснин и конструктивизм. М., 2007.

Хмельницкий Д. Архитектура Сталина. Психология и стиль. М., 2007.

Эйзенштейн С. Генеральная линия // Избранные произведения в шести томах. Т. 6. М., 1970.

Леонидов И. Институт Ленина // Современная архитектура. 1927. №4-5.

—— Организация работы клуба нового социального типа // Современная архитектура. 1929. №3.

—— Конкурсный проект памятника Колумбу // Современная архитектура. 1929. №4.

Ловейко И. За экономичные проектные решения // Архитектура и строительство Москвы. 1958. №1.

Майстровская М., Случевский Ю. Новации и проблемы обстановочного комплекса жилого интерьера 1960-х // Массовое жилище как объект творчества. Роль социальной инженерии и художественных идей в проектировании жилой среды. Опыт XX и проблемы XXI века. М., 2015.

Мезенцев Б., Шейнин Е. Планировка и застройка юго-западного района столицы // Архитектура и строительство Москвы. 1956. №4.

Милютин Н. А. Проблема строительства социалистических городов: Основные вопросы рациональной планировки и строительства населенных мест СССР. М., 1930.

Мойзер Ф. Жилищное строительство в СССР 1955-1985. Архитектура хрущевского и брежневского времени. Берлин, 2021.

Овсянников С. В квартале №12 Новых Черемушек // Архитектура и строительство Москвы. 1957. №4.

Осминкин Р., Вепрева А. Коммуналка на Петроградке, М., 2022.

Остерман Н. Крупноблочные жилые дома с малометражными квартирами // Архитектура и строительство Москвы. 1957. №12.

Остерман Н., Петрушкова А. Жилой дом-комплекс с общественным обслуживанием // Архитектура СССР. 1965. №7.

Охитович М. К проблеме города // Современная архитектура. 1929. №4.

—— Социализм города. Ответ т. Черня // Революция и культура. 1930. №3.

Паперный В. Культура Два. М., 2006.

Перчик Л. Город социализма и его архитектура // Архитектура СССР. 1934. №1.

Постановление Совета строительства Дворца Советов при Президиуме ЦИК СССР. II. Об организации работ по окончательному составлению проекта Дворца Советов Союза СССР в гор. Москве // Советская архитектура. 1932. №2-3.

Программа и условия конкурса на лучший проект сооружения в г. Москве Пантеона - памятника вечной славы великих людей Советской страны // Архитектура СССР. 1954. №9.

Рационализация кухни // Современная архитектура. 1929. №1.

Ревзин Г. К 20-летию бумажной архитектуры: 20 лет спустя // Проект классика. 2004.

—— Бездомный архитектор // Михаил Белов. М., 2006.

Гутнов А. Э., Лежава И. Г. Будущее города. М., 1977.

Дворец Советов. Материалы конкурса 1957-1959 гг. М., 1961.

Дворец Советов СССР. М., 1939.

Дихтер Я. Чертаново Северное: начинается пусковой период. Новое качество крупноэлементного жилища // Строительство и архитектура Москвы. 1979. №2.

Добренко Е. Политэкономия соцреализма. М., 2007.

Дома-коммуна в Москве. Огонек. 1923. №7.

Дюбек Л. Москва, Северное Чертаново // Строительство и архитектура Москвы. 1972. №9.

—— Северное Чертаново строится // Строительство и архитектура Москвы. 1975. №6.

Из истории советской архитектуры 1917-1925 гг. М., 1963.

Измайлов В. Проблема дома // Жилищное дело. 1928. №22.

Из сообщения государственного комитета совета министров СССР по делам строительства и союза архитекторов СССР // Архитектура СССР. 1958. №8.

Казакова О. В. Дворец Советов на Ленинских горах // Эстетика «оттепели»: Новое в архитектуре, искусстве, культуре / под ред. О. В. Казаковой. М., 2013.

Кастель И., Красильникова К. Для жителей Северного Чертанова // Строительство и архитектура Москвы. 1973. №3.

Кибирев С. Качество типовых проектов – на уровень новых задач жилищного строительства // Архитектура СССР. 1964. №9.

Кокурин А., Моруков Ю. Сталинские стройки ГУЛАГа. 1930-1953 / под общ. ред. акад. А. Н. Яковлева; сост. А. И. Кокурин, Ю. Н. Моруков. М., 2005.

Конкурсный проект «Дворца Труда»: Девиз, АНТЕНА, арх. Б. А., В. А., А. А., Весниных, 1923 г. //Леф, 1924. №4.

Коэн, Ж.-Л. Ле Корбюзье и мистика СССР. Теории и проекты для Москвы 1928-1936. М., 2012.

Кузьмин Н. Проблема научной организации быта // Современная архитектура. 1930. №3.

Кулакова И. История московского жилья. М., 2006.

Лаврик Г. К вопросу об оценке экономичности проекта жилого дома // Архитектура СССР. 1963. №9.

Лагутенко В. В конструкциях-резервы удешевления строительства // Архитектура и строительство Москвы. 1958. №1.

Лебина Н. Советская повседневность: нормы и аномалии. От военного коммунизма к большому стилю. М., 2015.

Броновицкая А. Ю. «Оттепель» и холодная война: выставочные павильоны как экспериментальная площадка новой архитектуры // Эстетика «оттепели». Новое в архитектуре, искусстве, культуре / под ред. О. В. Казаковой. М., 2013.

Булгакова О. Советское кино в поисках «общей модели» // Соцреалистический канон / под общ. ред. Х. Гюнтера, Е. Добренко. СПб., 2000.

Бумажный Л., Зальцман А. Перспективные типы жилых домов и квартир // Архитектура СССР. 1959. №1.

Буров А. Письма. Дневники. Беседы с аспирантами. Суждения современников. М., 1980.

Быков В. Социальное значение домов-комплексов в становлении коммунистических форм быта // Архитектура СССР. 1965. №7.

Васильева А. Опыт проектирования домов с обобществленным бытом в Москве на рубеже 1920-1930-х годов // Массовое жилище как объект творчества. Роль социальной инженерии и художественных идей в проектировании жилой среды. Опыт XX и проблемы XXI века. М., 2015.

Васькин А. А. Сталинские небоскребы: от Дворца Советов к высотным зданиям. М., 2009.

Вендеров Б. Второй конкурс Московского Совета Р. К. и К. Д. на проект Дома-Коммуны // Строительство Москвы. 1926. №6.

Веснины А. и В. Творческие отчеты // Архитектура СССР. 1935. №4.

Всесоюзное совещание строителей, архитекторов и работников промышленности строительных материалов, строительного и дорожного машиностроения, проектных и научно-исследовательских организаций. М., 1955.

В Совете Министров СССР // Архитектура СССР. 1956. №8.

Высотка на Котельнической набережной: крыша, интерьеры, квартиры. // Прогулки по Москве. 01.10.2013. URL= http://moscowwalks.ru/2013/10/01/vysotka-v-kotelnikah/

Гендель Я. Новые Черемушки, квартал №9: некоторые итоги экспериментального строительства // Архитектура и строительство Москвы. 1957. №12.

Гинзбург М. Пути развития массового жилищного строительства // Архитектура СССР. 1943. №2.

Гинзбург М., Барщ М. Зеленый город // Современная архитектура. 1930. №1-2.

Гинзбург М. Я., Веснин В. А., Веснин А. А. Проблемы современной архитектуры // Архитектура СССР. 1934. №2.

Гинзбург М. Милинис И. Дом сотрудников Наркомфина // Современная архитектура. 1929. №5.

Горева Е. За коллективный быт // Строительство Москвы. 1929. №12.

Градов Г. Этапы развития системы коллективного расселения в городах // Архитектура СССР. 1961. №6.

Selim O. Khan-Magomedov, *Pioneers of Soviet Architecture: The Search for New Solutions in the 1920s and 1930s* (London: Themes and Hudson, 1987).

Natalia Koriakovskaia, Anton Mizonov (tr.), "'Architectural Archaeology of the Narkomfin Building': the Recap." Archi.ru. 10 December 2020. URL= https://archi.ru/en/87380/

Léon Krier, *Albert Speer: Architecture 1932-1942* (New York: The Monacelli Press, 2013).

Anne Nesbet, *Savage Junctures: Sergei Eisenstein and the Shape of Thinking* (London: I.B. Tauris, 2007).

Lois E. Nesbitt ed., Alexander Brodsky, Ilya Utkin, *Brodsky & Utkin: The Complete Works* (New York: Princeton Architectural Press, 1991).

Alexander Rappaport, "Paper Architecture: A Postscript," in Alexey Yurasovsky and Sophie Ovenden eds., *Post-Soviet Art and Architecture* (London: Academy Editions, 1994).

Lewis H. Siegelbaum, *Stakhanovism and the Politics of Productivity in the USSR, 1935-1941* (Cambridge: Cambridge University Press, 1988).

Mark B. Smith, *Property of Communists: The Urban Housing Program from Stalin to Khrushchev* (DeKalb: Northern Illinois University Press, 2010).

Alexei Tarkhanov, Sergei Kavtaradze, *Stalinist Architecture* (London: Laurence King Publishing, 1992).

Amei Wallach, *Ilya Kabakov: The Man Who Never Threw Anything Away* (New York: Harry N. Abrams, 1996).

Thomas P. Whitney ed., *Khrushchev Speaks: Selected Speeches, Articles, and Press Conferences, 1949-1961* (Ann Arbor: University of Michigan Press, 1963).

Jane R. Zavisca, *Housing the New Russia* (Ithaca and London: Cornell University Press, 2012).

Katherine Zubovich, *Moscow Monumental: Soviet Skyscrapers and Urban Life in Stalin's Capital* (New York: Princeton University Press, 2020).

ロシア語

Авангардстрой. Архитектурный ритм революции 1917 года. М., 2018.

Алексиевич С. А. Время секонд хэнд. М., 2013.

Аркин Д. Строительство и «мебельная проблема» // Строительство Москвы. 1929. №10.

Асс Е. Проект архитектора и [или / как] художника // Проект Россия. 2006. №41.

Атаров Н. Дворец Советов. М., 1940.

八束はじめ『ロシア・アヴァンギャルド建築［増補版］』、LIXIL出版、2015年

アレクセイ・ユルチャク『最後のソ連世代――ブレジネフからペレストロイカまで』半谷史郎訳、みすず書房、2017年

ル・コルビュジエ - ソーニエ『建築へ』樋口清訳、中央公論美術出版、2011年

「住宅ビル攻撃は巡航ミサイル、ウクライナに『撃墜能力ない兵器』と当局者」、CNN.co.jp、2023年1月19日。URL=https://www.cnn.co.jp/world/35198836.html

「『侵攻』が変えた世界　『大国』の過去、露執着　ソ連崩壊後30年の屈辱晴らす？」、毎日新聞、2023年2月6日。URL=https://mainichi.jp/articles/20230206/ddm/003/030/110000c

英語

Gregory D. Andrusz, *Housing and Urban Development in the USSR* (London: Macmillan, 1984).

Lynne Attwood, *Gender and Housing in Soviet Russia: Private Life in a Public Space* (Manchester and New York: Manchester University Press, 2010).

Svetlana Boym, *Common Places: Mythologies of Everyday Life in Russia* (Cambridge: Harvard University Press, 1994).

Joseph Brodsky, *Less Than One: Selected Essays* (New York: Penguin Classics, 2011).

Susan Buck-Morss, *Dreamworld and Catastrophe: The Passing of Mass Utopia in East and West* (Cambridge: MIT Press, 2002).

Toby Clark, "The New Man's Body: A Motif in Early Soviet Culture," in Matthew Cullerne Brown and Brandon Taylor eds. *Art of the Soviets: Painting, Sculpture and Architecture in a One-Party State, 1917-1992* (Manchester and New York: Manchester University Press, 1993).

Mikhail Epstein, *After the Future: The Paradoxes of Postmodernism and Contemporary Russian Culture* (Amherst: The University of Massachusetts Press, 1995).

Alexander Etkind, *Warped Mourning: Stories of the Undead in the Land of the Unburied* (Stanford: Stanford University Press, 2013).

Wendy Z. Goldman, *Women, the State and Revolution: Soviet Family Policy and Social Life, 1917–1936* (London: Cambridge University Press, 2010).

James Goodwin, *Eisenstein, Cinema, and History* (Urbana: University of Illinois Press, 1993).

Boris Groys, David A. Ross, Iwona Blazwick, *Ilya Kabakov* (London: Phaidon, 1998).

Steven E. Harris, *Communism on Tomorrow Street: Mass Housing and Everyday Life After Stalin* (Washington, D.C.: Woodrow Wilson Center Press, 2013).

参考文献

日本語

ドナルド・アルブレヒト『映画に見る近代建築——デザイニング・ドリームス』萩正勝訳、鹿島出版会、2008年

スヴェトラーナ・アレクシエーヴィチ『セカンドハンドの時代——「赤い国」を生きた人びと』松本妙子訳、岩波書店、2016年

セルゲイ・M. エイゼンシュテイン『エイゼンシュテイン全集　第2部　映画——芸術と科学　第6巻　星のかなたに』エイゼンシュテイン全集刊行委員会訳、キネマ旬報社、1980年

エンゲルス『住宅問題』大内兵衛訳、岩波文庫、1949年

河本和子『ソ連の民主主義と家族——連邦家族基本法制定過程1948—1968』、有信堂高文社、2012年

エヴゲーニイ・ザミャーチン『われら』小笠原豊樹訳、集英社文庫、2018年
——『われら』川端香男理訳、岩波文庫、1992年
——『われら』松下隆志訳、光文社古典新訳文庫、2019年

ウラジミール・ジャンケレヴィッチ『還らぬ時と郷愁』中澤紀雄訳、国文社、1994年

白鳥正明「ロシアの住宅制度改革と住宅金融制度の現状」、『ERINA REPORT』第6号、2005年

鈴木佑也『ソヴィエト宮殿——建設計画の誕生から頓挫まで』、水声社、2021年

チェーホフ「古い家——家主の話」、『チェーホフ全集4』松下裕訳、ちくま文庫、1994年

チェルヌィシェーフスキイ『何をなすべきか（下）』金子幸彦訳、岩波文庫、1980年

沼野充義編著『イリヤ・カバコフの芸術』、五柳書院、1999年

乗松亨平、平松潤奈、松下隆志、八木君人、上田洋子「歴史をつくりなおす——文化的基盤としてのソ連」、『ゲンロン7』、2017年

スーザン・バック-モース『夢の世界とカタストロフィ——東西における大衆ユートピアの消滅』堀江則雄訳、岩波書店、2008年

アンドレイ・プラトーノフ『土台穴』亀山郁夫訳、国書刊行会、1997年

ミハイル・ブルガーコフ「イヴァーン・ヴァシーリエヴィチ——3幕の喜劇——」川上洸訳、『現代世界演劇15　風俗劇』、白水社、1971年

——『犬の心臓』水野忠夫訳、河出書房新社、2012年

本田晃子『都市を上映せよ——ソ連映画が築いたスターリニズムの建築空間』、東京大学出版会、2022年

道上真有、田畑理一、中村勝之「ロシア住宅市場の発展過程と住宅政策の効果の研究—ロシア国家プロジェクト『ロシア国民に手の届く住宅を』の成否—」、『住宅総合研究財団研究論文集』第36号、2009年

https://www.youtube.com/watch?v=lVpmZnRIMKs（モスフィルム公式）

第11章

図1　アレクサンドル・ブロツキー、イリヤ・ウトキン《クリスタル・パレス》　Alexander Brodsky, Ilya Utkin, *Crystal Palace.* 1982.　copyrights: Alexander Brodsky, Ilya Utkin

図2　同、《ガラスの塔》　Alexander Brodsky, Ilya Utkin, *A Glass Tower.* 1984.　copyrights: Alexander Brodsky, Ilya Utkin

図3　建設途中の連邦タワー　著者撮影（2007年）

図4　2019年時点のモスクワ・シティ
http://commons.wikimedia.org/wiki/File:Moscow_City2019.jpg (CC BY 4.0 Mos.ru)

図5　ギャラリー《ワイン工場》の外観　著者撮影（2014年）

図6　ギャラリー《ワイン工場》の内部　著者撮影（2014年）

おわりに

図1　2007年の第2回モスクワ・ビエンナーレの会場　著者撮影（2007年）

本書に登場する建築家

イワン・ジョルトフスキー、マホヴァヤ通りのアパートメント
Мастера советской архитектуры об архитектуре. Том 1. / под общ. ред. М. Г. Бархина, А. В. Иконникова [и др.]. М., 1975.

アレクサンドル・ヴェスニン、モストルグ　Современная архитектура. 1929. №1.

コンスタンチン・メーリニコフ、ルサコフ記念労働者クラブ
Мастера советской архитектуры об архитектуре. Том 2.

ボリス・イオファン、パリ万博ソ連パヴィリオン
Мастера советской архитектуры об архитектуре. Том 2.

アンドレイ・ブーロフ、レニングラード大通りのアパートメント
Мастера советской архитектуры об архитектуре. Том 2.

アレクサンドル・ヴラソフ、ルジニキのスタジアム
Мастера советской архитектуры об архитектуре. Том 2.

イワン・レオニドフ、重工業人民委員部オフィス・ビル設計案　Архитектура СССР. 1969. №3.

ミハイル・ポソーヒン、新アルバート通り　Архитектура СССР. 1968. №11.

ミハイル・ポソーヒン、大阪万博ソ連パヴィリオン　Архитектура СССР. 1969. №3.

アレクサンドル・ブロツキー、《ロトンダ》　著者撮影（2014年）

Архитектура и строительство Москвы. 1959. №5.

図15『僕はモスクワを歩く』より、ガラスのカフェ
https://www.youtube.com/watch?v=vbjs5zfxDMs（モスフィルム公式）

図16 ジョン・F・ケネディ舞台芸術センター
https://commons.wikimedia.org/wiki/File:Kennedy_Center_for_the_Performing_Arts,_Washington,_D.C_LCCN2011632175.tif (Public Domain)

第10章

図1 1968年のミラノ・トリエンナーレに出品された《新しい居住素》
Гутнов А.Э., Лежава И.Г. Будущее города. М., 1977.

図2 大阪万博で展示されたカタツムリ状の都市《大阪》
Гутнов, Лежава. Будущее города.

図3 アレクセイ&セルゲイ・バヴィキン《2001年の様式》『新建築』1985年7月、臨時増刊号

図4 ドミトリー・ブーシュ、ドミトリー・ポジャポリスキー、アレクサンドル・ホミャコフ《立方体の中の無限》外観 『新建築』1987年1月号

図5 《立方体の中の無限》内部 『新建築』1987年1月号

図6 アレクサンドル・ブロツキー、イリヤ・ウトキン《建築の墓所》
Alexander Brodsky, Ilya Utkin, *Columbarium Architecture (Museum of Disappearing Buildings).* 1984. copyrights: Alexander Brodsky, Ilya Utkin

図7 同、《住宅の墓所》 Alexander Brodsky, Ilya Utkin, *Columbarium Habitabile.* 1986. copyrights: Alexander Brodsky, Ilya Utkin

図8 同、《ウィニー・ザ・プーの住まい》 Alexander Brodsky, Ilya Utkin, *Dwelling House of Winnie-the-Pooh.* 1983. copyrights: Alexander Brodsky, Ilya Utkin

図9 同、《阿呆船、あるいは愉快な仲間たちのための木造の摩天楼》 Alexander Brodsky, Ilya Utkin, *Ship of Fools or a Wooden Skyscraper for the Jolly Company.* 1989. copyrights: Alexander Brodsky, Ilya Utkin

図10 同、《ヴィラ・ノーチラス》 Alexander Brodsky, Ilya Utkin, *Villa Nautilus.* 1985. copyrights: Alexander Brodsky, Ilya Utkin

図11 同、《穴のあいた丘》 Alexander Brodsky, Ilya Utkin, *Hill with a Hole.* 1987 copyrights: Alexander Brodsky, Ilya Utkin

図12 同、《現代建築美術館》 Alexander Brodsky, Ilya Utkin, *Contemporary Architectural Art Museum.* 1988. copyrights: Alexander Brodsky, Ilya Utkin

図13『運命の皮肉、あるいはよい湯気を!』第1部より、オープニング
https://www.youtube.com/watch?v=lVpmZnRlMKs（モスフィルム公式）

図14 同、タイトル

https://www.youtube.com/watch?v=SHKviXaXZZ4 (Public Domain)

図20 同、ロケット発射台の背後に見えているソヴィエト宮殿
https://www.youtube.com/watch?v=SHKviXaXZZ4 (Public Domain)

図21 『新しいモスクワ』より、モスクワ中心部の古い街並みの模型
https://www.youtube.com/watch?v=zwd6kERtmFA (Public Domain)

図22 同、モスクワ中心部の刷新された街並みの模型
https://www.youtube.com/watch?v=zwd6kERtmFA (Public Domain)

図23 同、映画内映画『今日のモスクワ』がスクリーンに映し出されている
https://www.youtube.com/watch?v=zwd6kERtmFA (Public Domain)

図24 同、映画内映画『明日のモスクワ』のクライマックス。宮殿の基壇部が映し出される
https://www.youtube.com/watch?v=zwd6kERtmFA (Public Domain)

図25 同、その後、宮殿頂上のレーニン像が映し出される
https://www.youtube.com/watch?v=zwd6kERtmFA (Public Domain)

第9章

図1 イオファン・チームによる新ソヴィエト宮殿設計案　Архитектура СССР. 1958. №11.

図2 ゲリフレイフ・チームによる新ソヴィエト宮殿設計案　Архитектура СССР. 1958. №11.

図3 バルヒン・チームによる新ソヴィエト宮殿設計案　Архитектура СССР. 1958. №11.

図4 バルシチ・チームによる新ソヴィエト宮殿設計案　Архитектура СССР. 1958. №11.

図5 ヴラソフによる新ソヴィエト宮殿設計案・模型写真（第1フェーズ）
Архитектура СССР. 1958. №11.

図6 同、平面図（第1フェーズ）　Архитектура СССР. 1958. №11.

図7 アレクサンドル・ヴラソフ率いる建築建設大学チームによる旧ソヴィエト宮殿設計案（1932年）　Строительство Москвы. 1933. №5-6.

図8 アレクサンドル・ヴラソフ設計案のソヴィエト宮殿とモスクワ大学校舎の位置関係　著者制作

図9 ヴラソフ・チーム設計案・模型写真（第2フェーズ）　Архитектура СССР. 1960. №1.

図10 同、平面図（第2フェーズ）　Архитектура СССР. 1960. №1.

図11 ミハイル・ポソーヒン他設計による大会宮殿　Архитектура СССР. 1961. №12.

図12 ブリュッセル万博のソ連パヴィリオン　Архитектура СССР. 1959. №2.

図13 アメリカ合衆国産業博覧会のメイン・パヴィリオン
Архитектура и строительство Москвы. 1959. №5.

図14 アメリカ合衆国産業博覧会の展示用パヴィリオン

https://www.youtube.com/watch?v=VAXpqkQUxoY (Public Domain)

図17 同、クレムリンの城壁と子どもたち
https://www.youtube.com/watch?v=VAXpqkQUxoY (Public Domain)

第8章

図1 マレーヴィチによる建築的構造　Современная архитектура. 1926. №2.

図2 リーフェンシュタール『意志の勝利』より、シュペーア設計によるルイポルド・アリーナ
https://archive.org/details/triumphdeswillens_202001 (Public Domain)

図3 満鉄映画製作所による『躍進国都』より、建設中の国務院
「躍進国都」、『満洲アーカイブス 満鉄記録映画集［3］』、DVD、クリエーションファイブ、2005年

図4 ル・コルビュジエによるソヴィエト宮殿設計案　Дворец советов СССР. М., 1939.

図5 ボリス・イオファンによるソヴィエト宮殿設計案　Дворец советов СССР. М., 1939.

図6 イワン・ジョルトフスキーによるソヴィエト宮殿設計案
Дворец советов СССР. М., 1939.

図7 ヘクター・ハミルトンによるソヴィエト宮殿設計案　Дворец советов СССР. М., 1939.

図8 ギンズブルグ・チームによるソヴィエト宮殿設計案
Строительство Москвы. 1933. №5-6.

図9 ヴェスニン兄弟によるソヴィエト宮殿設計案　Строительство Москвы. 1933. №5-6.

図10 イオファン・チームによるソヴィエト宮殿設計案　Архитектура СССР. 1933. №1.

図11 レーニン像と自由の女神像の比較　Архитектура СССР. 1934. №5.

図12 修正後のソヴィエト宮殿設計案　Архитектура СССР. 1937. №6.

図13 ソヴィエト宮殿とエンパイアステート・ビルの高さの比較
Mechanix Illustrated, September 1939.

図14 シュペーア設計による民族大会堂　Léon Krier, *Albert Speer: Architecture 1932-1942* (New York: The Monacelli Press, 2013).

図15 民族大会堂内部　Krier, *Albert Speer: Architecture 1932-1942*.

図16 モスクワ大学校舎　著者撮影（2019年）

図17 ポスター《クレムリンのスターリンはわれわれ一人ひとりのことを考えてくれている》、1940年。著者所蔵

図18 ニューヨーク万博に展示されたソヴィエト宮殿の模型　Агитация за счастье. Советское искусство сталинской эпохи. Дюссельдорф-Бремен, 1994.

図19『宇宙飛行』より、窓から覗いているソヴィエト宮殿

図11　イワン・レオニドフによるコロンブス・モニュメント設計案
Современная архитектура. 1929. №4.

図12　イワン・レオニドフによる文化宮殿設計案　Современная архитектура. 1930. №5.

第7章

図1　『巨人ゴーレム』より、表現主義建築家ハンス・ペルツィヒの設計によるセット
https://www.youtube.com/watch?v=8jfhul-o-f4 (Public Domain)

図2　『人でなしの女』より、ロベール・マレ=ステヴァンスの設計によるセット
https://www.youtube.com/watch?v=7LC7RpFtk1g (Public Domain)

図3-5『アエリータ』より、火星の王宮と支配者トゥスクプ
https://www.youtube.com/watch?v=yoROo4Ur49c (Public Domain)

図4　同、火星の王宮、玉座の間
https://www.youtube.com/watch?v=yoROo4Ur49c (Public Domain)

図5　同、アエリータの寝室
https://www.youtube.com/watch?v=yoROo4Ur49c (Public Domain)

図6　『カメラを持った男』より、メーリニコフ設計のバスのガレージ
https://www.youtube.com/watch?v=lkGPga9nyjg (Public Domain)

図7　『帝国の断片』より、ゴスプロム・ビル
https://www.youtube.com/watch?v=cTmte5RBgm8 (Public Domain)

図8　同、ゴスプロム・ビルのローアングル・ショット
https://www.youtube.com/watch?v=cTmte5RBgm8 (Public Domain)

図9　同、ゴスプロム・ビルのローアングル・ショット（空中回廊部分）
https://www.youtube.com/watch?v=cTmte5RBgm8 (Public Domain)

図10『全線』より、ゴスプロム・ビル
https://www.youtube.com/watch?v=rmW6pPRkNVM (Public Domain)

図11　同、農民たちの暮らす家
https://www.youtube.com/watch?v=rmW6pPRkNVM (Public Domain)

図12　同、純白のソフホーズ
https://www.youtube.com/watch?v=rmW6pPRkNVM (Public Domain)

図13　同、別角度から見たソフホーズ
https://www.youtube.com/watch?v=rmW6pPRkNVM (Public Domain)

図14　ル・コルビュジエのサヴォワ邸　著者撮影（2016年）

図15　訪ソ時のル・コルビュジエとエイゼンシュテイン、ブーロフ
Советский экран. 1928. № 46.

図16『シベリアの人びと』より、赤の広場にあるレーニン廟

図9 『フルートのための忘れられたメロディ』より、フィリモーノフに対応するリューシャと、その様子をうかがうおばあさん
https://www.youtube.com/watch?v=zClb0R_8Ww4（モスフィルム公式）

図10 『モスクワは涙を信じない』第2部より、カテリーナの暮らす集合住宅の外観
https://www.youtube.com/watch?v=uUVd9j543s8（モスフィルム公式）

図11 同、居間兼寝室でベッドをソファに直すカテリーナ
https://www.youtube.com/watch?v=uUVd9j543s8（モスフィルム公式）

図12 同、コムナルカ内のゴーシャの部屋
https://www.youtube.com/watch?v=uUVd9j543s8（モスフィルム公式）

図13《新しいブィトの家》 Архитектура СССР. 1965. №7.

図14 同、1階部分のフロア・プラン Архитектура СССР. 1965. №7.

図15 北チェルタノヴォ開発計画模型写真
Строительство и архитектура Москвы. 1972. №9.

図16 同、高層集合住宅の間取りのバリエーションの例
Строительство и архитектура Москвы. 1972. №9.

第6章

図1 隈研吾による《M2》ビル 著者撮影（2020年）

図2 ノイ・トロツキーによる労働宮殿設計案 Архитектура СССР. 1972. №3.

図3 ヴェスニン兄弟による労働宮殿設計案 Современная архитектура. 1927. №4-5.

図4 タトリンによる《第三インターナショナル記念塔》の模型 Вещь. 1922. №1-2.

図5 第三インターナショナルを記念するための群集劇の舞台装置
Мастера советской архитектуры об архитектуре. Том 2. / под общ. ред. М. Г. Бархина, А. В. Иконникова [и др.]. М., 1975.

図6 アレクサンドル・ヴェスニンによる『木曜日と呼ばれた男』の舞台装置
Мастера советской архитектуры об архитектуре. Том 2.

図7 ヴェスニン兄弟によるレニングラード・プラウダ社屋コンペ案
Современная архитектура. 1926. №1.

図8 同、立体図と1階・2階の平面図 Современная архитектура. 1926. №1.

図9 イワン・レオニドフによるレーニン図書館学研究所設計案の模型
Современная архитектура. 1927. №4-5.

図10 イワン・レオニドフによる新しい社会タイプの労働者クラブ設計案（A案）
Современная архитектура. 1929. №3.

Архитектура и строительство Москвы. 1957. №12.

図6　大型ブロック工法による建設　Архитектура СССР. 1962. №3.

図7　輸送中のブロック　Строительство и архитектура Москвы. 1962. №4.

図8　ミンスクに建設されたI-464シリーズ　Архитектура СССР. 1962. №8.

図9　フルシチョーフカのキッチンと規格化されたシンクや棚、吊戸棚
Архитектура и строительство Москвы. 1956. №6.

図10　サヌーゼル　Архитектура и строительство Москвы. 1958. №11.

図11　大型ブロック工法による間取り案　Архитектура и строительство Москвы. 1957. №9.

図12『もしそれが愛なら?』より、ダイニングにある妹の机とベッド
https://www.youtube.com/watch?v=-2IhHYRXExU（モスフィルム公式）

図13　同、図12と同じ空間に置かれた食卓とその奥の玄関
https://www.youtube.com/watch?v=-2IhHYRXExU（モスフィルム公式）

図14　ベッドにもなるソファ、机代わりにもなる棚　Архитектура СССР. 1962. №10.

第5章

図1　モスクワ近郊マトヴェーエフ小地区の円形住宅
Строительство и архитектура Москвы. 1974. №8.

図2　レニングラード近郊ソスノーヴァヤ・ポリャーナ小地区
Строительство и архитектура Москвы. 1977. №1.

図3『運命の皮肉、あるいはよい湯気を!』第1部より、建築家が設計したスターリン時代を彷彿とさせる集合住宅
https://www.youtube.com/watch?v=lVpmZnRlMKs（モスフィルム公式）

図4　同、建設許可が下りた集合住宅の設計案
https://www.youtube.com/watch?v=lVpmZnRlMKs（モスフィルム公式）

図5　同、地球を覆っていく集合住宅
https://www.youtube.com/watch?v=lVpmZnRlMKs（モスフィルム公式）

図6　同、郊外のベッドタウン
https://www.youtube.com/watch?v=lVpmZnRlMKs（モスフィルム公式）

図7『フルートのための忘れられたメロディ』第1部より、フィリモーノフの自宅のリビング
https://www.youtube.com/watch?v=zClb0R_8Ww4（モスフィルム公式）

図8　同、ダイニングで食卓を囲むフィリモーノフとリーダ
https://www.youtube.com/watch?v=zClb0R_8Ww4（モスフィルム公式）

第3章

図1　アンドレイ・ブーロフ設計によるゴーリキー通り25番地の集合住宅
Андрей Константинович Буров: Письма. Дневники. Беседы с аспирантами. Суждения современников. М., 1980.

図2　同、平面図　Андрей Константинович Буров: Письма. Дневники. Беседы с аспирантами. Суждения современников. М., 1980.

図3　コチェリニーチェスカヤ河岸通りのアパートメント　著者撮影（2007年）

図4　クドリンスカヤ広場のアパートメント　著者撮影（2019年）

図5　コチェリニーチェスカヤ河岸通りのアパートメント（1952年時点）
Архитектура СССР. 1952. №6.

図6　同、エントランス　Архитектура СССР. 1952. №6.

図7　同、エントランス・ホール　Архитектура СССР. 1952. №6.

図8　同、中央棟居住区部分の平面図　Архитектура СССР. 1952. №6.

図9　同、キッチン　Архитектура СССР. 1952. №6.

図10　同、ダイニング　Архитектура СССР. 1952. №6.

図11　同、浴室　Архитектура СССР. 1952. №6.

図12　『モスクワは涙を信じない』第1部より、キッチンでディナーの準備をするカテリーナとリュドミーラ　https://www.youtube.com/watch?v=X7GuhjGZ-xs（モスフィルム公式）

図13　同、ダイニングで食事をするカテリーナとルドルフ
https://www.youtube.com/watch?v=X7GuhjGZ-xs（モスフィルム公式）

図14　『クロコディール』より、建設中のスターリン住宅を描いたイラスト
Крокодил, 20 сентября 1950.

第4章

図1　『もしそれが愛なら?』より、搬入前の椅子に座る子どもたち
https://www.youtube.com/watch?v=-2lhHYRXExU（モスフィルム公式）

図2　ユーリー・ピーメノフ《明日の道での結婚式》を元にした切手
https://ru.wikipedia.org/wiki/Пименов,_Юрий_Иванович#/media/Файл:1973_CPA_4264_mint.jpg (Public Domain)

図3　大型パネル工法で用いられる壁パネル
Архитектура и строительство Москвы. 1957. №9.

図4　大型パネル工法で建設された壁面
Архитектура и строительство Москвы. 1957. №9.

図5　ノーヴィエ・チェリョームシュキ第9地区開発計画全体図

第2章

図1　『圧縮』より、教授宅の食事風景
https://www.youtube.com/watch?v=VJ8yD3qYAT4 (Public Domain)

図2　同、錠前屋親子の住むワンルーム
https://www.youtube.com/watch?v=VJ8yD3qYAT4 (Public Domain)

図3　『犬の心臓』第1部より、プレオブラジェンスキーが暮らす集合住宅の外観
https://www.youtube.com/watch?v=FeGuBXYLbug（チャンネル5公式）

図4　同、プレオブラジェンスキー宅の豪華な診察室
https://www.youtube.com/watch?v=FeGuBXYLbug（チャンネル5公式）

図5　『イリフとペトロフは路面電車に乗っていた』より、コムナルカの玄関口
https://www.youtube.com/watch?v=ZqX3XXGH0hU（モスフィルム公式）

図6　『僕が住む家』より、やかんを載せたプリムスのガス・ストーブ
https://www.youtube.com/watch?v=6pRuTV6QQkA（ゴーリキー映画スタジオ公式）

図7　同、食卓を囲むダヴィドフ家の人びと
https://www.youtube.com/watch?v=6pRuTV6QQkA（ゴーリキー映画スタジオ公式）

図8　同、カッシーリン夫妻の部屋に入り込むコンスタンチン
https://www.youtube.com/watch?v=6pRuTV6QQkA（ゴーリキー映画スタジオ公式）

図9　『ポクロフスキエ門』第1部より、マルガリータとサッヴァの部屋
https://www.youtube.com/watch?v=T-EM2avmxtQ（モスフィルム公式）

図10　同、ホーボトフの部屋
https://www.youtube.com/watch?v=T-EM2avmxtQ（モスフィルム公式）

図11　同第2部より、自室とホーボトフの部屋の間のドアを地図ごと蹴破るマルガリータ
https://www.youtube.com/watch?v=PhxPonlglPc（モスフィルム公式）

図12　『一と二分の一の部屋 、あるいは祖国への感傷旅行』より、ブロツキー一家の暮らす部屋
Хржановский А., Полторы комнаты или сентиментальное путешествие на Родину (DVD), М., Парадиз, 2010.

図13　同、シーツに映った共同キッチンの女たちの影　*Хржановский А.*, Полторы комнаты или сентиментальное путешествие на Родину (DVD), М., Парадиз, 2010.

図14　イリヤ・カバコフ《10人の人物》より「自分の部屋から宇宙へ飛び出した男」の部屋
撮影=D. James Dee 1988, New York　copyrights: Ilya & Emilia Kabakov

図15　イリヤ・カバコフ《共同キッチン》。2018年にトレチャコフ美術館で再現されたバージョン
撮影=上田洋子

図版出典

第1章

図1　ロバート・オーウェンによる《ニュー・ラナーク》の家並み
https://www.bl.uk/collection-items/illustration-of-new-lanark-a-cotton-mill-village (Public Domain)

図2　フーリエのファランステール構想
https://commons.wikimedia.org/wiki/File:Id%C3%A9e_d%27un_phalanst%C3%A8re.jpg#/media/File:Idée_d'un_phalanstère.jpg (Public Domain)

図3　第1回万国博覧会の水晶宮
https://en.wikipedia.org/wiki/The_Crystal_Palace#/media/File:The_Crystal_Palace_in_Hyde_Park_for_Grand_International_Exhibition_of_1851.jpg (Public Domain)

図4　1925-26年のドム・コムーナ建築コンペにおけるヴォリフェンゾーンとアイジンコーヴィチによる案のファサード　Строительство Москвы. 1926. №6.

図5　同、平面図　Строительство Москвы. 1926. №6.

図6　ストロイコムによる移行型ドム・コムーナ、A-3型の平面図
Современная архитектура. 1929. №1.

図7　同、E-1型、平面図　Современная архитектура. 1929. №1.

図8　同、E-1型、共用廊下のパースペクティヴ　Современная архитектура. 1929. №1.

図9　同、F-1型、住居のみのフロアと共用廊下+玄関からなるフロア
Современная архитектура. 1929. №1.

図10　ドム・ナルコムフィン　Современная архитектура. 1929. №5.

図11　同、K型　Современная архитектура. 1929. №5.

図12　同、変形F型　Современная архитектура. 1929. №5.

図13　同、変形F型、台所ユニット　Современная архитектура. 1929. №1.

図14　同、変形F型における想定された家事動線　Современная архитектура. 1929. №1.

図15　スターリングラード計画　*Сабсович Л. М.* Социалистические города. М., 1930.

図16　《緑の都市》より、幹線道路、各種サービス施設、帯状の住宅群
Современная архитектура. 1930. №1-2.

図17　同、労働者住宅のデザイン　Современная архитектура. 1930. №1-2.

1973 『イワン・ワシーリエヴィチの転職 Иван Васильевич меняет профессию』、レオニード・ガイダイ Леонид Гайдай

1975 『運命の皮肉、あるいはよい湯気を!』、エリダール・リャザーノフ

1977 『家庭の事情で По семейным обстоятельствам』、アレクセイ・コーレネフ Алексей Коренев

1979 『モスクワは涙を信じない』、ウラジーミル・メニショフ

1982 『ポクロフスキエ門 Покровские ворота』、ミハイル・カザコフ Михаил Козаков

1987 『フルートのための忘れられたメロディ Забытая мелодия для флейты』、エリダール・リャザーノフ Эльдар Рязанов

1988 『犬の心臓 Собачье сердце』、ウラジミール・ボルトコ Владимир Бортко

2008 『コムナルカ Kommunalka』、フランソワーズ・ユギエー Françoise Huguier

2008 『スチリャーギ Стиляги』、ワレーリー・トドロフスキー Валерий Тодоровский

2008 『一と二分の一の部屋、あるいは祖国への感傷旅行 Полторы комнаты, или Сентиментальное путешествие на родину』、アンドレイ・フルジャノフスキー Андрей Хржановский

2015 『コムナルカ Коммуналка』、アナリオ・マメードフ Анарио Мамедов

作品動画へのリンクはこちらから

参考映像

年号は制作年を示した。また、日本での一般公開およびソフト化等のない作品のみ原語を併記した。

1914 『カビリア』、ジョヴァンニ・パストローネ

1918 『圧縮 Уплотнение』、アレクサンドル・パンテレーエフ、ニコライ・パシュコフスキー、アナトーリー・ドリノフ Александр Пантелеев, Николай Пашковский, Анатолий Долинов

1920 『巨人ゴーレム』、パウル・ヴェーゲナー

1924 『人でなしの女』、マルセル・レルビエ

1924 『アエリータ Аэлита』、ヤーコフ・プロタザーノフ Яков Протазанов

1925 『戦艦ポチョムキン』、セルゲイ・エイゼンシテイン

1927 『十月』、セルゲイ・エイゼンシテイン、グレゴリー・アレクサンドロフ

1929 『カメラを持った男』、ジガ・ヴェルトフ

1929 『帝国の断片 Обломок империи』、フリードリフ・エルムレル Фридрих Эрмлер

1929 『全線』(公開時『古きものと新しきもの』)、セルゲイ・エイゼンシテイン、グリゴリー・アレクサンドロフ

1934 『意志の勝利』、レニ・リーフェンシュタール

1935 『宇宙飛行 Космический рейс』、ワシリー・ジュラヴリョフ Василий Журавлев

1937 『躍進国都』、満鉄映画製作所

1938 『新しいモスクワ Новая Москва』、アレクサンドル・メドヴェトキン Александр Медведкин

1940 『シベリアの人びと Сибиряки』、レフ・クレショフ Лев Кулешов

1944／45 『イワン雷帝』第1部・第2部、セルゲイ・エイゼンシテイン

1957 『僕が住む家 Дом, в котором я живу』、レフ・クリジャーノフ Лев Кулиджанов、ヤコフ・セーゲリ　Яков Сегель

1961 『もしそれが愛なら? А если это любовь?』、ユーリー・ライズマン Юлий Райзман

1962 『チェリョームシュキ Черемушки』、ゲルベルト・ラッパポルト Герберт Раппапорт

1963 『僕はモスクワを歩く Я шагаю по Москве』、ゲオルギー・ダネリヤ Георгий Данелия

1972 『イリフとペトロフは路面電車に乗っていた Ехали в трамвае Ильф и Петров』、ヴィクトル・チトフ Виктор Титов

ゲンロン叢書｜015

革命と住宅

発行日　二〇二三年九月二五日　第一刷発行

著者　本田晃子

発行者　上田洋子
発行所　株式会社ゲンロン
一四一―〇〇三一
東京都品川区西五反田二―二四―四　WEST　HILL　二階
電話：〇三―六四一七―九二三〇　FAX：〇三―六四一七―九二三一
info@genron.co.jp　https://genron.co.jp/

ブックデザイン　加藤賢策、林宏香（LABOLARTORIES）
組版　株式会社キャップス
印刷・製本　モリモト印刷株式会社

ISBN 978-4-907188-51-1 C0036